普通高等教育土木工程学科精品规划教材(专业核心课适用)

桥梁抗震与抗风

BRIDGE SEISMIC AND WIND RESISTANCE

谷　岩　主编
姜忻良　主审

天津大学出版社
TIANJIN UNIVERSITY PRESS

内 容 提 要

本书结合最新的桥梁结构抗震设计规范，并借助大量的插图，系统介绍了桥梁抗震与抗风的基础知识、设计方法和设计具体过程，是学习桥梁抗震与抗风的入门用书。本书内容包括桥梁震害与抗震设防、场地与地基、地震反应分析与地震作用计算、桥梁延性抗震设计、MIDAS/Civil 反应谱分析、桥梁减隔震设计和桥梁抗风设计。

本书可作为高等院校本科土木工程专业的桥梁工程专业方向教学用书，也可作为桥梁工程技术人员的参考用书。

图书在版编目(CIP)数据

桥梁抗震与抗风 / 谷岩主编. 一天津：天津大学出版社，2014.7（2017.9重印）

普通高等教育土木工程学科精品规划教材. 专业核心课适用

ISBN 978-7-5618-5135-7

Ⅰ.①桥… Ⅱ.①谷… Ⅲ.①桥梁工程-抗震设计-高等学校-教材 ②桥梁工程-抗风结构-结构设计-高等学校-教材 Ⅳ.①U442.5

中国版本图书馆 CIP 数据核字(2014)第161694号

出版发行 天津大学出版社
地　　址 天津市卫津路92号天津大学内(邮编:300072)
电　　话 发行部:022-27403647
网　　址 publish.tju.edu.cn
印　　刷 天津市蓟县宏图印务有限公司
经　　销 全国各地新华书店
开　　本 185mm×260mm
印　　张 12.75
字　　数 318千
版　　次 2015 年1月第1版
印　　次 2017 年9月第2次
印　　数 3 001-6 000
定　　价 35.00元

普通高等教育土木工程学科精品规划教材

编审委员会

普通高等教育土木工程学科精品规划教材

编写委员会

总序

随着我国高等教育的发展，全国土木工程教育状况有了很大的发展和变化，教学规模不断扩大，适应社会对多样化人才的需求越来越紧迫。因此，必须按照新的形势在教育思想、教学观念、教学内容、教学计划、教学方法及教学手段等方面进行一系列的改革，而按照改革的要求编写新的教材就显得十分必要。

高等学校土木工程学科专业指导委员会编制了《高等学校土木工程本科指导性专业规范》(以下简称《规范》)，《规范》对规范性和多样性、拓宽专业口径、核心知识等提出了明确的要求。本丛书编写委员会根据当前土木工程教育的形势和《规范》的要求，结合天津大学土木工程学科已有的办学经验和特色，对土木工程本科生教材建设进行了研讨，并组织编写了“普通高等教育土木工程学科精品规划教材”。为保证教材的编写质量，我们组织成立了教材编审委员会，聘请全国一批学术造诣深的专家作教材主审，同时成立了教材编写委员会，组成了系列教材编写团队，由长期给本科生授课的具有丰富教学经验和工程实践经验的老师完成教材的编写工作。在此基础上，统一编写思路，力求做到内容连续、完整、新颖，避免内容重复交叉和真空缺失。

“普通高等教育土木工程学科精品规划教材”将陆续出版。我们相信，本套系列教材的出版将对我国土木工程学科本科生教育的发展与教学质量的提高以及土木工程人才的培养产生积极的作用，为我国的教育事业和经济建设作出贡献。

丛书编写委员会

土木工程学科本科生教育课程体系

专业任选课程

- 结构改造与加固
- 组合结构设计原理
- 大跨建筑结构
- 工程建设质量管理
- 工程建设监理基础
- 工程承包与项目管理
- GIS原理及工程应用

课群方向课程

- 建筑工程方向
  - 混凝土结构设计
  - 建筑钢结构设计
  - 砌体结构
  - 建筑结构抗震设计
  - 高层建筑结构
- 桥梁工程方向
  - 桥梁工程A
  - 桥梁工程B
  - 桥涵水文与勘测
  - ⇓桥梁抗震与抗风★
  - 桥梁施工
- 地下工程方向
  - 地下工程结构设计
  - 地下工程测量与检测
  - 地下工程数值分析
  - 地下工程水力学
  - 地下工程施工

学科基础课程

- 力学原理与方法
  - 结构力学
  - 岩土力学
  - 理论力学
  - 材料力学
- 技术相关基础
  - 土木工程材料
  - 工程地质
  - 画法几何与工程制图基础
  - 工程测量
  - 结构试验
  - 土木工程概论
  - 房屋建筑学
- 工程经济与项目管理
  - 土木工程法规
  - 工程经济与造价
- 结构原理与方法
  - 工程抗震原理
  - 荷载与结构设计方法
  - 混凝土结构原理
  - 钢结构原理
  - 基础工程
  - 土木工程施工
  - 结构设计软件
- 专业拓展课程
  - 工程结构数值分析
  - 弹性力学基础

前言

“桥梁抗震与抗风”课程是土木工程专业的学科方向专业课，本书根据最新的桥梁结构抗震设计规范进行编写，详细阐述桥梁抗震与抗风的基础知识、设计方法和具体过程，并给出采用 MIDAS/Civil 程序对一虚拟桥梁进行地震反应谱分析的实例。

全书共分 7 章。第 1 章详细介绍桥梁震害现象、桥梁结构抗震设防标准与设计流程；第 2 章介绍场地分类与地基抗震；第 3 章介绍桥梁结构地震反应分析的理论与地震作用计算方法；第 4 章介绍桥梁延性抗震设计的基本原理和方法；第 5 章应用 MIDAS/Civil 程序对一虚拟桥梁进行地震反应谱分析；第 6 章介绍桥梁减隔震技术的基本原理、装置、应用和设计原则；第 7 章介绍桥梁抗风设计。

本书在编写过程中参考了许多公开发表的文献和北京 MIDAS 技术有限公司的网络视频，在此谨向相关作者表示衷心的感谢。

因编者的水平有限，错误和遗漏在所难免，不足之处，敬请读者批评指正。

编　者

2014 年 8 月

目　　录

第1章　桥梁震害与抗震设防

1.1　引言

地震是一种对人类危害极大的突发性自然灾害，是地球内部某处岩层突然破裂发生振动，并以波的形式传到地表引起地面颠簸和摇晃。据统计，地球每年发生的地震约达500万次，除绝大多数地震由于震源深或者释放的能量小而难以觉察外，可以感觉到的地震仅占地震总数的1%左右，而造成灾害的强烈地震平均每年发生约18次。

中国处在地球上两个最活跃的地震带中间，东濒环太平洋地震带，西部和西南部是欧亚地震带所经过的地区，是地球上地震多发的国家之一。进入20世纪以来，地球上发生的1 200多次7级以上的地震中，有十分之一就发生在中国。例如1976年发生在我国河北省唐山市的里氏7.8级大地震，造成24万余人死亡、43万余人受伤，唐山市遭到毁灭性破坏。1999年发生在台湾集集的里氏7.6级大地震，是台湾岛有记录以来发生的最强烈地震，造成2 300多人死亡、8 000多人受伤，各类建筑物倒塌上万间，另约7 000幢建筑物受到严重损伤。根据台湾公路部门的统计，地震直接造成至少9座桥梁严重破坏，其中包括3座正在施工的桥梁；另外由于断层破裂，导致5座桥梁倒塌，7座桥梁受到中等程度破坏。2008年5月12日发生在我国四川省汶川县的里氏8.0级特大地震，造成近7万人死亡、37万余人受伤、1.7万余人失踪，直接经济损失达8 452亿元。

桥梁作为重要的社会基础设施，是生命线工程中的关键部分。地震中桥梁的破坏将导致交通中断，不但会影响人们的正常生活和经济运行，并会造成严重的经济损失，而且将严重影响震后的救灾工作，使人员不能安全顺利疏散，并阻碍向灾区紧急输送救援人员和救灾物资，从而加剧地震灾害。同时，遭受破坏的大型桥梁修复起来比较困难，严重影响交通运输的尽早恢复。因此，对桥梁采取合理、有效的抗震对策，保证桥梁在地震中的安全和正常使用，对城市和地区的抗震防灾减灾工作和地震灾区的震后恢复重建工作都具有重要的意义。

桥梁结构抗震是基于总结和验证灾害发展起来的一门学科。长期以来，人们为了从地震威胁中解脱出来，不断从过去的灾害中总结经验、分析原因、吸取教训，并制定有效的抗震设防措施，以达到减轻地震损失的目的。可以说，桥梁结构抗震设计理论和技术的发展都是以沉痛的灾害教训为代价的，新的结构抗震设计标准和设计理念的确立都经历了灾后的反思、验证、总结和提高的过程。

1.2　桥梁震害

桥梁结构受到的地震影响主要有两种形式：场地运动引起的结构物振动和场地相对位移产生的强制变形。前者是以惯性力的形式将地震作用施加在桥梁结构上，后者则是支点强制变形产生的超静定内力或过大的相对变形影响桥梁结构的安全性。从结构抗震设计的角度出发,可以将桥梁震害分为由场地相对位移引起的破坏和由结构强烈振动引起的破坏两大类。

1. 由场地相对位移引起的破坏

对于纵向延伸比较长的桥梁结构,各桥墩(台)所在的位置、地质条件往往很不相同,支点之间受到的地震动很难一致,特别是跨越断层地带、液化地基的桥梁,场地相对位移是发生落梁破坏、支座切断、梁和墩(台)结构损伤等震害现象的主要原因。一般来说,这类破坏现象是人为工程难以抵御的,因此应尽量通过场地选择避免。

2. 由结构强烈振动引起的破坏

地震时地面运动引起桥梁结构的振动,使结构的内力和变形大幅度增加,从而导致结构破坏甚至倒塌。这类破坏主要源于两方面的原因:一是结构遭遇的地震动强度远远超过设计预期的强度,结构无法抵御而破坏,这是导致结构破坏的外因;二是结构在设计和细部构造以及施工方法上存在缺陷,这是导致结构破坏的内因。

1.2.1 上部结构的震害

桥梁上部结构的震害,按照震害产生原因的不同,可分为上部结构自身的震害、上部结构的移位震害以及上部结构的碰撞震害。

1. 上部结构自身的震害

桥梁上部结构自身遭受震害而被毁坏的情形比较少见。在发现的少数此类震害中,主要是钢结构的局部屈曲破坏,如图 1-1 所示。

(a) (b)

图 1-1 钢结构局部屈曲破坏

(a)中等程度破坏 (b)严重破坏

2. 上部结构的移位震害

桥梁上部结构的移位震害在破坏性地震中极为常见,这种震害表现为桥梁上部结构的纵向移位、横向移位以及扭转移位。一般来说,设置伸缩缝的地方比较容易发生移位震害,如图 1-2 和图 1-3 所示。如果上部结构的移位超出了墩、台等的支承面,则会发生更为严重的落梁震害。上部结构发生落梁时,如果撞击桥墩,还会给下部结构带来很大的破坏。在破坏性地震中,最为常见的是桥梁上部结构的纵向移位和落梁震害。桥梁支座和墩、台的毁坏也会导致上部结构的破坏。

图 1-4 是 2008 年汶川地震中寿江大桥上部结构的纵向移位震害,其左侧主梁纵向移位达到 50 cm,接近落梁。图 1-5 是汶川地震中庙子坪岷江特大桥上部结构的横向移位震

图1-2　汶川地震某桥伸缩缝处震害

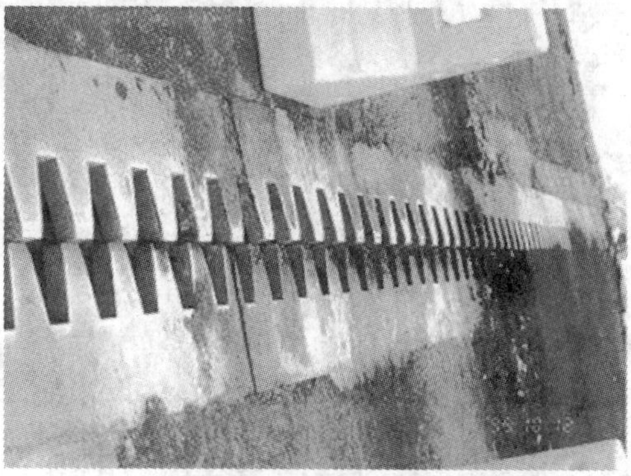

图1-3　台湾集集地震某桥伸缩缝处震害

害，由于移位未超出支承面，所以没有发生更为严重的坠落。如果设置了挡块，桥梁横向移位会和挡块发生碰撞，导致挡块破坏。图1-6是白水溪大桥主梁横向移位50 cm导致挡块破坏，图1-7是庙子坪大桥的挡块破坏。

图1-4　寿江大桥上部结构的纵向移位

图1-5　庙子坪岷江特大桥上部结构的横向移位

图1-6　白水溪大桥挡块破坏

图1-7　庙子坪大桥挡块破坏

图1-8是1971年美国圣·费尔南多M6.7级地震中，金州5号高速干道与14号高速公路的立交枢纽工程严重倒塌毁坏。分析部分塌落的原因，其外因主要是台墩间和桥墩间

过大的水平相对位移；而内因除了部分墩柱的抗震能力不足外，主要是桥墩墩顶和挂梁支承牛腿处的支承面过窄。虽然在伸缩缝处设置有连接限位螺栓，但其强度还不足以限制纵向相对位移。这种落梁震害，在高墩支承的多跨桥梁中尤为突出。图中坠落的主梁就支承在高约 43 m、横截面为 18 m×3 m 的独柱墩上。

图 1-9 是 1989 年美国洛马·普里埃塔 M7.0 级地震中，旧金山—奥克兰海湾大桥引桥的一跨落梁震害。梁体塌落的主要原因是设计时低估了相邻桥墩间的相对位移，导致连接螺栓剪断，而设计预留的支承面又太窄。

图 1-8 圣·费尔南多地震中立交桥梁跨坠毁

图 1-9 旧金山—奥克兰海湾大桥引桥一跨落梁

图 1-10 是 1995 年日本阪神 M7.2 级地震中，西宫港大桥第一跨引桥脱落震害。落梁的原因主要是主桥和引桥间的相对位移过大，桥墩的支承面太窄，而支座、连接限位构件又失效。

图 1-11 是 2008 年中国汶川 M8.0 级特大地震中，都汶高速公路上的庙子坪大桥引桥第五跨落梁震害。落梁的原因在于地震中梁、墩相对位移过大，引桥第五跨伸缩缝处的相对位移大于搭接长度。除此之外，落梁还与支承的构造细节有关，从图 1-12(a)和(b)可以看出，庙子坪大桥的引桥采用板式橡胶支座，支座放在支承垫石上，梁体与支承垫石的搭接长度为 50 cm，没有采用任何纵桥向防落梁装置，由于板式橡胶支座与梁体底面无连接，地震中当梁体惯性力大于支座与梁底间的摩擦力时，梁底与支座顶面会产生相对滑动，当相对位移超过梁体与支承垫石的搭接长度时会引起落梁，落梁时梁底与支承垫石和桥墩边缘碰撞会产生损伤。

先在桥墩顶部浇筑支承垫石，然后在支承垫石上放置板式橡胶支座，是我国桥梁通常采用的方法。实际上采用支承垫石后，梁体与支承垫石的搭接长度要远远小于其与桥墩的搭接长度，梁体位移超过与支承垫石的搭接长度后就会引起落梁。汶川地震中的梁式桥大多采用这种做法，因此震中附近的桥梁发生落梁的现象非常多。

3. 上部结构的碰撞震害

如果相邻结构的间距过小，在地震中就有可能会发生碰撞，产生非常大的撞击力，从而使结构受到破坏。桥梁在地震中的碰撞，比较典型的有相邻跨上部结构的碰撞、上部结构与桥台的碰撞以及相邻桥梁间的碰撞。

图1－10　阪神地震西宫港大桥第一跨引桥落梁

图1－11　庙子坪大桥引桥第五跨落梁

(a)　　(b)

图1－12　庙子坪大桥落梁局部细节图

(a)落梁局部伸缩缝处A　(b)落梁局部伸缩缝处B

图1－13是汶川地震中相邻跨上部结构的碰撞震害，一侧的混凝土护栏有损伤。图1－14是2010年智利康塞普西翁地震中上部结构与桥台间的碰撞震害，从图中可见上部桥跨结构已撞入桥台中。图1－15是1989年美国洛马·普里埃塔地震中相邻桥梁结构间的碰撞震害，图中较低桥梁的上部结构与支承相邻较高桥梁的墩柱发生碰撞，碰撞产生的撞击力会大大增加墩柱的剪力，严重时会导致墩柱的剪切破坏，从而引起桥梁的倒塌。所以，这种碰撞震害应通过设置足够的间距予以避免。

1.2.2　支座的震害

桥梁支座历来被认为是桥梁结构体系中抗震性能比较薄弱的一个环节，在历次破坏性地震中，支座的震害现象都较普遍。其原因主要是支座设计没有充分考虑抗震的要求，连接与支挡等构造措施不足，某些支座形式和材料本身有缺陷。支座的破坏会引起力的传递方式的变化，从而对结构其他部位的抗震性能产生影响，进一步加重震害。在我国的汶川地震和唐山地震中，也有不少因支座破坏而引起落梁的例子。

支座的破坏形式主要表现为支座移位、锚固螺栓拔出或剪断、活动支座脱落以及支座本身构造上的破坏等。

图1－16是汶川地震中百花大桥的支座发生脱落和移位震害。

图1－13　汶川地震中相邻跨上部结构碰撞

图1－14　康塞普西翁地震桥跨结构撞入桥台

图1－15　洛马·普里埃塔地震相邻桥梁碰撞

(a)

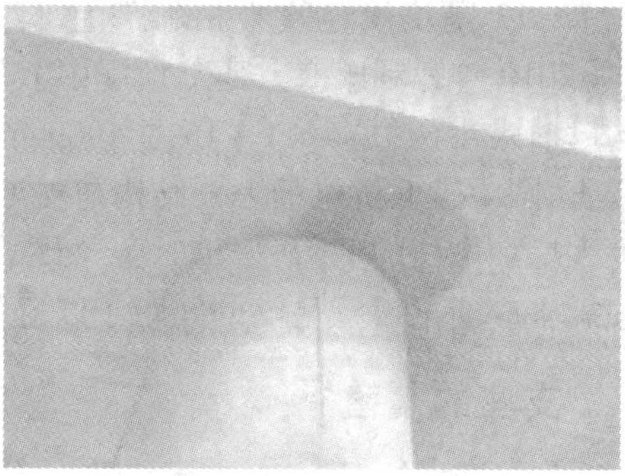

(b)

图1－16　百花大桥支座脱落和移位

(a)支座脱落　(b)支座移位

当支座与桥梁上、下部结构之间的连接强度不足或者支座自身强度不足时,会发生锚固破坏或者构造破坏。图1－17是汶川地震中桥梁支座的锚栓破坏震害,图1－18是汶川地震中桥梁支座自身破坏,图1－19是汶川地震中映秀岷江大桥支座脱落,图1－20是汶川地震中金马河大桥支座移位。

图 1－17　支座锚栓破坏

图 1－18　支座自身破坏

图 1－19　支座脱落

图 1－20　支座移位

1.2.3　下部结构和基础的震害

下部结构和基础的严重破坏是引起桥梁倒塌，并在震后难以修复使用的主要原因。除了地基毁坏的情况外，桥梁墩（台）和基础的震害是由于受到较大的水平地震力，瞬时反复振动在相对薄弱的截面产生破坏而引起的。

1. 桥梁墩柱的震害

1）钢筋混凝土桥墩在水平反复荷载作用下的破坏形式

在水平反复荷载作用下，钢筋混凝土桥墩有三种破坏类型，分别为弯曲破坏、弯剪破坏和剪切破坏。

（1）弯曲破坏是指结构的弯曲承载能力 P_b 低于剪切破坏的承载能力 P_s，结构破坏由抗弯性能控制。图 1－21（a）表示桥墩发生弯曲破坏的形态。在水平反复荷载作用下，由于构件的截面弯曲抵抗能力低，在损伤截面内形成塑性铰，产生比较大的回转变形，从损伤开始到最终破坏之间的变形幅度很大，具有比较好的变形能力。

（2）弯剪破坏是指结构由于弯曲损伤引起剪切强度下降，最终以剪切破坏的形式达到极限状态。与弯曲破坏相比，弯剪破坏的变形能力相对较差，从损伤到破坏之间的变形能力十分有限，是一种脆性破坏。弯剪破坏在破坏形态上同时包含弯曲裂缝和剪切裂缝，破坏时以剪切裂缝为主，如图 1－21（b）所示。

（3）剪切破坏是指结构的弯曲承载能力 P_b 高于剪切破坏的承载能力 P_s，结构的强度完全由剪切强度控制。图 1－21（c）为剪切破坏的破坏形态，破坏时以斜方向的剪切裂缝为主。剪切破坏也是一种脆性破坏,塑性变形能力很差。

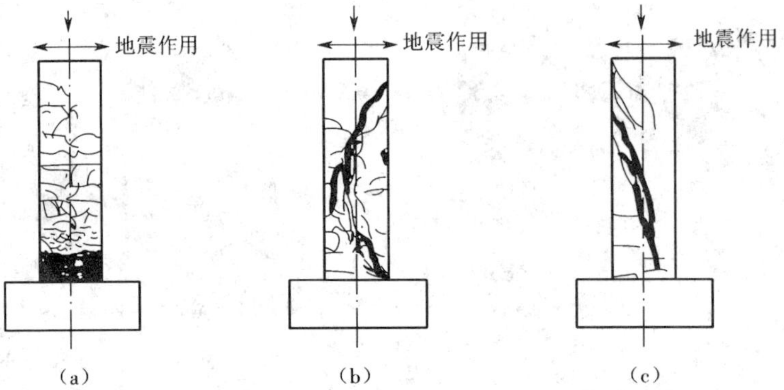

图1-21 钢筋混凝土桥墩在水平反复荷载作用下的破坏形式

(a)弯曲破坏 (b)弯剪破坏 (c)剪切破坏

由于钢筋混凝土结构的破坏形式影响结构的变形能力,延性比较差的结构在地震中因构件失去承载能力容易发生倒塌性破坏,修复比较困难,因此脆性的剪切破坏、弯剪破坏是结构在地震中不希望出现的破坏形式。

2)桥墩的弯曲破坏

桥墩在水平地震作用下由于过大的弯曲变形导致混凝土保护层脱落、钢筋压屈、内部混凝土压碎和崩裂,使结构失去承载能力。整个破坏过程可以用以下四个阶段来描述:

(1)当弯矩达到开裂强度时,截面出现水平弯曲裂缝,如图1-22(a)所示;

(2)随着裂缝的发展和荷载强度的提高,受拉侧的纵筋达到屈服强度,如图1-22(b)所示;

(3)随着变形量的增大,混凝土保护层脱落、塑性铰范围扩大,如图1-22(c)所示;

(4)钢筋压屈(或拉断)和内部混凝土压碎、崩裂,如图1-22(d)所示。

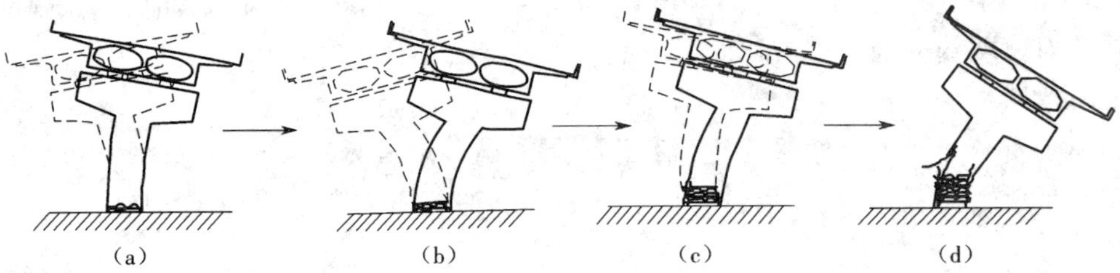

图1-22 桥墩的弯曲破坏过程

(a)阶段一 (b)阶段二 (c)阶段三 (d)阶段四

由于桥墩在弯曲破坏时具有比较良好的变形能力,在损伤发生以后由于塑性变形吸收了地震能量和刚度下降能够减轻地震荷载的强度,因此这种形式的破坏通常可以避免桥梁在地震中发生倒塌破坏。

图1-23是1995年日本阪神地震中阪神高速线上一个桥墩发生弯曲破坏,从而引起桥梁严重倒塌毁坏的震害实例。这一震害现象是由约束箍筋数量不足以及纵向主筋的焊接接头破坏引起的。图1-24是汶川地震中百花大桥7号桥墩弯曲破坏。地震时桥墩根部发生严重的混凝土保护层剥落,而且箍筋所包围的混凝土也被压碎。这一震害主要是由约束混

凝土的箍筋配置不足引起的。

图 1－23　阪神地震阪神高速线桥墩倒塌

图 1－24　汶川地震百花大桥 7 号桥墩弯曲破坏

3）桥墩的剪切破坏

在水平地震作用下，当桥墩受到的剪切力超过截面剪切强度时发生剪切破坏，整个破坏过程可以用以下四个阶段来描述：

(1) 截面弯矩达到开裂强度时，截面出现水平弯曲裂缝，如图 1－25(a) 所示；

(2) 随着裂缝的发展和荷载强度的提高，柱内出现斜方向的剪切裂缝，如图 1－25(b) 所示；

(3) 局部剪切裂缝增大，箍筋屈服导致剪切裂缝进一步增长，如图 1－25(c) 所示；

(4) 发生脆性的剪切破坏，如图 1－25(d) 所示。

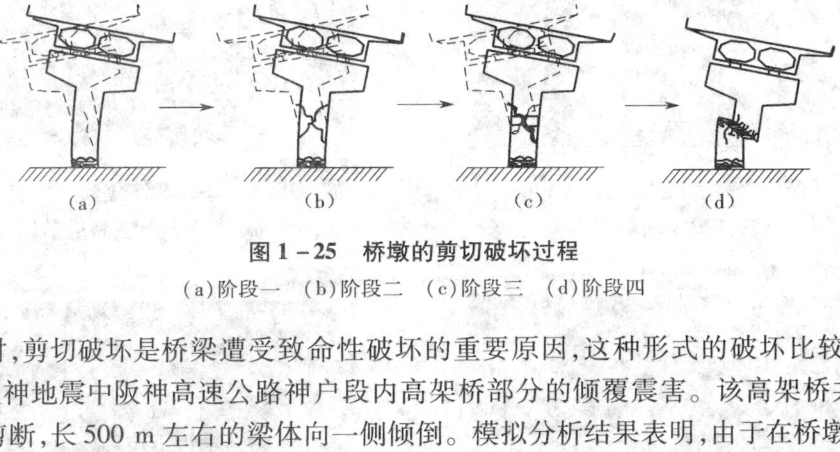

图 1－25　桥墩的剪切破坏过程

(a) 阶段一　(b) 阶段二　(c) 阶段三　(d) 阶段四

地震时，剪切破坏是桥梁遭受致命性破坏的重要原因，这种形式的破坏比较多见。图 1－26 是阪神地震中阪神高速公路神户段内高架桥部分的倾覆震害。该高架桥共有 18 根独柱墩被剪断，长 500 m 左右的梁体向一侧倾倒。模拟分析结果表明，由于在桥墩 1/5 墩高处有 1/3 的纵筋被切断引起了桥墩的破坏。由于约束钢筋较少，承台提供的约束作用对于桥墩在地震中能否幸存起到了至关重要的作用，但是由于纵筋的过早切断，迫使塑性铰在桥墩底部之上形成，而对此处承台起不到约束作用，柱墩剪切破坏导致重量较大的梁体侧倾，使独柱墩完全剪断。

图 1－27 至图 1－30 是典型的桥墩剪切破坏的震害实例。

2. 框架墩的震害

城市高架桥中常见的框架墩，在地震中有不少震害的例子。在 1989 年美国洛马·普里埃塔地震中，就出现了大量框架墩毁坏的实例。框架墩的震害主要表现为盖梁的破坏、墩柱

图1-26 阪神地震阪神高速公路神户段内高架桥部分倾覆

图1-27 美国北岭地震 Mission-Gothic 桥的墩柱剪切破坏

图1-28 台湾集集大地震乌溪桥南下车道第三桥墩剪切破坏

图1-29 汶川地震顺河桥剪切破坏

图1-30 智利地震一桥墩剪切破坏

的破坏以及节点的破坏。盖梁的破坏形式主要有:当地震作用和重力叠加时由于剪切强度不足引起的剪切破坏;盖梁负弯矩钢筋的过早截断引起的弯曲破坏;盖梁钢筋的锚固长度不够引起的破坏。墩柱的破坏形式与其他墩柱类似,而节点的破坏主要是剪切破坏。

图1-31是比较严重的框架墩震害,发生在1989年美国洛马·普里埃塔地震中高速公路880号线Cypress高架桥上。该桥建成于1957年,上层框架柱底普遍采用与下层框架铰接的形式。在地震发生之前,该桥已按加州运输局的第一阶段加固计划在相邻梁跨间安装了纵向约束装置,并计划在1990—1992年对下部结构进行加固。地震中,该桥有一段800 m长的上层桥面因墩柱断裂塌落在下层桥面上,上层框架完全毁坏。发生震害的主要原因是梁柱节点配筋不足,竖直柱体配筋连续性和横向箍筋不足,盖梁钢筋的锚固长度也不够。

图1-32是汶川地震中百花大桥一个框架墩在系梁与墩柱的节点区域发生破坏的实例,系梁端部和墩柱局部发生剪切破坏。

图1-31　美国洛马·普里埃塔地震Cypress高架桥上层框架塌落

图1-32　汶川地震百花大桥框架墩节点区域破坏

3. 桥台的震害

桥台是桥梁两侧岸边的支承部分,一般是在岸边的原土或者填土上用钢筋混凝土修建三角形或矩形的支台。因为桥台的路基高且三面临空,桥台和下面的土的刚度不同,所以桥台是桥梁抵抗地震作用的薄弱环节。在历年的地震中,桥台的震害较为常见,主要表现为台身或填土处开裂,当受到振动或场地液化的影响时,填土还会产生滑移、塌落等破坏现象。图1-33至图1-36是汶川地震中多起桥台破坏的实例。

图1-33　寿江大桥桥台处横向位移

图1-34　小桥桥台破坏

4. 基础的震害

桥梁基础破坏是国内外许多地震的重要震害现象之一。大量震害资料表明地基失效是

图 1-35 桥台胸墙震害

图 1-36 桥台护坡垮塌

桥梁基础产生震害的主要原因。扩大基础的震害一般是由地基失效引起的。桩基础的震害除了地基失效这一主要原因外，还有上部结构传下来的惯性力所引起的桩基剪切、弯曲破坏，更有桩基设计不当引起的震害。

图 1-37 是 1989 年美国洛马·普里埃塔地震中，穿过 Struve 沼泽地的桩基公路桥倒塌震害。桥址处上部土层由软黏土和冲积砂土组成，桩基没有发生竖向沉降，但桩与桩周土发生了图 1-38 所示 30~45 cm 的脱空，造成地基土对桩身的横向约束力不足。于是在上部结构传下来的地震惯性力作用下，桩身产生了过大的横向位移，最终导致桩顶弯曲、剪切破坏，如图 1-39 所示。

图 1-37 桩基破坏引起的桥梁倒塌

虽然在软弱地基上采用桩基础的结构往往比无桩基础的结构具有更好的抗震性能，但是桩基震害有极大的隐蔽性。许多桩基的震害是通过上部结构的震害体现出来的，有时上部结构震害轻微，而开挖基础却发现桩基已产生严重损坏，甚至发生断裂破坏。

1.2.4 桥梁震害原因分析

桥梁结构的震害形式多样，由前述可知产生震害的内因是在结构设计和细部构造以及施工方法上存在缺陷，具体来说即支承部件失效、碰撞引起的破坏、桥墩和桥台的破坏以及基础的破坏。因此，应分析各种震害的产生机理，并在此基础上探讨适当的应对措施。

图1-38 桩顶剪切破坏

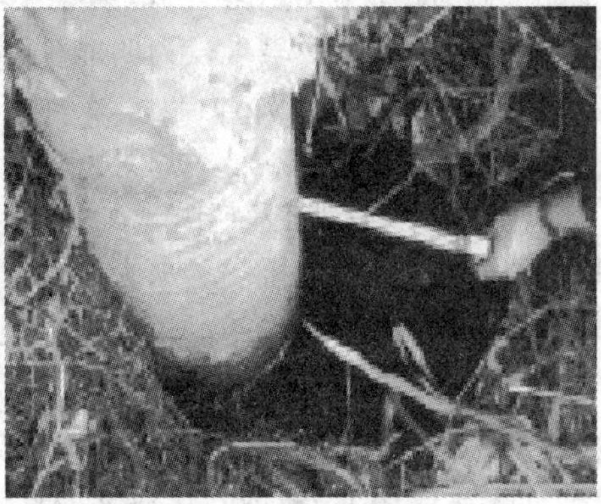

图1-39 桩土分离

1. 支承连接部件失效

地震时如果支承连接部件失效，桥梁结构就会丧失整体性，改变传力途径。更为严重的是，上部结构可能与下部结构脱开，导致梁体坠毁，造成交通中断。而落梁的强烈冲击力又可能使下部结构遭受严重的破坏，可能导致整个结构的垮塌。这种落梁震害往往难以处理和再利用，结构修复的成本非常大，周期也非常长。因此，这种因支承连接部件失效而导致的落梁震害在设计中应予以避免。

支承连接部件失效一般始于支座破坏。支座一般分为固定支座和活动支座。固定支座破坏主要表现为支座与梁的连接构件、支座部件以及墩、台上的锚固构件破坏，是由强度不足引起的；而活动支座的破坏主要是支座位移超出了允许范围，是由支座的位移能力不足引起的。支座破坏之后，上部结构和下部结构之间将产生更大的相对位移。在设有伸缩装置的部位，如果设计低估了这一相对位移，在墩、台顶以及挂梁支承牛腿处设置的支承面太窄，又没有可靠的约束装置，就有可能产生落梁。一般来说，在高墩及相邻墩、台刚度突变处，还有斜弯桥、两种结构体系过渡孔处，落梁震害往往较为多见。

要控制落梁震害，首先应从结构体系上进行考虑，避免支承连接部件成为地震作用的首要薄弱环节。但由于地震作用的随机性以及结构自身的不确定性等因素，在结构设计中还应通过适当的构造措施来减少落梁震害风险。因此，在实际设计中可以采用以下措施。

1）规定支承连接部位的支承面最小宽度

国内外的桥梁抗震设计规范都对图1-40所示的支承连接部位的最小支承宽度 a 给出了具体的规定，主要应考虑地震作用的大小、结构的跨径、墩身的高度以及是否为斜、弯桥等因素。如我国《公路桥梁抗震设计细则》（JTG/T B02-01—2008）和《城市桥梁抗震设计规范》（CJJ 166—2011）规定：直线简支梁梁端至墩、台帽或盖梁边缘的最小距离 $a \geqslant 70 + 0.5L$，其中 L 为梁的计算跨径；而斜桥和曲线桥梁的最小支承宽度则还应分别考虑斜交角和圆心角。

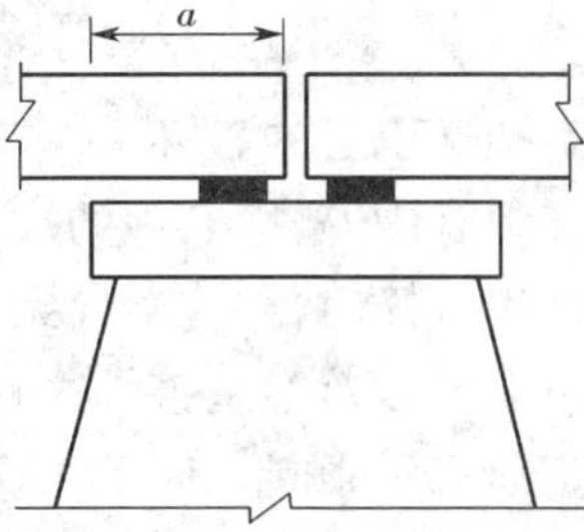

图1-40 支承连接部位的最小支承宽度

值得注意的是，我国的桥梁普遍在墩、台顶设置支座垫石，因此当发生支座脱离后，主梁的坠落高度不仅包括支座的高度，还将包含垫石的高度。较大的坠落高度会导致较大的冲击力，造成主梁折断或增大落梁的风险，即使不发生落梁，也会导致较大的路面高差，影响道路的通行能力。这种震害在2008年汶川地震中表现较为明显，因此《城市桥梁抗震设计规范》规定：过渡墩及桥台处的支座垫石不宜高于10 cm，且顺桥向宜与墩、台最外边缘平齐。

2）在相邻梁之间以及梁、墩之间安装约束装置

目前，在桥梁上广泛使用的梁、墩（台）约束装置为在墩帽、盖梁或者桥台上设置混凝土挡块，并通常设置在横桥向。从大量桥梁的震害调查看，这种挡块尽管在地震中破坏较多，也较严重，但从总体上看却可以有效地限制上部结构的移位，降低落梁风险。

除了混凝土挡块以外，还可采用图1－41所示的其他约束装置。这些约束装置的设计要点是：在正常使用条件下，要有足够的变形冗余度，以满足温度、制动力等作用的变形需要；而在地震作用下，结构的相对变形较大时，又要有足够的约束能力防止落梁震害的发生。

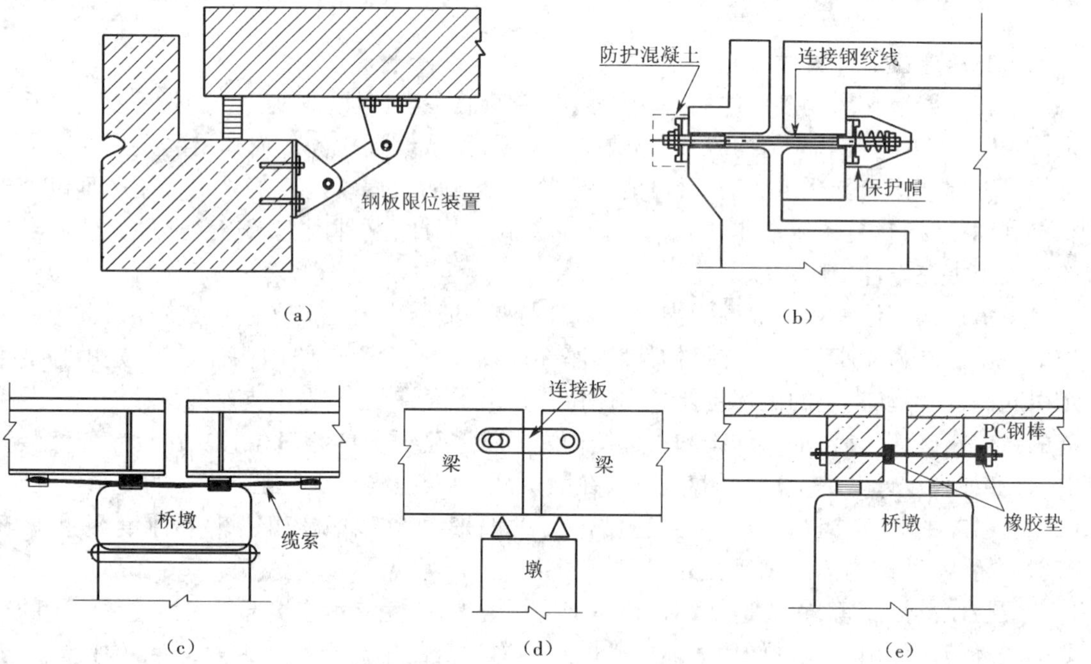

图1－41 常用限位装置

（a）钢板连接式 （b）预应力钢绞线连接式 （c）缆索连接式
（d）连接板连梁装置 （e）预应力钢棒连梁装置

2. 碰撞引起的破坏

在地震中，碰撞产生的撞击力非常大，往往会使桥梁结构受到破坏，尤其当上部结构与桥台发生碰撞时，往往会导致背墙结构损伤，严重时则会导致桥台向后倾斜，产生较大移位，进而可能导致落梁震害。这种震害往往会使桥梁的通行能力受到影响，当发生落梁时则会导致交通完全中断。而且，这种震害的修复也往往较为困难、成本较高、周期较长，因此应尽量避免。

对于相邻桥梁间的碰撞，通过设置较大的间距可以避免。而相邻跨上部结构之间以及上部结构与桥台之间的碰撞却很难避免，因为在地震这种随机荷载作用下，碰撞过程很难准确模拟。因此，比较实用的做法是在梁与梁之间、梁与桥台之间加装缓冲材料，如橡胶垫等弹性衬垫，以减小撞击力，如图1－42所示。

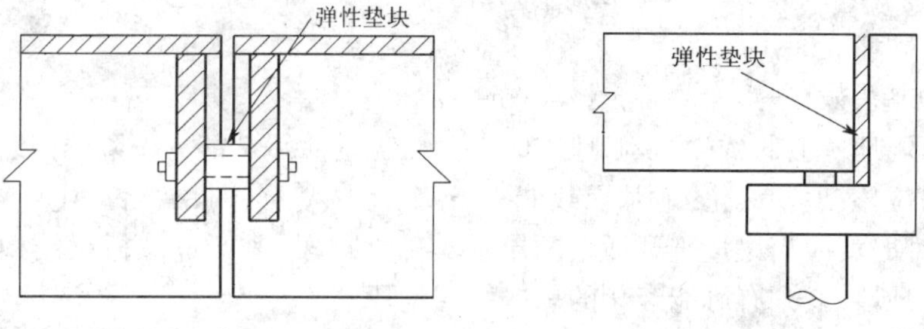

图 1－42　梁与梁以及梁与桥台之间的缓冲设施

(a)梁间碰撞缓冲　(b)梁与桥台间碰撞缓冲

3. 桥墩、桥台的破坏

1)桥墩的破坏

桥墩是支承上部结构的主要构件,同时也是承担结构地震惯性力的主要构件。若桥墩发生垮塌,则上部结构也难幸免,道路交通将完全中断,震后往往需要拆除重建才能恢复道路通行能力。但若桥墩发生了一定的损伤且并未倒塌,则桥梁震后一般可具有一定的限载通行能力,能满足救灾紧急车辆通行的需要,并且这种桥墩的损伤,往往也易于检查、修复或更换。因此从结构体系上看,当结构在强震下不可避免要发生损伤时,若能控制损伤部位发生在桥墩上,并且控制损伤的程度不会导致结构倒塌,则不失为一种经济合理的选择。

钢筋混凝土桥墩的破坏形式分为以弯曲破坏为主和以剪切破坏为主。对于以弯曲破坏为主要特征的墩柱,在完全破坏以前具有一定的延性变形能力,既有助于延长结构的基本周期,使其与地震能量卓越的频率相远离,同时墩柱的塑铰性区域还将具有一定的耗能能力,可进一步减小结构的地震反应。因此,对于这种以弯曲为主要特征的墩柱破坏形式在强震下应是容许的,其设计的关键是控制损伤的程度,避免发生结构倒塌。在抗震设计中,首先要根据结构的受力特点合理选择墩柱的潜在塑性铰区,并通过合理的构造设计来提高墩柱潜在塑性铰区的延性性能,具体包括合理设置约束箍筋的数量、间距和直径以及箍筋的端部应做 135°的弯钩并伸入核心混凝土中,避免纵筋焊接强度不够或搭接失效,避免纵筋过早切断,避免纵筋和箍筋的锚固长度不足等。

对于以剪切破坏为主要特征的墩柱,由于其破坏形式往往是脆性的,容易导致结构承载能力急剧下降,并可能导致结构垮塌,因此这种破坏形式应该严格避免。在抗震设计中,主要可通过提高墩柱的横向钢筋配置来提高构件的抗剪能力,使弯曲破坏先于剪切破坏发生,从而避免剪切脆性破坏的发生。值得注意的是,对于塑性铰区域内的抗剪能力计算,应考虑到混凝土开裂、破碎以及保护层剥落等的影响,以避免塑性铰区域内剪切破坏的发生。此外,对于框架墩墩柱节点的剪切破坏也应通过合理的节点配筋予以避免,对于柱脚的锚固破坏也应通过确保足够的纵筋锚固长度予以避免,从而确保整个墩柱体系表现为延性破坏特征。

2)桥台的破坏

桥台结构的刚度一般较大,延性性能也相对较差。其震害一般源于与上部结构之间的碰撞以及地震引起的台后填土的主、被动土压力的变化。因此,在结构抗震体系的设计中应尽量避免让桥台来承担上部结构的地震惯性力,并通过设计缓冲材料来减小与上部结构之间的碰撞力,同时通过合理的台身构造设计以及确保台后填土的质量等来避免相应震害的发生。

4. 基础的破坏

1)软弱地基失效

修建在软弱地基上的桥梁结构,地震时地基受振动后承载能力下降,导致桥梁产生不均匀沉降或水平位移;地基液化,地基承载能力下降;岸坡滑移,对墩、台产生巨大挤压力。因此,在桥梁选址时就应当尽量避开活动断层及其邻近地段,避开危及桥梁结构安全、有可能滑坡或崩塌的地段,避开有可能液化的软弱土层地段。

2)桩身破坏

软土地基中经常采用桩基础,桩基础的承台由于体积、强度和刚度都很大,极少发生破坏。震害调查发现桩基的破坏可能出现在桩身,是由桩基自身设计强度不足或构造处理不当引起的。由于桩基震害有极大的隐蔽性,震后不易发现,而且修复比较困难,所以应当采用能力保护设计。

5. 分析结论

对大量桥梁结构的震害情况及产生机理进行分析,可得以下结论。

(1)桥梁抗震设防采用性能设计原则比较合理,即在考虑工程造价、结构遭遇地震作用水平、紧急情况下维持交通能力的必要性以及结构的耐久性和修复费用等因素的情况下,决定桥梁的重要性及其在遭遇不同水准的地震作用下允许的损坏程度(性能),据此进行桥梁的抗震设计。

(2)桥梁抗震设计应同时考虑强度和延性,尤其注重提高桥梁结构整体和钢筋混凝土桥墩的延性能力。

(3)重视采用减隔震技术,以提高桥梁的抗震性能。

(4)重视桥梁支座的作用及其设计,同时研发有效防止落梁的装置。

(5)对复杂桥梁,例如斜弯桥、高墩桥梁或桥墩刚度变化很大的桥梁,应强调进行空间动力时程分析的必要性。

1.3 桥梁工程的抗震设防标准

1.3.1 预防为主的方针

我国《公路桥梁抗震设计细则》在总则第1条提出:抗震工作应贯彻"预防为主"的方针。抗震工作包括震前的抗震防灾、震时的应急处理、震后的抢险救灾和恢复重建。震前的抗震防灾又包括地震的预测预报、新建工程的抗震设防、现有工程的抗震加固以及城市抗震防灾规划的编制与实施等。这是减轻地震灾害的对策系统。预防为主的方针,就是要把工作重点放在震前的抗震防灾上,并且"从预测到预防,以预防为主"。我国的地震区分布广,震中分散,以致不易捕捉地震发生的地点。地震发生的时间与强度,目前也尚未达到能准确预报的水平。即使达到了能准确预报地震(地点、时间和震级)的水平,如果不能做好抗震防灾的各项预防措施,各类桥梁工程尤其是生命线桥梁工程没有抗震能力,一旦中强地震发生在城市及其周围地区,则仍会造成重大损失。因此,贯彻"预防为主"的方针,做好震前抗震防灾的各项预防工作,是减轻地震灾害最有效的战略决策。

桥梁工程抗震设防的基本目标是减轻桥梁工程的地震破坏,保障人民生命财产的安全,减少经济损失。因此,既要使震前用于抗震设防的经济投入不超过我国当前的经济能力,又要使地震中经过抗震设计的桥梁的破坏程度限制在人们可以承受的范围内。

1.3.2 桥梁的抗震设防标准

桥梁工程的抗震设防标准一般指确定"地震作用"的标准。地震作用定义得越大,抗震设防标准就要求越高,在桥梁使用寿命期间为抗震设防需要投入的费用也越大。但是桥梁在使用寿命期间遭遇抗震设防标准所期望的地震总是少数,这样就需要在桥梁的安全与经济之间寻找一个合理的平衡点,使经济投入取得最好的效益。

目前,世界各国都普遍采用分类设防的抗震设计思想,即"小震不坏、中震可修、大震不倒"。小震是指对工程建设地点而言经常发生的地震,中震是指在工程的使用年限内偶然发生的地震,大震则是指在工程使用年限内发生概率极小的地震。小震、中震和大震,也称为多遇地震、偶遇地震和罕遇地震。国内外现行的一些抗震设计规范,通常以50年为基准期,把基准期内超越概率63.2%的地震定义为小震,超越概率10%、重现期为475年的地震定义为中震,超越概率2%、重现期为2 000年的地震定义为大震。与这三个地震动水准相应的抗震设防目标是:在小震作用下,结构物不需修理,仍可正常使用;在中震作用下,结构物无重大损坏,经修复后仍可继续使用;在大震作用下,结构物可能产生重大破坏,但不致倒塌。

现行的桥梁工程抗震设防标准在很大程度上是依据人们的主观经验和判断决定的,一般考虑三方面因素:一是桥梁的重要性、抢修和修复的难易程度;二是地震破坏后,桥梁结构功能丧失可能引起的损失;三是建设单位所能承担抗震防灾的最大经济能力。

在确定桥梁工程的抗震设防标准时,除了必须规定抗震设防水准外,还必须同时规定对应的结构性能目标。根据多级设防的抗震设计思想,由于桥梁的设防目标不是单一的,因此设防水准往往也不是单一的,而是多级的。

1.3.3 桥梁的抗震设防分类

桥梁的最低抗震设防标准由相关的桥梁抗震设计规范规定,公路桥梁和城市桥梁的抗震设防标准应分别满足现行《公路桥梁抗震设计细则》和《城市桥梁抗震设计规范》的要求。

根据公路桥梁的重要性和修复的难易程度,我国《公路桥梁抗震设计细则》将桥梁的抗震设防类别分为A、B、C、D四类,详见表1-1,分别对应不同的抗震设防标准和设防目标。

表1-1 公路桥梁抗震设防类别及适用范围1

抗震设防类别	适用范围
A	单跨跨径超过150 m的特大桥
B	单跨跨径不超过150 m的高速公路、一级公路上的桥梁; 单跨跨径不超过150 m的二级公路上的特大桥、大桥
C	二级公路上的中桥、小桥; 单跨跨径不超过150 m的三、四级公路上的特大桥、大桥
D	三、四级公路上的中桥、小桥

《城市桥梁抗震设计规范》将桥梁按其在城市交通网络中位置的重要性以及承担的交通量分为甲、乙、丙、丁四类,详见表1-2。

表 1－2　公路桥梁抗震设防类别及适用范围 2

抗震设防类别	适用范围
甲	悬索桥、斜拉桥以及跨度大于 150 m 的大跨度拱桥
乙	除甲类桥梁以外的交通网络中枢位置的桥梁和城市快速路上的桥梁
丙	城市主干路和轨道交通桥梁
丁	除甲、乙和丙三类桥梁以外的其他桥梁

1.3.4　桥梁工程的抗震设防目标

抗震设防烈度为 6 度及 6 度以上地区的桥梁，都必须进行抗震设计。

1.《公路桥梁抗震设计细则》的规定

按照《公路桥梁抗震设计细则》的规定，不同设防类别桥梁的抗震设防目标应当符合表 1－3 的要求。

表 1－3　不同设防类别桥梁的抗震设防目标 1

抗震设防类别	抗震设防目标	
	E1 地震作用	E2 地震作用
A	一般不受损坏或不需修复可继续使用	可发生局部轻微损伤，不需修复或经简单修复可继续使用
B	一般不受损坏或不需修复可继续使用	应保证不致倒塌或产生严重结构损伤，经临时加固后可供维持应急交通使用
C	一般不受损坏或不需修复可继续使用	应保证不致倒塌或产生严重结构损伤，经临时加固后可供维持应急交通使用
D	一般不受损坏或不需修复可继续使用	—

对于 A、B、C 类桥梁采用的是两水平设防、两阶段设计。

两水平的抗震设防目标是 E1 地震作用下，各类桥梁均不坏；E2 地震作用下，A 类桥梁可修，B、C 类桥梁不倒。具体来说，对于 A 类桥梁，在重现期约为 475 年的偶遇地震作用下不发生损伤，在重现期约为 2 000 年的罕遇地震作用下可发生有限损伤，但地震后应能立即维持正常交通通行；对于 B、C 类桥梁，在多遇地震作用下不发生损伤，在罕遇地震作用下不致倒塌或产生严重结构损伤，经临时加固后可供维持应急交通使用。

两阶段设计是指第一阶段对桥梁结构进行 E1 地震作用下的强度验算，即按弹性理论计算地震作用效应与其他荷载效应组合，对结构进行承载力和弹性变形验算，以满足结构的承载力和变形要求；第二阶段对桥梁结构进行 E2 地震作用下的弹塑性变形验算，采用延性抗震设计方法，并引入能力保护设计原则。

对于 D 类桥梁采用一水平设防、一阶段设计，要求其在重现期约为 25 年的地震作用下不发生损伤，只进行 E1 地震作用下的强度验算。

2.《城市桥梁抗震设计规范》的规定

按照《城市桥梁抗震设计规范》的规定，不同设防类别桥梁的抗震设防目标应当符合表 1－4 的要求。

表1-4　不同设防类别桥梁的抗震设防目标2

抗震设防类别	抗震设防目标			
	E1 地震作用		E2 地震作用	
	震后使用要求	损伤状态	震后使用要求	损伤状态
甲	立即使用	结构总体反应在弹性范围,基本无损伤	不需修复或经简单修复可继续使用	可发生局部轻微损伤
乙	立即使用	结构总体反应在弹性范围,基本无损伤	经抢修可恢复使用,永久性修复后恢复正常运营功能	有限损伤
丙	立即使用	结构总体反应在弹性范围,基本无损伤	经临时加固,可供紧急救援车辆使用	不产生严重的结构损伤
丁	立即使用	结构总体反应在弹性范围,基本无损伤	—	不致倒塌

对于各类桥梁,在E1地震作用下,均应基本无损伤,结构在弹性范围内工作,正常的交通在地震后立刻得以恢复。而在E2地震作用下,甲类桥梁可发生混凝土裂缝开裂过大、截面部分钢筋进入屈服等轻微损坏,地震后不需修复或经简单修复可继续使用;乙类桥梁可发生混凝土保护层脱落、结构发生弹塑性变形等可修复破坏,地震后数天内可恢复部分交通,永久性修复后可恢复正常运营功能。

甲类桥梁设防的E1和E2地震作用影响,相应的地震重现期分别为475年和2 500年;乙、丙和丁类桥梁设防的E1地震作用是在《建筑抗震设计规范》(GB 50011—2001)中的多遇地震参数的基础上,分别乘以1.7、1.3和1.0得到的,E2地震作用直接采用《建筑抗震设计规范》中的罕遇地震参数。

3. 重大桥梁工程的抗震设防标准

对于重大的桥梁工程,其抗震设防标准可由业主根据工程重要性、自身经济能力和所能承受的风险水平进行选择报批,应不低于规范的抗震设防标准。但应强调的是,抗震设防标准应同时明确每一设防水准对应的结构性能要求以及验算指标。

重大桥梁工程往往包括主桥和引桥,其中主桥为大跨度桥梁,而引桥往往为梁式桥。在考虑桥梁工程的抗震设防标准,确定E1、E2两级地震概率水平及对应的性能要求时,主桥和引桥既要通盘考虑,又应有所区别。整个桥梁工程的最大设防地震是由E2地震决定的,在确定E2地震的概率水平时,应考虑到对于整个交通网来说,主桥和引桥同等重要,因为引桥对于主桥具有不可替代性,所以主桥和引桥应采用统一的概率水平。另一方面,应考虑到桥梁各部分结构的震后抢修和加固的难易程度有所不同,如引桥相对主桥而言,震后抢修和加固比较容易,而在主桥中,辅助墩和过渡墩又比主塔易于抢修和加固,对于比较容易抢修和加固的,可以采用较低的性能水平。

1.4　桥梁工程抗震设计流程

通常将桥梁在施工和运营过程中承受的多种作用归结为永久作用、可变作用和偶然作用三大类。地震作用属于偶然作用,在使用期内不一定会出现,但一旦出现就会对桥梁结构产生很大的影响。桥梁设计除了要满足永久作用和可变作用的静力目标之外,还应对其进行抗震设计，以保证桥梁在地震作用下的安全性，因此桥梁工程的抗震设计应贯穿桥梁结构设计的全过程。

桥梁工程的抗震设计是一项综合性的工作。桥梁抗震设计的任务是选择合理的结构形式，并为结构提供较强的抗震能力。具体来说，要正确选择能够有效抵抗地震作用的结构形式，合理分配结构的刚度、质量和阻尼等，并正确估计地震可能对结构造成的破坏，以便通过结构、构造和其他抗震措施，使损失控制在限定的范围内。

桥梁工程的抗震设计流程如图 1－43 所示，包括七个步骤，即抗震概念设计、确定设防标准、确定场地类别、选择桥梁抗震体系（延性设计或减隔震设计）、地震反应分析、抗震性能验算以及抗震构造与措施选择。

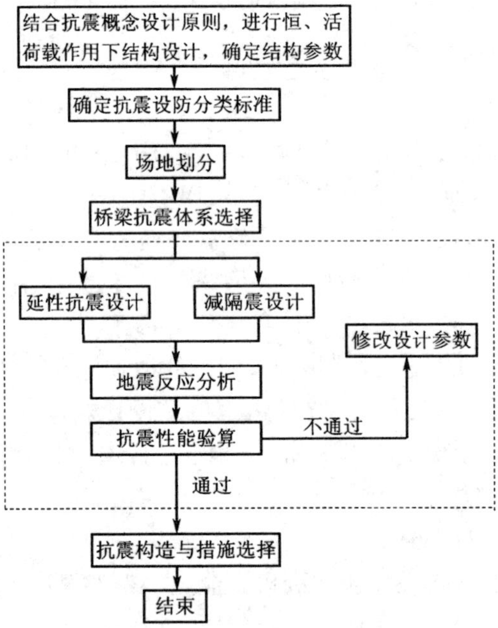

图 1－43 桥梁工程的抗震设计流程

1.4.1 桥梁结构抗震概念设计

由于地震作用具有随机性，而且人们对地震动和结构地震破坏机理的认知尚不充分，因此要进行精确的抗震设计很困难。20 世纪 70 年代以来，人们在总结地震灾害经验中提出了“概念设计”，这一思想是指根据地震灾害和工程经验等获得的基本设计原则和设计思想，正确地解决结构总体方案、材料使用和细部构造，以达到合理抗震设计的目的。合理的抗震设计，要求设计出来的结构，在强度、刚度和延性等指标上有最佳的组合，使结构能够经济地实现抗震设防的目标。

桥梁抗震概念设计阶段的任务是针对拟建桥梁进行一个合理的抗震选型，然后在此基础上选择良好的抗震结构体系。在进行桥梁结构选型时，应当尽可能地遵循以下原则，以减轻地震作用和提高结构抗震性能。

1. 场地选择

除了根据地震危险性分析尽量选择比较安全的桥址之外，还要考虑一个地区内的场地选择。选择的原则是：避免地震时可能发生地基失效的松软场地，选择坚硬场地；基岩、坚实的碎石类地基、硬黏土地基是理想的桥址场地;饱和松散粉细砂、人工填土和极软的黏土地基或不稳定的坡地及其影响可及的场地都是危险地区。在地基稳定的条件下,还可以考虑结构与地基的振动特性,力求避免共振影响;在软弱地基上,设计时要注意基础的整体性,以防止地震引起的动态和永久的不均匀变形。

2. 桥梁结构的整体性和规则性

在平面或立面上,桥梁结构的布置都要力求使几何尺寸、质量和刚度均匀、对称、规整,避免突然变化。

(1)从几何线型方面来说,最好是直线桥,且各墩高度相差不大。弯桥或斜桥会使地震反应复杂化,而墩高度不等则导致桥墩刚度不等,从而造成地震作用分配不均匀,对整体结构的抗震不利。我国《城市桥梁抗震设计规范》中对于梁式桥规定:一联内任意两桥墩刚度比相差不宜超过 50%,相邻桥墩刚度比不宜超过 25%,多联桥相邻联的周期比不宜超过 30%。

(2)在结构布局方面,要求上部结构最好是连续且小跨径的,并在多个桥墩上布置弹性支座,各桥墩的强度和刚度在各个方向最好相同或接近。

(3)结构体系应完整,有明确、可靠的传力路径。

强烈地震时,地震作用通过桥梁各个组成部分之间的相互连接来传递,并依靠各个组成部分本身的强度和刚度以及它们之间的连接作用来承担。若连接部位首先发生破坏,会引起传力路径改变或失去,进一步则导致桥梁结构的整体性遭到破坏,结构的计算简图也不再明确。

震害调查表明桥梁上、下部构造之间的连接部位,墩台与承台、基桩与承台、墩柱与盖梁之间的连接部位,八字翼墙与桥台台身之间的连接部位等,都是震害大量发生的部位。这些部位,都应加强抗震设计。

1.4.2　桥梁抗震体系选择

合理的抗震结构体系应具有两个基本特征:一是传力路径不间断,二是桥梁保持整体性。因此,结构既要选择合理有效的抗震单元,如墩柱塑性铰、减隔震装置等;又要采取有效的连接措施,如足够的支承宽度、纵向限位器、横向挡块等。

桥梁结构的抗震体系一般有两种:一种是延性抗震体系,另一种是减隔震体系。

1. 延性抗震体系

桥梁结构的地震破坏源于地震动引起的结构振动,因此抗震设计要力图使从地基传入结构的振动能量为最小,并使结构具有适当的强度、刚度和延性,以防止不能容忍的破坏。在不增加重量、不改变刚度的前提下,提高总体强度和延性是两个有效的抗震途径。

延性抗震体系主要是通过选定合适的弹塑性变形和耗能部位、延长结构周期、耗散地震能量,进而减小结构地震反应。弹塑性耗能部位一般位于桥墩上,既能方便地形成耗能机制,最大限度地减小地震作用,同时还有利于对损伤部位进行检查和修复。

在延性抗震体系中,桥梁的上部结构、上下部结构之间的连接构件以及桥梁基础等,要求不受损伤,保持在弹性范围内。

2. 减隔震体系

减隔震体系一般是通过在桥梁上、下部连接部位设置支座、耗能装置,控制结构的变形和耗能主要集中在这些装置上,以保护上部结构、桥墩和基础不受损伤且在弹性范围内。这种体系的突出优点是可以避免延性抗震体系中桥墩结构在进入塑性变形后不可避免的结构损伤，同时可以通过适当的参数选择与设计确保减隔震装置的变形性能，既能确保连接部位的可靠传力与支承作用，同时也可避免结构主体发生严重损伤。

延性抗震体系与减隔震体系具有相似的减震机理，都是通过延长结构周期以及提供附加阻尼耗能机制来实现减震的，但具体的减震机制是不同的。延性抗震体系是依靠墩柱上形成的塑性铰耗能，支座连接装置需保持弹性。减隔震体系是依靠上、下部连接处的减隔震装置耗能，墩身则需保持弹性。因此，两者各有不同的适用范围。一般情况下，对于墩高较大、墩柱长细比较大的桥梁，墩身截面地震反应一般相比支座连接处更为不利，并且墩柱也更易形成塑性铰，一般宜采用延性抗震体系；而对于墩高较矮、墩柱长细比较小的桥梁，支座连接处的地震反应一般相比于墩身更为不利，并且墩柱也较难以形成塑性铰，一般宜采用减隔震体系。

当桥墩为实体墩或刚性墩、墩高相差较大，而桥址区的预期地面运动主要能量集中在高频段时，优先考虑减隔震体系。相反地，当地基土层不稳定，或原有结构的固有周期比较长，或结构位于软弱场地、延长结构周期可能引起共振以及支座中出现负反力时，则不宜采用减隔震体系。

第2章 场地与地基

2.1 场地划分

2.1.1 场地的地震影响

场地土一般是指场地下的岩石和土,不同场地上构筑物的震害差异很明显。对大量构筑物的震害现象进行总结,发现在软弱地基上,柔性结构最容易遭到破坏,刚性结构相应表现较好;在坚硬地基上,柔性结构表现较好,而刚性结构表现不一。在坚硬地基上,构筑物的破坏通常是因结构破坏所产生的;在软弱地基上,有时是由于结构破坏,而有时是由于地基破坏所产生的。总体来说,在软弱地基上的破坏比坚硬地基上的破坏要严重。

从震源传来的地震波包含许多频率不同的分量,其中在振幅谱中幅值最大的频率分量所对应的周期,称为地震动的卓越周期。在大小和周期不同的地震波波群通过覆盖土层传向地表的过程中,土层会使一些与土层固有周期相一致的某些频率波群放大并通过,而将另一些与土层固有周期不一致的某些频率波群缩小或滤掉,因此土质条件对于改变地震波的频率特性具有重要作用。由于表层土的滤波作用,使坚硬场地的地震动以短周期为主,而软弱场地则以长周期为主。

场地运动对桥梁结构的影响有两种形式:一种是通过场地运动将地震能量传递给结构物引起结构物振动,另一种是场地相对位移对结构施加强制变形。当地震动的卓越周期与场地土的固有周期一致时,就会产生共振现象,使得地表的振幅大大增加。如果桥梁结构的固有周期与地震动的卓越周期相近,结构的振动会增大,震害也会加重,因此结构受到的地震影响与场地的土层结构和土的动力学性质有很大的关系。建筑在场地上的桥梁结构,场地运动除了向结构输入地震能量外,还会对结构施加强制变形,这种相对位移包括平动位移和转动位移。对于刚度比较大的结构,基础的转动变形在整个结构变形中所占的比例很大,影响内力分布,同时也是发生落梁破坏的重要原因。

2.1.2 场地的选择

工程地质条件对地震破坏的影响很大,根据土质、地形、地貌等情况将地段划分为有利、不利、危险地段,从宏观上指导设计人员合理地选择建设场地。

1. 地段类别的划分

有利地段一般指地质构造相对稳定,地基为比较完整的岩体、坚硬土或开阔平坦密实的中硬土等。

不利地段一般指软弱土层、液化土层、高耸孤立的山丘、非岩质的陡坡、河岸和边坡边缘,平面分布着成因、岩性、状态明显不均匀的土层(如古河道、断层破碎带、暗埋的塘浜沟谷以及半填挖地基)等。

危险地段一般指地震时可能发生滑坡、崩塌、地陷的地段,溶洞等岩溶地段和已采空的矿穴地段,河床内基岩具有倾向河槽的构造软弱面被深切河槽所切割的地段,发震断裂、地震时可能塌陷而中断交通的各种地段。

2. 桥位选择原则

桥位选择应当在工程地质勘察和水文地质调查的基础上,按照地质构造的活动性、边坡稳定性和场地的地质条件进行综合评价,宜充分利用对抗震有利的地段。在抗震不利地段上布设桥位时,宜对地基采取适当的抗震加固措施;在软弱黏性土层、液化土层和严重不均匀土层上,不宜修建大跨径超静定桥梁。各类桥梁宜避绕抗震危险地段,对于高速公路、一级公路必须通过抗震危险地段时,宜做地震安全性评价分析。

3. 发震断裂带的震害和避让措施

断裂带是地质构造上的薄弱环节,在发震断裂带地表附近,地震时可能产生新的错动,使地面上的工程结构遭受较大的破坏,由于目前没有经济有效的工程构造措施,因此主要靠避让来减轻危险性。

断裂带是否错动和出露到地表与很多因素有关,一般来说,地震震级愈高,露出地表的断层长度愈长,断层错位就愈大;覆盖层厚度愈大,露出地表的错动和断层长度就愈小;发生在平原、丘陵地区的地震,露出地表的断层长度和水平错位相对于山区要小。根据国内几次较大地震的经验,发震断裂带上可能发生地表错位的地段,主要在 9 度及 9 度以上高烈度区。所以我国《公路桥梁抗震设计细则》和《城市桥梁抗震设计规范》均规定:当抗震设防烈度小于 8 度,或非全新世活动断裂,或抗震设防烈度为 8 度和 9 度而隐伏断裂带的土层覆盖层厚度分别大于 60 m 和 90 m 时,均可以不考虑断裂错动对桥梁工程的影响。

如果地震烈度大,且土层覆盖层厚度又较薄,隐伏断裂带将在地震时重新错动并直通地表,那么单靠抗震设计很难达到地面建筑物安全的要求。因此,对于这种危险地段选择建设场地时应予以避开。我国《公路桥梁抗震设计细则》规定:A 类桥梁应尽量避开主断裂,对于设防烈度为 8 度和 9 度的地区,避开主断裂的距离为桥墩边缘至主断裂带外缘分别不小于 300 m 和 500 m;A 类以下桥梁宜采用跨径较小、便于修复的结构;当桥位无法避开发震断裂带时,宜将全部墩、台布置在断层的同一盘上,最好是下盘。

2.1.3 场地类别的分类

建设场地的覆盖土层厚度和土层的剪切波速可以影响地震动的频谱特性,进而影响场地上结构物的地震反应,因此我国《公路桥梁抗震设计细则》以及《城市桥梁抗震设计规范》根据场地土类型和覆盖层厚度两个要素将场地的类别划分成Ⅰ、Ⅱ、Ⅲ、Ⅳ四类。

1. 覆盖层厚度

场地覆盖层厚度是指地面至坚硬土顶面的距离。坚硬土通常是指剪切波速大于 500 m/s 的土层和岩石。当地面 5 m 以下存在剪切波速大于相邻上层土剪切波速 2.5 倍的土层,而且在这层土以下的下卧岩土的剪切波速均不小于 400 m/s 时,也可按该土层顶面至地面的距离作为场地覆盖层厚度。

2. 场地土类型

场地土的类型是指土层本身的刚度特性。根据土层剪切波速(v_s)将场地土的类型划分为四种:坚硬土(或岩石)、中硬土、中软土和软弱土。

我国《公路桥梁抗震设计细则》规定:对于 A 类桥梁,场地土层剪切波速应由场地地震安全性评价确定;对于 B 类桥梁可以根据现场的实测波速值来确定;对于 C 类和 D 类桥梁,当无实测剪切波速时，也可参考表2－1来划分场地土的类型。

表2－1　场地土的类型划分和剪切波速范围

土的类型	性状	土层剪切波速(v_s)范围/(m/s)
坚硬土（或岩石）	稳定岩石，密实的碎石土	$v_s>500$
中硬土	中密、稍密的碎石土，密实、中密的砾、粗（中）砂，$f_{a0}>200$ kPa 的黏性土和粉土，坚硬黄土	$250<v_s\leqslant 500$
中软土	稍密的砾、粗（中）砂，除松散外的细、粉砂，$f_{a0}\leqslant 200$ kPa 的黏性土和粉土，$f_{a0}>130$ kPa 的填土，可塑黄土	$140<v_s\leqslant 250$
软弱土	淤泥和淤泥质土，松散的砂，新近沉积的黏性土和粉土，$f_{a0}\leqslant 130$ kPa 的填土，流塑黄土	$v_s\leqslant 140$

注：f_{a0}是由载荷试验等方法得到的地基承载力基本容许值（kPa）。

建设场地一般由各种类别土层构成，由于各地区土层沉积环境不同，即使是同一类型的土，其物理力学指标有时也会明显不同，其剪切波速也不是一个值，不同类型的土，性质明显不同。因此，对于由若干土层组成的场地土，不应用其中一种土的剪切波速，也不能简单地用几种土的剪切波速平均值来确定土的类型，而应按等效剪切波速来确定土的类型。所谓等效剪切波速，也就是以剪切波在地面至计算深度各层土中传播的时间不变的原则，来定义的土层平均剪切波速。等效剪切波速可按下式计算：

$$v_{se}=d_0/t \tag{2-1}$$

$$t=\sum_{i=1}^{n}(d_i/v_{si}) \tag{2-2}$$

式中　v_{se}——土层的等效剪切波速；

d_0——计算深度(m)，可取覆盖层厚度和20 m两者的较小值；

t——剪切波在地面至计算深度的传播时间(s)；

d_i——计算深度范围内第 i 土层的厚度(m)；

v_{si}——计算深度范围内第 i 土层的剪切波速(m/s)；

n——计算深度范围内土层的分层数。

3. 建设场地类别

表2－2列出了建设场地的类别与等效剪切波速、覆盖层厚度(d)的关系，当已知表层土的场地土类型和场地覆盖层厚度时，就可以确定建设场地的类别。

表2－2　桥梁工程场地类别划分

等效剪切波速(v_{se})范围/(m/s)	场地类别			
	Ⅰ	Ⅱ	Ⅲ	Ⅳ
$v_{se}>500$	$d=0$			
$250<v_{se}\leqslant 500$	$d<5$	$d\geqslant 5$		
$140<v_{se}\leqslant 250$	$d<3$	$3\leqslant d\leqslant 50$	$d>50$	
$v_{se}\leqslant 140$	$d<3$	$3\leqslant d\leqslant 15$	$15<d\leqslant 80$	$d>80$

【例 1】 某工程位于城市快速路上，该地区抗震设防烈度为 7 度，对工程场地进行土层剪切波速测量，测量成果列入表 2－3 中，试判别该场地土质类别。

表 2－3 测量结果

土层序号	岩土名称	层厚/m	底层深度/m	土(岩)层平均剪切波速/(m/s)
1	杂填土	1.2	1.2	116
2	淤泥质黏土	10.5	11.7	135
3	黏土	14.3	26.0	158
4	粉质黏土	3.9	29.9	189
5	粉质黏土混碎石	2.7	32.6	250
6	全风化流纹凝灰岩	14.6	47.2	365
7	强风化流纹凝灰岩	4.2	51.4	454
8	中风化流纹凝灰岩	揭露厚度 11.3	62.7	550

解 (1)根据《城市桥梁抗震设计规范》第 4.1.5 条，确定场地覆盖层厚度为 $d=51.4$ m。

(2)根据《城市桥梁抗震设计规范》第 4.1.6 条，计算深度为

$$d_0=\min(d,20)=20\ \text{m}$$

确定土层的等效剪切波速为

$$v_{se}=\frac{20}{\frac{1.2}{116}+\frac{10.5}{135}+\frac{8.3}{158}}=142.19\ \text{m/s}$$

(3)根据覆盖层厚度 $d=51.4$ m 和等效剪切波速 $v_{se}=142.19$ m/s，查《城市桥梁抗震设计规范》第 4.1.7 条，可知该建设场地属于Ⅲ类场地。

2.2 地基的承载力

2.2.1 地基的震害特点

地基是指基础下面受力层范围内的土层，历史资料显示地基基础地震破坏的实例比较少，分析原因发现：一是地基承载力采用的安全系数通常在 2 以上，地震作用的安全储备较高；二是大多数地基土在地震作用下地基来不及变形。

尽管由于地基原因造成的震害仅占结构破坏总数的少部分，但是由于地基的原因给上部结构带来的破坏是不能忽视的。高压缩性饱和软黏土和承载力较低的淤泥质土在地震时会产生不同程度的震陷，造成上部结构的倾斜或破坏；杂填土、回填土和冲填土等松软填土地基，土质松软且承载力较低，容易产生沉陷，使结构开裂；沟、坑、古河道、坡地半挖半填等非均质地基在地震中的不均匀沉降或地裂缝引起上部结构破坏。

2.2.2 地基的抗震验算

地震作用是附加于原有静荷载上的一种动力作用，地震作用下土的动强度，一般是在一

定静应力的基础上,再加上30次左右的循环动荷载,使土样达到静载的极限应变值时的总作用应力。国内外研究资料表明,除十分软弱的土之外,地震作用下一般土的动强度皆比静强度高。但是基于地震作用的偶然性和短暂性以及工程经济性考虑,地基在地震作用下的可靠度应该比静力荷载下有所降低。我国《公路桥梁抗震设计细则》采用"拟静力法"进行地基和基础的抗震验算,即假定地震作用如同静力,一般只考虑水平方向的地震作用。地基抗震承载力设计值采用在地基静力承载力设计值基础上乘以调整系数 K 来计算。调整系数 K 是综合考虑了土在动荷载下强度的提高和可靠度指标的降低两个因素而确定的,按照表2-4取值。

表2-4 地基抗震容许承载力调整系数取值

岩土名称和性状	K
岩石,稍密的碎石土,密实的砾、粗(中)砂,$f_{a0}\geqslant300$ kPa的黏性土和粉土	1.5
中密、稍密的碎石土,中密和稍密的砾、粗(中)砂,密实和中密的细、粉砂,150 kPa$\leqslant f_{a0}<$300 kPa的黏性土和粉土,坚硬黄土	1.3
稍密的细、粉砂,100 kPa$\leqslant f_{a0}<$150 kPa的黏性土和粉土,可塑黄土	1.1
淤泥,淤泥质土,松散的砂,杂填土,新近堆积黄土及流塑黄土	1.0

地基抗震承载力容许值按下式确定:

$$[f_{ae}]=K[f_a] \tag{2-3}$$

式中 $[f_{ae}]$——调整后的地基抗震承载力容许值;

K——地基容许抗震承载力调整系数;

$[f_a]$——深宽修正后的地基承载力容许值,按《公路桥涵地基与基础设计规范》(JTG D63—2007)采用。

根据桩基的抗震性能一般比同类结构的天然地基要好的宏观经验,柱桩的地基抗震容许承载力调整系数可以取1.5,摩擦桩的地基抗震容许承载力调整系数可按表2-4取值。

2.3 地基土的液化和软土地基

2.3.1 地基土的液化

1.液化现象

处于地下水位以下的饱和砂土和粉土在地震时容易发生液化现象,如图2-1和图2-2所示。地震引起的强烈地面运动使得饱和砂土或粉土颗粒间发生相对位移,土颗粒结构趋于密实。如果土体本身渗透系数较小,当土颗粒结构压密时,短时间内孔隙水排泄不出而受到挤压,孔隙水压力将急剧增加。在地震作用的短暂时间内,这种急剧上升的孔隙水压力来不及消散,使原先由土颗粒通过其接触点传递的有效压力减小,当有效压力完全消失时,土颗粒局部或全部处于悬浮状态。此时,土体抗剪强度等于零,形成犹如"液体"的现象,即称为"液化"。

液化时,因下部土层的水头压力比上部土层高,所以水向上涌,把土颗粒带到地面上来,即产生冒水喷砂现象。随着水和土颗粒不断涌出,孔隙水压力降低至一定程度时,只冒水而

图 2－1 汶川地震土体液化

图 2－2 智利地震桥墩周边土体液化

不喷土颗粒。当孔隙水压力进一步消散，冒水终将停止，土的液化过程结束。当砂土和粉土液化时，其强度将完全丧失从而导致地基失效。

土层的液化会引起喷水冒砂，从而淹没农田、淤塞渠道、路基被掏空，有的地段产生很多陷坑，河堤产生裂缝和滑移，桥梁被破坏等。

2. 影响地基土液化的主要因素

地基土的液化受多种因素的影响，主要的因素如下。

1）土层的地质年代

地质年代古老的饱和砂土比地质年代较新的不容易液化。

2）土的组成和密实程度

一般来说，颗粒均匀单一的土比颗粒级配良好的土容易液化；松砂比密砂容易液化；细砂比粗砂容易液化。另外，粉土中黏性颗粒多的要比黏性颗粒少的不容易液化，这是因为随着土的黏聚力增加，土颗粒就越不容易流失。

3）液化砂土层的埋深

液化砂土层埋深越大，砂土层上的有效覆盖应力加大，就越不容易液化。

4）地下水位深度

地下水位浅时比地下水位深时容易液化。

5）地震烈度和持续时间

地震烈度越高，越容易发生液化；地震动持续时间越长，越容易发生液化。所以，同等烈度情况下的远震与近震相比较，远震较近震更容易液化。

2.3.2 地基土的液化判别

1. 二阶段液化判别原则

我国《公路桥梁抗震设计细则》采用初步判别和标准贯入试验这种二阶段判别的方法来判别土层液化。

根据近年来对多地地震液化现场资料的研究，发现液化与土层的地质年代、地貌单元、黏粒含量、地下水位深度、上覆非液化土层厚度等有密切关系。利用这些关系即可对土层液化进行判别，这属于初步判别。初步判别的作用是排除一大批不会液化的工程，可少做标准贯入试验，达到省时、省钱的目的。凡经初步判别为不液化或不考虑液化影响的就可不进行第二步判别，以节省勘察工作量。

当经初步判别还不能排除地基土液化的可能性时,就要采用标准贯入试验作为第二步判别的方法。第二步的作用是判别液化程度和液化后果,为工程上的处理方法提供依据。

2. 初步判别

由于6度地区的场地液化对公路桥梁造成的震害是比较轻的,因此《公路桥梁抗震设计细则》规定:6度及6度以下地区的公路桥梁可以不考虑液化的影响。

地质年代的新老,意味着土层沉积时间的长短。较老的沉积土层经过长期的固结作用、历次地震作用以及水化学作用影响,除了使土层密度增大之外,还往往形成一定的胶结紧密结构。因此,土层地质年代愈老,则土的固结程度、密实程度和结构性也就愈好,抗液化性能则愈强;相反年代愈新,则抗液化性能愈差。

粉土是黏性土与砂性类土之间的过渡性土,黏性颗粒的含量多少决定这类土的性质。粉土的黏粒含量超过一定限值时,使土的黏聚力加大,其性质接近黏性土,抗液化性能将大大增强。因此,可根据粉土的黏粒含量的多少,大致判别地基土液化的可能性。

我国《公路桥梁抗震设计细则》规定:当地面以下20 m范围内有饱和的砂土或粉土,符合下列条件之一时,可初步判别为不液化或可不考虑液化影响。

(1)地质年代为第四纪、晚更新世(Q3)及其以前时,7度和8度时可判为不液化。

(2)粉土的黏粒含量(粒径小于0.005 mm颗粒)的百分率,7度、8度和9度分别不小于10、13和16时,可判为不液化。用于液化判别的黏粒含量是采用六偏磷酸钠做分散剂测定,采用其他方法时应按有关规定换算。

(3)采用天然地基的桥梁,当上覆非液化土层厚度和地下水位深度符合下列条件之一时,可不考虑液化影响:

$$d_u > d_0 + d_b - 2 \tag{2-4}$$

$$d_w > d_0 + d_b - 3 \tag{2-5}$$

$$d_u + d_w > 1.5d_0 + 2d_b - 4.5 \tag{2-6}$$

式中 d_w——地下水位深度(m),宜按设计基准期内年平均最高水位采用,也可按近期内年最高水位采用;

d_u——上覆非液化土层厚度(m),计算时宜将淤泥和淤泥质土层扣除;

d_b——基础埋置深度(m),不超过2 m时应采用2 m;

d_0——液化土特征深度(m),按表2-5采用。

表2-5 液化土特征深度 m

饱和土类别	7度	8度	9度
粉土	6	7	8
砂土	7	8	9

3. 标准贯入试验判别

当土层经初步判别认为需要进一步进行液化判别时,应采用标准贯入试验进一步确定其是否液化。标准贯入试验设备如图2-3所示,由标准贯入器、触探杆和重63.5 kg的穿心锤等部分组成。试验时,先用钻具钻至试验土层标高以上15 cm,再将标准贯入器打到待试验土层的标高位置,然后在穿心锤的落距为76 cm的条件下,打入土层30 cm,记录下的锤击数即为标贯值$N_{63.5}$。由此可见,标贯值越大,说明土的密实程度越高,土层就越不容易液

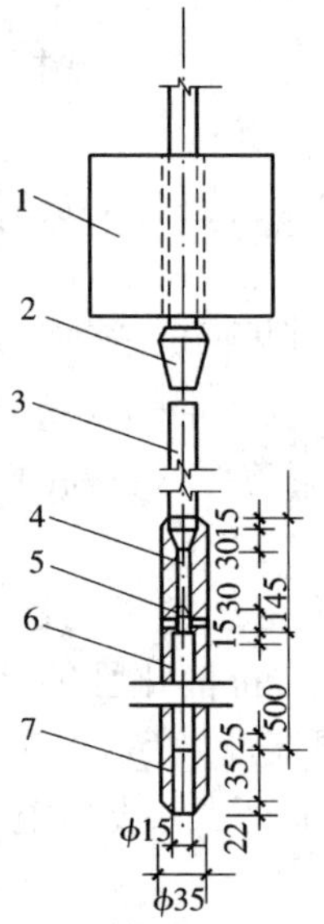

图 2-3 标准贯入试验的试验设备

1—穿心锤；2—锤垫；3—触探杆；4—贯入器头；5—出水孔；6—贯入器身；7—贯入器靴

化。可采用标准贯入试验的判别公式：

$$N_{63.5} < N_{cr} \tag{2-7}$$

式中 $N_{63.5}$——未经杆长修正饱和砂土或饱和粉土中实测标准贯入锤击数；

N_{cr}——液化判别标准贯入锤击数的临界值。

当满足式(2-7)时，判为可液化土，否则为不液化土。

对浅基础，一般要对地面以下 15 m 深度范围内的土层进行标准贯入试验。当采用桩基或埋深大于 5 m 的深基础时，还应进一步判别 15～20 m 范围内土的液化。

在地面以下 15 m 深度范围内，液化判别标准贯入锤击数临界值可按下式计算：

$$N_{cr} = N_0[0.9 + 0.1(d_s - d_w)]\sqrt{3/\rho_c} \quad (d_s \leqslant 15\ \text{m}) \tag{2-8}$$

在地面以下 15～20 m 深度范围内，液化判别标准贯入锤击数临界值可按下式计算：

$$N_{cr} = N_0(2.4 - 0.1d_w)\sqrt{3/\rho_c} \quad (15\ \text{m} < d_s \leqslant 20\ \text{m}) \tag{2-9}$$

式中 N_{cr}——液化判别标准贯入锤击数的临界值；

N_0——液化判别标准贯入锤击数的基准值，可按表 2-6 采用；

d_s——饱和土标准贯入点深度(m)；

d_w——地下水位深度(m)；

ρ_c——黏粒含量百分率，当小于 3 或为砂土时，应采用 3。

表 2-6 液化判别标准贯入锤击数基准值 N_0

区划图上的特征周期/s	7 度	8 度	9 度
0.35	6(8)	10(13)	16
0.40、0.45	8(10)	12(15)	18

注：1. 特征周期根据场地位置在《中国地震动参数区划图》(GB 18306—2001)上查取。
2. 括号内的数值用于设计基本地震动加速度为 0.15g 和 0.30g 的地区。

式(2-8)和式(2-9)显示，当地下水位深度越浅，黏粒含量百分率越小，地震烈度越高，地震加速度越大，地震作用持续时间越长，土层越容易液化，则标准贯入锤击数临界值就越大。反之，当标准贯入锤击数临界值越大，就越容易被判别为液化土层。

2.3.3 液化地基的评价

经过上述两阶段判别方法证实地基土确实存在液化趋势后，应进一步定量分析，评价液化土可能造成的危害程度。这一工作，通常是通过计算地基土液化指数来实现的。

地基土的液化指数 I_{lE} 可按下式确定：

$$I_{lE} = \sum_{i=1}^{n}\left(1 - \frac{N_i}{N_{cri}}\right)d_i W_i \tag{2-10}$$

式中 n——在判别深度范围内每一个钻孔标准贯入试验点的总数；

N_i、N_{cri}——第 i 点标准贯入锤击数的实测值和临界值，当实测值大于临界值时应取临界值的数值；

d_i——i 点所代表的土层厚度(m)，可采用与该标准贯入试验点相邻的上、下两标准贯入试验点深度差的一半，但上界不高于地下水位深度，下界不深于液化深度；

W_i——i 土层单位土层厚度的层位影响权函数值(m^{-1})，若判别深度为 15 m，当该层中点深度不大于 5 m 时应采用 10，等于 15 m 时应采用 0，5 ~ 15 m 时应按线性内插法取值，若判别深度为 20 m，当该层中点深度不大于 5 m 时应采用 10，等于 20 m 时应采用 0，5 ~ 20 m 时应按线性内插法取值。

根据液化指数 I_{le} 的大小，可将液化地基划分为三个等级，见表 2－7。

表 2－7　液化等级

液化等级	轻微	中等	严重
判别深度为 15 m 时的液化指数	$0 < I_{lE} \leqslant 5$	$5 < I_{lE} \leqslant 15$	$I_{lE} > 15$
判别深度为 20 m 时的液化指数	$0 < I_{lE} \leqslant 6$	$6 < I_{lE} \leqslant 18$	$I_{lE} > 18$

【例 2】　某建设场地位于设防烈度 8 度(0.2g)地区，工程分布和钻孔资料如图 2－4 所示，试判别地面下 15 m 深度范围内的土层液化情况。

层底深度	点号	土层	标贯深度 d_s /m	土层厚度 d_i /m	标贯值 N_i
−1.0 m（地下水位）					
−2.1 m	1	粉砂	−1.4	1.1	2
−3.4 m		黏土			
−8.0 m	2 3 4 5	细砂	−4.0 −5.0 −6.0 −7.0	1.1 1.0 1.0 1.5	10 8 19 20
−15.0 m		黏土			

图 2－4　工程分布和钻孔资料

解　(1)计算各点的标贯临界值 N_{cr}。因建设场地位于 8 度(0.2g)地区，根据《公路桥梁抗震设计细则》第 4.3.3 条规定，标贯锤击数基准值 $N_0 = 12$。砂土，取 $\rho_c = 3$，$d_w = 1.0$。

在地面下 15 m 深度范围内，液化判别标贯锤击数临界值

$$N_{cr} = N_0[0.9 + 0.1(d_s - d_w)]\sqrt{3/\rho_c}$$

则　1 点(−1.4 m)处 $N_{cr} = N_0[0.9 + 0.1(d_s - d_w)]\sqrt{3/\rho_c}$

$= 12 \times [0.9 + 0.1 \times (1.4 - 1.0)]\sqrt{3/3} = 11.28 > N_1 = 2$，液化；

2 点(−4.0 m)处 $N_{cr} = 12 \times [0.9 + 0.1 \times (4.0 - 1.0)]\sqrt{3/3} = 14.4 > N_2 = 10$，液化；

3 点(−5.0 m)处 $N_{cr} = 12 \times [0.9 + 0.1 \times (5.0 - 1.0)]\sqrt{3/3} = 15.6 > N_3 = 8$，液化；

4 点(−6.0 m)处 $N_{cr} = 12 \times [0.9 + 0.1 \times (6.0 - 1.0)]\sqrt{3/3} = 16.8 < N_4 = 19$，不液化；

5 点(−7.0 m)处 $N_{cr} = 12 \times [0.9 + 0.1 \times (7.0 - 1.0)]\sqrt{3/3} = 18 < N_5 = 20$，不液化；

因此只需计算1、2、3点的中点深度及 W_i。

(2)确定中点深度 z_i 及 W_i。根据《公路桥梁抗震设计细则》第4.3.4条，有：

1点　因地下水位在 -1.0 m，则上界为1.0 m，$d_1 = 1.1$ m，则1点的中点深度 $z_1 = 1.0 + \frac{1.1}{2} = 1.55$ m，又因 $z_1 = 1.55\ \text{m} < 5\ \text{m}$，取 $W_1 = 10\ \text{m}^{-1}$；

2点　因上界黏土层厚为3.4 m，则2点的中点深度 $z_2 = 3.4 + \frac{1.1}{2} = 3.95$ m，又因 $z_2 = 3.95\ \text{m} < 5\ \text{m}$，取 $W_2 = 10\ \text{m}^{-1}$；

3点　因2点底层深为 $3.4 + 1.1 = 4.5$ m，则3点的中点深度 $z_3 = 4.5 + \frac{1.0}{2} = 5$ m，取 $W_1 = 10\ \text{m}^{-1}$。

(3)确定液化指数 I_{lE}。根据《公路桥梁抗震设计细则》第4.3.4条，液化指数计算公式为

$$
\begin{aligned}
I_{lE} &= \sum_{i=1}^{n}\left(1-\frac{N_i}{N_{cri}}\right)d_i W_i \\
&= \left(1-\frac{2}{11.28}\right)\times 1.1\times 10+\left(1-\frac{10}{14.4}\right)\times 1.1\times 10+\left(1-\frac{8}{15.6}\right)\times 1.0\times 10 \\
&= 17.28
\end{aligned}
$$

查表2-7，此处场地土的液化等级为严重。

2.3.4　液化地基的抗震措施

1.抗液化措施

对于液化地基，根据桥梁的分类等级以及地基液化等级，针对不同情况采取不同层次的措施，详见表2-8。

表2-8　抗液化措施

桥梁分类	地基的液化等级		
	轻微	中等	严重
A、B	部分消除液化沉陷，或对地基和上部结构处理	全部消除液化沉陷，或部分消除液化沉陷且对地基和上部结构处理	全部消除液化沉陷
C	基础和上部结构处理，亦可不采取措施	基础和上部结构处理，或更高要求的措施	全部消除液化沉陷，或部分消除液化沉陷且对地基和上部结构处理
D	可不采取措施	可不采取措施	对地基和上部结构处理，或其他经济的措施

2.全部消除地基液化沉陷的措施

全部消除地基液化沉陷的措施，一般包括采用桩基、深基础或深层加固、挖除全部液化土层等。具体的做法和要求如下。

(1)采用桩基时，桩端伸入可液化土层以下的稳定土层中的长度(不包括桩尖部分)应按计算确定。

(2)采用深基础时,基础底面应埋入液化深度以下的稳定土层中,其深度不应小于1 m。

(3)采用加密法(如振冲、振动加密、砂桩挤密、强夯等)加固时,应处理至液化深度下界,且处理后复合地基的标准贯入锤击数不应小于液化标准贯入锤击数的临界值。

(4)应挖除全部液化土层,用非液化土替换。

(5)为了保证加固的效果,采用加密法或换土法处理时,在基础边缘以外的处理宽度,应超过基础底面下处理深度的1/2,且不小于基础宽度的1/5。

3. 部分消除地基液化沉陷的措施

部分消除地基液化沉陷的措施,一般包括加固或挖除部分液化土层等。具体的做法和要求如下。

(1)与全部消除地基液化沉陷的措施所不同的是地基处理的深度可浅些,要求可降低些,允许一部分液化土层存在。但要求对液化地基处理有一定的深度,应使处理后的地基液化指数减小,其值不宜大于5。

(2)在处理深度范围内,应使处理后复合地基的标准贯入锤击数大于相应的液化标准贯入锤击数的临界值。

(3)基础边缘以外的处理宽度,应超过基础底面下处理深度的1/2,且不小于基础宽度的1/5。

4. 减轻液化影响的措施

减轻液化对基础和上部结构的影响,可综合考虑采用下列各项措施:

(1)选择合适的基础埋置深度;

(2)调整基础底面积,减少基础偏心;

(3)加强基础的整体性和刚度;

(4)减轻荷载,增强上部结构的整体刚度和均匀对称性,避免采用对不均匀沉降敏感的结构形式等。

5. 土层液化的影响

当地基内有液化土层时,液化土层的承载力、土抗力、内摩擦角和黏聚力应根据液化抵抗系数C_e予以折减。液化抵抗系数按下式计算:

$$C_e = \frac{N_1}{N_{cr}} \tag{2-11}$$

折减系数α按照表2-9取值。

表2-9　土层液化影响折减系数α

C_e	d_s/m	α
$C_e \leqslant 0.6$	$d_s \leqslant 10$	0
	$10 < d_s \leqslant 20$	1/3
$0.6 < C_e \leqslant 0.8$	$d_s \leqslant 10$	1/3
	$10 < d_s \leqslant 20$	2/3
$0.8 < C_e \leqslant 1.0$	$d_s \leqslant 10$	2/3
	$10 < d_s \leqslant 20$	1

第3章　地震反应分析与地震作用计算

3.1　地震反应分析方法的演变

地震作用理论研究地震时地面运动对结构物产生的动态效应，结构的地震反应取决于地震动和结构动力特性两个方面，因此地震反应分析方法的发展是随着人们对这两方面的认识逐渐深入而提高的。根据所考虑的地震动的特点，结构地震反应分析方法可以分为两大类：确定性方法和随机振动方法。其中，确定性方法使用地震记录或由其他方法确定的地震波来求出结构的反应；随机振动方法则把地震视为随机过程，把具有统计性质的地震动作用在结构上来求出结构的反应。地震反应分析方法经历了静力理论阶段、反应谱理论阶段、动力理论阶段以及目前的基于结构性能的抗震设计理论阶段。目前，绝大多数国家现行的桥梁抗震设计规范普遍采用的是确定性地震反应分析方法。

3.1.1　静力理论阶段

1. 弹性静力法

20世纪40年代前属于静力理论阶段，最初由日本学者大房森吉在1899年提出，他认为地震对工程设施的破坏是由地震产生的水平力作用在建筑物上的结果。他假定结构是刚性的，结构各个部分与地震动具有相同的振动，结构因地震作用引起的地震力就等于地面运动加速度与结构总质量的乘积，再把地震力视为静力作用在结构上，进行结构线弹性静力分析计算。按静力法计算的地震作用为

$$F=\delta_g M=\delta_g \frac{W}{g}=KW \tag{3-1}$$

式中　δ_g——地面运动加速度峰值；

M——结构总质量；

W——结构总重量；

K——地面运动加速度峰值与重力加速度的比值。

静力法将地震加速度作为结构地震破坏的唯一因素，从动力学角度看，这种方法忽略了结构的动力反应特性，在理论上存在极大的局限性。只有当结构物的基本固有周期比地面运动卓越周期小很多时，结构物在地震时才可能几乎不产生变形，可以近似视为刚体，弹性静力法才能成立。不过，弹性静力法概念简单，对于整体刚度较大的结构或构件是适用的，至今在桥台和挡土结构的抗震设计中仍采用静力法。

2. 非线性静力 Pushover 分析

20世纪60年代末国外学者提出了静力弹塑性(Pushover)分析方法，这种方法在近几年得到很大发展和应用。严格来讲，Pushover分析方法不能算作一种结构地震反应分析的方法，但它提供了一个评估结构地震反应尤其是非线性地震反应的简单而有效的方法，能够追踪结构从屈服直到极限状态的整个非弹性变形过程。实际进行的Pushover分析过程，是一

种纯粹的非线性静力分析过程，因此它与一般的非线性静力分析在计算方法上没有太大不同，主要差别如下。

(1) Pushover 分析需要预先假定一个荷载分布模式，而一般的非线性静力分析外加荷载是确定的。

(2) Pushover 分析需要预先确定与结构性能目标相对应的位移限值，如屈服位移、倒塌破坏极限位移等，而一般的非线性静力分析无此要求。

(3) Pushover 分析最终得到一条 Pushover 曲线，该曲线是表示特征荷载与特征位移之间相互关系的曲线（对桥梁结构分析，通常为墩底剪力与上部结构质量中心处的位移之间的关系曲线），也称能力曲线。分析过程通常还计算总的结构能量耗散及等效弹性刚度，并利用单振型反应谱法计算力效应和位移效应，即所谓的需求分析，而一般的非线性静力分析则无此过程。

(4) Pushover 分析进行需求/能力比计算，以评估结构的抗震性能，而一般的非线性静力分析无此过程。

非线性 Pushover 分析方法，被认为是一种简单而有效的抗震性能评估方法。目前，这种方法在桥梁抗震性能评估方面已有不少应用实例，但还没有被应用于设计分析，对这种方法如何应用于桥梁抗震设计分析，还需要更多的实践经验。

3.1.2　反应谱理论阶段

从 1931 年起，美国开始逐步进行强震观测台网的布置，积极开展强震观测工作，并在 1933 年长滩（Long Beach）地震中，得到了第一批强地震动过程的记录。随后，在 1940 年 5 月 18 日帝国峡谷（Imperial Valley）地震中，又成功地收集了包括著名的 El Centro 地震在内的大量地震加速度记录资料。这些强震记录，为以后抗震动力学方法的发展提供了宝贵的材料。

1943 年皮奥特（M. A. Biot）提出了反应谱的概念，并给出世界上第一条弹性反应谱曲线，即单自由度弹性振子对应某一个强记录情况下，体系的周期与绝对加速度、相对速度和相对位移的最大反应量之间的关系曲线。1948 年豪斯纳（G. W. Hausner）提出基于加速度反应谱曲线的弹性反应谱法。1952 年加州首先把反应谱理论引入该年发布的《地震力与风侧力规范》中，但是为了适应传统经验和应力设计中的安全系数，降低了反应谱值。1956 年纽马克（N. M. Newmark）率先把该法应用于墨西哥城拉丁美洲大厦的抗震设计，这座大厦经历了随后发生的里氏 8 级墨西哥大地震的考验，使弹性反应谱法得到了验证。反应谱方法通过反应谱概念巧妙地将动力问题静力化、概念简单化、计算方便化，可以用较少的计算量获得结构的最大反应值。因此，自 1958 年第一届世界地震工程会议之后，这一方法被许多国家接受，目前世界各国规范都把它作为一种基本的分析手段。

反应谱方法也存在一些缺陷：反应谱是弹性范围内的概念，当结构在强烈地震下进入塑性工作阶段时不能直接应用；地震作用是一个时间过程，而反应谱方法只能得到最大反应，不能反映结构在地震动过程中的时间经历和地震动持时效应；对多振型反应谱法，由于反应谱仅能给出结构各振型反应的最大值，不能反映出最大值的正负和时间。因此，对于复杂、大跨桥梁的地震反应，反应谱方法目前仍然不能很好地考虑各种复杂的影响因素。如果应用反应谱方法对复杂、大跨桥梁进行地震反应分析，有时会由于计算的频率阶数不够多而得不到正确的结果，或判断不出结构真正的薄弱部位。因此，反应谱方法只能作为一种估算方法,或一种校核手段。

3.1.3 动力理论阶段

20世纪60年代前后,随着计算机的普及和动力试验技术的发展,人们对结构物在地震作用下反应的全过程有了更全面的了解,也逐渐意识到反应谱方法并不能保证某些特殊工程结构的安全,而且随着地震动记录数据和结构震害资料的不断丰富,使抗震研究开始向真正的动力理论阶段过渡。

在国外,动态时程分析方法在20世纪60至70年代得到迅速发展;在国内,于20世纪70年代末和80年代初期大量开展这方面的研究工作。从地震动的振幅、频谱和持时三要素看,抗震设计的静力理论只考虑了高频振动振幅的最大值,反应谱理论虽考虑了振幅和频谱,但持时则始终未能得到明确的反映,因此多数人认为对重大工程结构应采用动态时程分析法,做详尽的地震响应分析。

动态时程分析法以输入适合的地震动为出发点,其中考虑了结构、土和深基础相互作用、地震波相位差及不同地震波多分量多点输入等因素,采用多节点多自由度的结构有限元动力计算模型建立地震振动方程,然后采用逐步积分法对方程进行求解,计算地震过程中每一瞬时结构的位移、速度和加速度反应,从而可以分析出结构在地震作用下弹性和非弹性阶段的内力变化以及构件逐步开裂、损坏直至倒塌的全过程。由于此法是对运动方程直接求解,又称为直接动力分析法,直接动力分析包括确定性动力分析与非确定性动力分析两大类。

对于复杂的结构体系,由于振型密集将产生耦联以及结构发生强烈非线性反应,一般采用动力理论进行地震反应分析和抗震设计。但是动态时程分析法计算量大、耗时多,并且需要对结果进行统计分析,因此大多数国家的抗震设计规范对中、小跨度桥梁仍采用反应谱方法计算,对重要、复杂、大跨的桥梁抗震计算建议采用动态时程分析法。

动力分析包括计算模型、结构动力特性以及外力作用下结构动力响应计算等部分。计算模型是影响计算结果是否合理的首要前提,因此需要根据结构形状、外力作用方式、结构振动特性等实际情况进行综合判断、适当选择。严格地讲,桥梁的地震响应要从三维结构考虑,但是通常的桥梁为细纤结构,而且地震作用又以低阶振型的影响为主,因此抗震设计一般以杆系结构模型为主。只有某些特殊场合,如计算需要模拟地震波在土层中传播影响等情况时,计算模型中的一部分或全部才采用二维或三维单元。

动力分析有线性和非线性两种情形,而非线性分析又包括几何非线性、材料非线性和双非线性三种形式,在计算分析时需要根据地震作用的大小、结构形式以及结构物的重要性等实际情况考虑采用。当地震作用比较小且结构具有一定刚度时,地震响应可以按线弹性理论计算。几何非线性是考虑结构形状变化影响的计算方法,一般用在柔性桥梁,如大跨度悬索桥和斜拉桥的柔性结构在地震时几何形状变化显著的情形。

3.1.4 基于结构性能的抗震设计理论阶段

当前各国采用的"小震不坏、中震可修、大震不倒"的抗震设防水准,是以保证生命安全为单一设防目标的。尽管能做到大震时主体结构不倒塌以保证生命安全,但仍可能导致中、小地震作用下结构丧失正常使用功能而造成巨大的财产损失。近些年,在人口集中的大城市发生了多起破坏性的地震,由于这类地区集中了大量的社会财富,地震所造成的经济损失和人员伤亡非常巨大。在此背景下，人们重新审视了现有的抗震设计思想，于是20世纪90年代提出的基于性能的抗震设计(Performance-Based Seismic Design，PBSD)理论被认为是未来抗震设计的主要发展方向。

1. PBSD 理论的提出

20世纪90年代初，美国加州大学伯克利分校学者Mohele提出了基于位移的抗震设计(Displacement-Based Seismic Design)思想，建议改进基于承载力的设计方法，这一全新理念最早应用于桥梁抗震设计中。基于位移的抗震设计需使结构的塑性变形能力满足预定的地震作用下的变形，即控制结构在大震下的层间位移角发展。Mohele方法的核心思想是从总体上控制结构的层间位移角水准。这一设计思想影响了美国、日本和欧洲土木工程界，美国、日本和欧洲于是提出了PBSD全新理念并展开了广泛的研究工作。

美国加州结构工程师协会(Structural Engineers Association of California，SEAOC)SEAOC Vision 2000对PBSD的定义是：性能设计应该是选择一定的设计准则、恰当的结构形式、合理的规划和结构比例，保证建筑物的结构与非结构构件的细部构造设计，控制建造质量和长期维护水平，使得建筑物在遭受一定水准地震作用下，结构的损伤或破坏不超过某一特定的极限状态。SEAOC Vision 2000阐述了结构和非结构构件的性能水准，而且基于位移建议了五级性能水准，建议用性能设计原理分析弹塑性结构的地震反应。基于性能的设计是从结构抗震性能的预先估计出发，人为地形成合理的抗震体系，实现结构的多层次抗震设防。

美国应用技术委员会(Applied Technology Council，ATC)ATC－40对PBSD的定义是：基于性能的抗震设计是指结构的设计准则由一系列可以实现的结构性能目标来表示，主要针对钢筋混凝土结构，并且建议采用基于能力谱的设计原理。

美国联邦紧急事务管理局(Federal Emergency Management Agency，FEMA)FEMA273和FEMA274对PBSD的定义是：基于不同设防水准地震作用，达到不同的性能目标，在分析和设计中采用弹性拟静力分析和弹塑性时程分析来实现一系列的性能水准，并且建议采用建筑物顶点位移来定义结构和非结构构件的性能水准，不同的结构形式采用不同的性能水准。而且，FEMA273利用随机地震动概念提出了许多种性能目标，适用于多级性能水准结构的分析与设计方法。

中国一些学者对PBSD的定义是：基于性能的结构抗震设计是指根据建筑物的重要性和用途确定其性能目标，再根据不同的性能目标提出不同的抗震设防标准，使设计的建筑在未来地震中具备预期的功能。

综上所述，不同的研究机构或个人对PBSD的定义可能不完全相同，但都有一个共同的理念：在设计使用期内，建筑遭受不同水准地震作用时，应该达到相应的性能水准。

2. PBSD 主要研究内容

目前普遍的观点认为，基于结构性能的抗震设计理论的主要内容应包括确定地震设防水准、确定结构抗震性能目标、研究结构抗震分析和设计方法等方面。

1)确定地震设防水准

基于性能的抗震设计要能预先控制结构在未来可能发生的地震作用下的抗震性能，而地震设防水准直接关系到未来结构的抗震性能。地震设防水准是指在工程设计中如何根据客观的设防环境和已定的设防目标，并考虑具体的社会经济条件来确定采用多大的设防参数，或者说应选择烈度多大的地震作为防御的对象。简言之，地震设防水准是指未来可能作用于场地的地震作用的大小。根据不同重现期确定所有可能发生的对应于不同水准或等级的地震动参数，包括地震加速度（速度和位移）时程曲线、加速度反应谱和峰值加速度，这些具体的地震动参数称为地震设防水准。

基于全国基本烈度区划图和概率方法，我国现行抗震规范将地震分为“小震”“中震”和“大震”3个设防水准。“小震”为50年使用期内烈度超越概率为63.2%的地震（第一水准地震），重现期为50年；“中震”为50年使用期内烈度超越概率为10%的地震（第二水准地震），重现期为475年；而“大震”为50年使用期内烈度超越概率为2%～3%的地震（第三水准地震），重现期为1 642～2 475年。

合理的设防水准，应该考虑到一个地区的设防总投入、未来设计基准期内期望的总损失和由社会经济条件决定的设防目标来优化确定，即需要由地震工程专家和管理决策员综合考虑各种专业因素、社会因素后才能确定。

2）确定结构抗震性能目标

结构抗震性能目标是对某一级地震设防水准而期望达到的性能水准或等级（Performance Level），它反映了建筑物在某一特定地震设防水准下预期破坏的最大程度，结构和非结构构件以及因它们破坏引起的后果都被认为是结构性能水准问题。性能目标的建立需要综合考虑建筑场地特征、结构功能与重要性、投资与效益、震后损失与恢复重建、潜在的历史或文化价值、社会效益及业主的承受能力等众多因素。

SEAOC Vision 2000 建议将结构性能目标划分为三种等级，即基本目标、重要目标和最高目标。基本目标是一般建筑的最低期望性能水准；重要目标是医院、公安消防、学校、通信等重要建筑的最低期望性能水准；最高目标是含核材料等特别危险物资的特别重要建筑的最低期望性能水准。规范给出的性能目标是最低标准，结构性能目标可以根据业主的要求采用比规范目标更高的水准。

3）PBSD 设计方法

抗震设计方法是基于性能的抗震设计理论的主要内容之一，对基于性能的抗震设计理念的实现具有重要意义。基于性能的抗震设计方法主要包括基于位移的抗震设计方法、综合设计法、能力设计法、基于性能的可靠度设计法等。

Ⅰ.基于位移的抗震设计方法

基于位移的抗震设计方法（Displacement-Based Seismic Design，DBSD）是指用量化的位移设计指标来控制建筑物的抗震性能。该方法是由美国加州大学伯克利分校的 Mohele 提出的，最早应用于桥梁的抗震设计中。Mohele 的主要观点是在抗震设计时进行定量分析，使结构的塑性变形能力满足在预期的地震作用下的变形要求，即控制结构在大震作用下的层间位移角限值。该设计方法的核心思想是从总体上控制结构的位移和层间位移角。

与传统的基于承载力或强度的抗震设计方法相比，基于位移的抗震设计方法是一种全新概念的抗震设计法。其基本思想是，首先确定结构的目标位移，再根据目标位移进行数值迭代反求结构的屈服位移，反复进行直到满足给定的精度。也就是说，传统方法的设计顺序是由承载力计算位移，设计变量是构件的强度和刚度；而基于位移的抗震设计方法的设计顺序则是由位移计算承载力，构件的强度、刚度及配筋等只是设计的最终结果。

基于位移的抗震设计方法能够从总体上控制结构的位移和层间位移角等反应量，有利于基于性能的抗震设计方法的实现，因此基于位移的抗震设计是实现基于性能的抗震设计的重要环节。

Ⅱ.综合设计法

综合设计法(Comprehensive Design Approach,CDA)是由美国学者Berteo等人提出的,并被加州结构工程师协会SEAOC Vision 2000委员会采纳。该方法首先确定业主所能接受的最低性能目标,在对场地的适宜性作出评价后,进行总体概念设计和综合数值设计,最终确定结构和非结构构件的尺寸。

Ⅲ.能力设计法

能力设计法(Capability Design Method,CDM)最早是由新西兰学者Park等人在20世纪70年代中期提出的,主要面向桥梁结构。该方法的定义是:对于结构的非弹性响应设计,首先布置可能出现塑性铰的位置,使结构屈服后形成一个合理的耗能机构;对塑性铰区进行专门的设计,以提供足够的延性能力,对于其他非塑性铰区,根据塑性铰所具有的超强强度,确定被保护构件的设计强度,从而保证被保护构件在结构塑性铰形成后仍保持弹性。能力设计法是一种介于传统设计法和基于位移的设计法之间的一种抗震设计方法,其基本思想是在结构体系中的延性构件和能力保护构件之间建立强度安全等级差异,以确保结构不会发生脆性的破坏模式,因此这种方法强调的是延性设计的概念。能力设计法的主要优点是可以预定塑性铰出现的位置和布局,而且可以预测结构整体抗震性能,这是传统抗震设计法所达不到的。此外,根据能力设计法设计的结构具有很好的韧性,对结构避免倒塌提供保护能力,同时也降低了结构对许多不确定因素的敏感性。

Ⅳ.基于性能的可靠度设计法

基于性能的可靠度设计法是由美国学者文义归等人提出的,它是将可靠度与基于性能的设计相结合的设计方法,引入基于Pushover分析的等效单自由度方法,提出了一致危险性反应谱的概念。把结构的两种概率极限状态(使用极限状态和最终极限状态)转化为相应的基于位移的确定性极限状态,并提出了二阶段可靠度的设计方法。

3. PBSD的特点

基于性能的抗震设计理论是抗震设计理论的一次重大变革,它改变了现有的设计理念和方式,具有以下特点。

(1)由传统的以生命安全为单一设防目标转为综合考虑生命安全与财产损失两方面的具体要求,从而使得“多级设防”的理念更加具体化。虽然它在形式上还采用“小震、中震、大震”来描述,但设计地震动是综合考虑各种影响因素并采用“投资—效益”分析得到的最优方案。它使抗震设计从宏观定性的目标向具体量化的多重目标过渡,业主(设计者)可选择所需的性能目标。

(2)强调“个性”设计,对业主和社会来说,结构的抗震设防目标可按实际需要和投资能力来选择,从而最大限度地满足业主和社会的需求;对结构工程师和设计者来说,可以有更多的主动性和灵活性来选择能实现业主所要求功能目标的设计方法和相应结构措施。

(3)有利于建筑结构的创新,经过论证(包括试验)可以采用现行标准规范中还未规定的新的结构体系、新技术、新材料,选择采用各种结构控制技术(包括主动控制技术、隔震技术、耗能减震技术、半主动控制技术等)及新型材料等,便于这些新技术和新材料的推广和应用。

(4)按选定的抗震功能目标设计,则可以预期结构在未来地震中的抗震能力,这与传统的设计完成后再验算结构的抗震能力有很大区别。

3.1.5 分析和设计方法总结

弹性静力理论输入的地震动为由历史震害估计的地震动最大加速度，忽略地震动特性和结构的动力特性，只对可视为刚体的结构有效，如桥台等。复杂桥梁可以采用非线性静力分析方法对结构的抗震性能进行评估，计算非线性反应的需求和能力。

反应谱理论输入的反应谱是规定的或按场地条件规定的平均反应谱值，只规定地震动的最大加速度，只能反映地震动的频谱特性，而对于持时的影响是无法反映的。对于规则桥梁，采用等效线性化方法可估计非线性系统的最大反应，但仍需更多的实践检验。

动力理论的输入地震动要求给出符合场地情况的、具有概率含义的加速度时间函数，能够反映地震动振幅、持时和频谱特性。地震反应分析方法考虑了结构反应的全过程，并能够考虑非一致激励和结构的非线性，理论上动力理论可以得到更可靠的分析和设计。

能力设计法是目前正为世界各国规范所逐渐接受的抗震设计方法，是一种介于传统设计法和基于位移的设计法之间的一种抗震设计方法，其基本思想是在结构体系中的延性构件和能力保护构件之间建立强度安全等级差异，以确保结构不会发生脆性的破坏模式。

3.2 设计加速度反应谱

桥梁是一个复杂的空间结构，截面的尺寸比较大，荷载作用下的空间应力分布十分明显，它的变形特性与普通梁理论的基本假定有较大的差异，以实体结构或板壳结构分析桥梁的地震响应能够合理地反映结构的实际受力状况，但是在桥梁结构的地震响应中，以低次振型的振动成分为主，高次振型所占的成分很少。因此，抗震设计时通常采用相对比较简单的模型计算结构的地震响应，其中杆系结构是一种最常用的计算模型。

3.2.1 单自由度体系的弹性地震反应分析

1. 计算简图

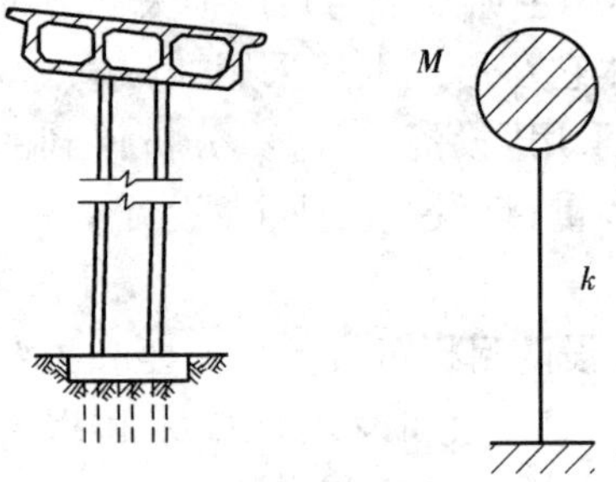

图 3-1 单自由度振动体系

(a)桥墩 (b)单自由度体系

单自由度振动体系是结构动力学的基础，也是简单结构地震响应分析的一个常用模型。对于图 3-1 所示桥墩来说，如果墩身质量远小于其所承受的上部结构的质量时，可以近似把上、下部结构的质量集中在一个质点 M 上，忽略桥墩的质量分布，按单自由度模型分析它的动力特性和地震响应，而质点的侧移刚度用一根无质量且具有一定刚度 k 的杆单元进行模拟。

2. 运动方程及其解

图 3-2 是单自由度体系在地面运动作用下的计算模型。任一时刻 t，在地面运动 x_g 作用下，结构发生振动，产生相对地面的位移 x、速度 $\dot{x}$ 和加速度 $\ddot{x}$。取质点 m 为隔离体，则该质点上作用有三种力，即惯性力 I、阻尼力 D 和弹性恢复力 S。

惯性力是质点 M 的质量 m 与绝对加速度($\ddot{x}_g+\ddot{x}$)的乘积，方向与质点运动加速度方向相反，即

$$I(t)=-[m\ddot{x}(t)+m\ddot{x}_g(t)] \tag{3-2}$$

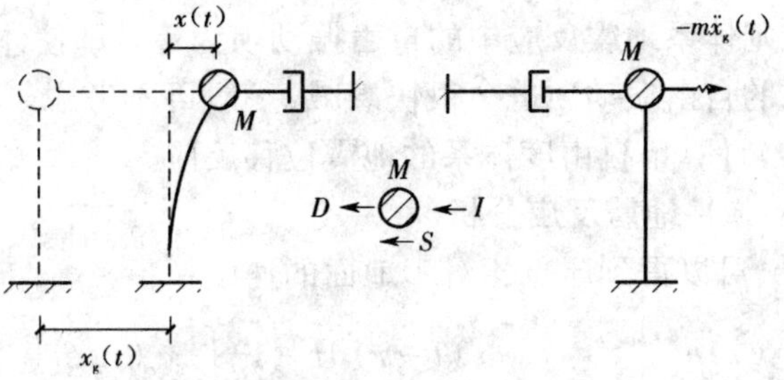

图 3-2　单自由度体系在地面运动作用下的计算模型

阻尼力是由结构内摩擦及结构周围介质(如空气、水等)对结构运动的阻碍造成的,阻尼力的大小一般与结构运动速度有关。按照黏滞阻尼理论,阻尼力与质点运动速度成正比,但方向与质点运动速度相反,即

$$D(t) = -c\dot{x}(t) \tag{3-3}$$

式中　c——阻尼系数。

弹性恢复力是使质点从振动位置恢复到平衡位置的力,由结构弹性变形产生。根据虎克定理,该力的大小与质点偏离平衡位置的位移成正比,但方向相反,即

$$S(t) = -kx(t) \tag{3-4}$$

式中　k——体系刚度,即使质点产生单位位移,需在质点上施加的力。

根据达朗贝尔原理,质点在上述三种力作用下处于平衡,即

$$I + D + S = 0 \tag{3-5}$$

将式(3-2)、式(3-3)、式(3-4)代入式(3-5),得

$$m\ddot{x}(t) + c\dot{x}(t) + kx(t) = -m\ddot{x}_g(t) \tag{3-6}$$

式(3-6)即为单自由度体系的运动方程,是常系数二阶非齐次线性微分方程。为便于方程的求解,将式(3-6)两边同除以 m,并且令 $\omega = \sqrt{k/m}$、$\zeta = c/2\omega m$,则运动方程为

$$\ddot{x} + 2\zeta\omega\dot{x} + \omega^2 x = -\ddot{x}_g \tag{3-7}$$

式中　ω——无阻尼自振圆频率,简称自振频率;

　　ζ——阻尼比。

根据线性常微分方程理论,常系数二阶非齐次线性微分方程的解由两部分组成,即

方程的通解 = 齐次解 + 特解

对于受地震作用的单自由度运动体系,上式的意义在于

体系地震反应 = 自由振动 + 强迫振动　(3-8)

在没有外界激励的情况下,结构体系自由振动的位移时程为

$$x(t) = e^{-\zeta\omega t}\left[x(0)\cos\omega' t + \frac{\dot{x}(0) + \zeta\omega x(0)}{\omega'}\sin\omega' t\right] \tag{3-9}$$

式中　$\omega' = \omega\sqrt{1-\zeta^2}$。

地震时地面运动一般为不规则的往复运动,结构体系在地面运动强迫振动的位移时程为

$$x(t) = -\frac{1}{\omega'}\int_0^t \ddot{x}_g(\tau)e^{-\zeta\omega(t-\tau)}\sin\omega'(t-\tau)d\tau \tag{3-10}$$

式(3-10)称为杜哈米(Duhamel)积分,是单自由度体系运动方程的特解。

体系的自由振动由体系初位移和初速度引起,体系的强迫振动由地面运动引起。若体系无初位移和初速度,则体系地震反应中的自由振动项为零。即使体系有初位移或初速度,由于体系有阻尼,体系的自由振动项也会很快衰减,一般可不考虑。因此,可仅取体系强迫振动项,即由式(3-10)计算单自由度体系的地震位移反应。

3. 单自由度体系的弹性地震反应分析

对式(3-10)求导,可以得到质点相对于地面的速度:

$$\dot{x}(t)=\frac{\mathrm{d}x}{\mathrm{d}t}=-\int_0^t\ddot{x}_g(\tau)\mathrm{e}^{-\zeta\omega(t-\tau)}\cos\omega'(t-\tau)\mathrm{d}\tau+\frac{\xi\omega}{\omega'}\int_0^t\ddot{x}_g(\tau)\mathrm{e}^{-\zeta\omega(t-\tau)}\sin\omega'(t-\tau)\mathrm{d}\tau \tag{3-11}$$

质点的绝对加速度($\ddot{x}_g+\ddot{x}$)从式(3-7)的质点运动方程求出:

$$\ddot{x}+\ddot{x}_g=-2\zeta\omega\dot{x}-\omega^2x \tag{3-12}$$

对式(3-10)至式(3-12)稍作整理,质点的地震响应还可以写成:

$$\left.\begin{aligned}
x(t)&=-\frac{1}{\omega'}\int_0^t\ddot{x}_g(\tau)\mathrm{e}^{-\zeta\omega(t-\tau)}\sin\omega'(t-\tau)\mathrm{d}\tau\\
\dot{x}(t)&=-\int_0^t\ddot{x}_g(\tau)\mathrm{e}^{-\zeta\omega(t-\tau)}\left[\cos\omega'(t-\tau)-\frac{\zeta}{\sqrt{1-\zeta^2}}\sin\omega'(t-\tau)\right]\mathrm{d}\tau\\
\ddot{x}(t)+\ddot{x}_g(t)&=\omega'\int_0^t\ddot{x}_g(\tau)\mathrm{e}^{-\zeta\omega(t-\tau)}\left[\left(1-\frac{\zeta^2}{1-\zeta^2}\right)\sin\omega'(t-\tau)+\frac{2\zeta}{\sqrt{1-\zeta^2}}\cos\omega'(t-\tau)\right]\mathrm{d}\tau
\end{aligned}\right\} \tag{3-13}$$

上述各式表示的是单自由度体系的弹性地震响应。

3.2.2 地震反应谱

1. 定义与计算

结构抗震设计结果由地震响应的最大值控制,因此对于设计而言确定结构的最大相对位移 S_d、最大相对速度 S_v 和最大绝对加速度 S_a 十分重要。根据式(3-13)可以得到这几个量的计算式:

$$\left.\begin{aligned}
S_d&=\frac{1}{\omega'}\left|\int_0^t\ddot{x}_g(\tau)\mathrm{e}^{-\zeta\omega(t-\tau)}\sin\omega'(t-\tau)\mathrm{d}\tau\right|_{\max}\\
S_v&=\left|\int_0^t\ddot{x}_g(\tau)\mathrm{e}^{-\zeta\omega(t-\tau)}\left[\cos\omega'(t-\tau)-\frac{\zeta}{\sqrt{1-\zeta^2}}\sin\omega'(t-\tau)\right]\mathrm{d}\tau\right|_{\max}\\
S_a&=\omega'\left|\int_0^t\ddot{x}_g(\tau)\mathrm{e}^{-\zeta\omega(t-\tau)}\left[\left(1-\frac{\zeta^2}{1-\zeta^2}\right)\sin\omega'(t-\tau)+\frac{2\zeta}{\sqrt{1-\zeta^2}}\cos\omega'(t-\tau)\right]\mathrm{d}\tau\right|_{\max}
\end{aligned}\right\} \tag{3-14}$$

对于特定的地震波 $\ddot{x}_g(t)$,式(3-14)各量是阻尼比 ζ 和结构周期 T 的函数,改变 ζ 和 T 可以得到一系列 S_d、S_v 和 S_a 曲线,这些曲线称为相对位移反应谱、相对速度反应谱和绝对加速度反应谱,或简称位移反应谱、速度反应谱和加速度反应谱。

反应谱曲线可以用图3-3的形式计算得到。受相同地震荷载作用的一系列单自由度体系,假定阻尼比为 ζ,质点之间固有周期不同,由小到大排列为 T_1,T_2,T_3……这些质点系受到相同的地震荷载作用,按杜哈米积分计算各质点的地震响应,由于质点之间的固有周期不同,因此得到的地震响应时程曲线也各不相同,长周期质点的振动比较缓慢,而短周期质点的振动比较激烈。把各质点的时程响应最大值 S_d（S_v 或 S_a）按固有周期的大小顺序连接，可以得到如图 3-3 右侧所示的曲线，此曲线即为反应谱曲线。如果改变阻尼比 ζ，按上述相同的方法计算，可以得到另一条反应谱曲线，如此类推，重复计算可以得到一组曲线。

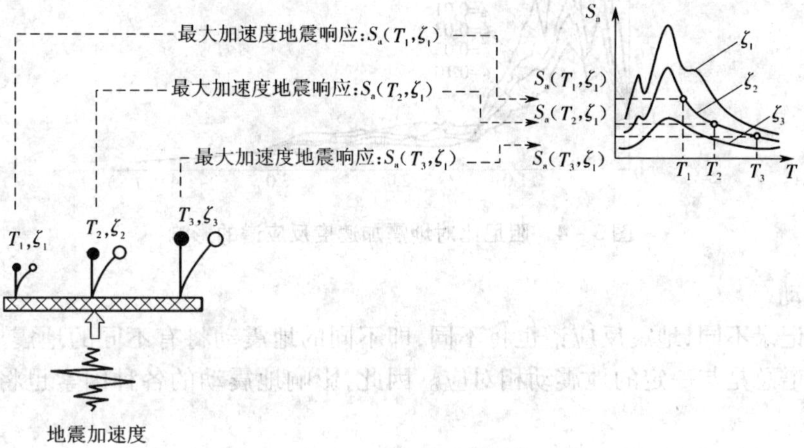

图 3-3　地震反应谱计算

比较位移、速度和加速度反应谱计算式不难得到它们之间的近似关系。当阻尼比很小时，忽略阻尼比变化对结构地震响应的影响，式（3-14）可以近似地按式（3-15）计算：

$$\left.\begin{aligned} S_d &= \frac{1}{\omega}\left|\int_0^t \ddot{x}_g(\tau)\mathrm{e}^{-\zeta\omega(t-\tau)}\sin\omega(t-\tau)\mathrm{d}\tau\right|_{\max} \\ S_v &= \left|\int_0^t \ddot{x}_g(\tau)\mathrm{e}^{-\zeta\omega(t-\tau)}\cos\omega(t-\tau)\mathrm{d}\tau\right|_{\max} \\ S_a &= \omega\left|\int_0^t \ddot{x}_g(\tau)\mathrm{e}^{-\zeta\omega(t-\tau)}\sin\omega(t-\tau)\mathrm{d}\tau\right|_{\max} \end{aligned}\right\} \tag{3-15}$$

由于反应谱只取其最大值，式（3-15）中的正弦和余弦没有区别，因此可以得到如下的近似关系：

$$\left.\begin{aligned} S_d &\approx \frac{1}{\omega}S_v = \frac{T}{2\pi}S_v \\ S_a &\approx \omega S_v = \frac{2\pi}{T}S_v \end{aligned}\right\} \tag{3-16}$$

2. $S_a(T)$ 的意义与影响因素

反应谱反映了周期不同的结构在地震荷载作用下的最大响应，在结构抗震设计中十分有用，它描述了地震运动对结构响应大小的影响，特别是对于单自由度线性结构，它受到的最大地震作用可以从加速度反应谱曲线直接计算得到，即

$$F_{\max} = m\,|\ddot{x} + \ddot{x}_g|_{\max} = \frac{S_a}{g}W \tag{3-17}$$

式中　g——重力加速度；

W——质点的重量。

1）体系阻尼比

一般体系阻尼比越小，体系地震加速度反应越大，因此地震加速度反应谱值越大，如图 3-4 所示。

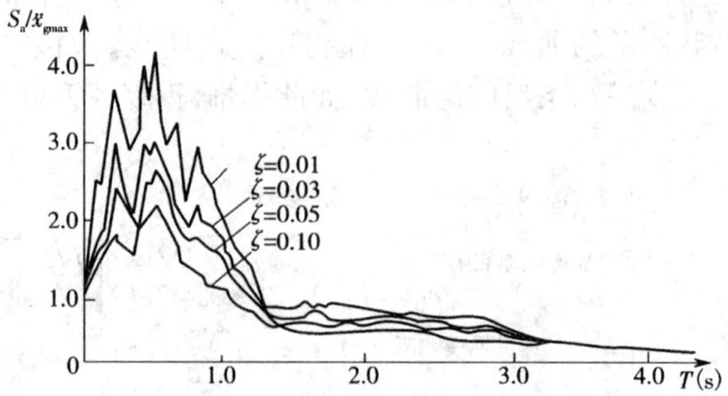

图 3-4 阻尼比对地震加速度反应谱的影响

2）地震动

地震动记录不同，地震反应谱也将不同，即不同的地震动将有不同的地震反应谱，或者说地震反应谱总是与一定的地震动相对应。因此，影响地震动的各种因素也将影响地震反应谱。

表征地震动特性有三个要素，即振幅、频谱和持时。

Ⅰ.振幅

由于单自由度体系振动系统为线性系统，地震动振幅对地震反应谱的影响将是线性的，即地震动振幅越大，地震反应谱值也越大，且它们之间呈线性比例关系。因此，地震动振幅仅对地震反应谱值大小有影响。

Ⅱ.频谱

地震动频谱反映了地震动不同频率简谐运动的构成。由共振原理知，地震反应谱的"峰"将分布在地震动的主要频率成分段上。因此，地震动的频谱不同，地震反应谱的"峰"的位置也将不同。图 3-5 和图 3-6 分别是不同场地地震动和不同震中距地震动的反应谱，反映了场地越软和震中距越大，地震动主要频率成分越小（或主要周期成分越长），因而地震反应谱的"峰"对应的周期也越长的特性。可见，地震动频谱对地震反应谱的形状有影响。因而，影响地震动频谱的各种因素，如场地条件、震中距等，均对地震反应谱有影响。

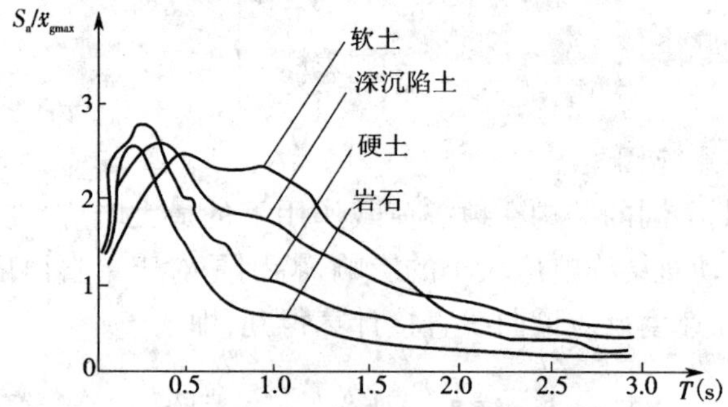

图 3-5 不同场地条件下的地震动反应谱

Ⅲ.持时

地震动持续时间影响单自由度体系地震反应的循环往复次数，一般对其最大反应或地震反应谱影响不大。

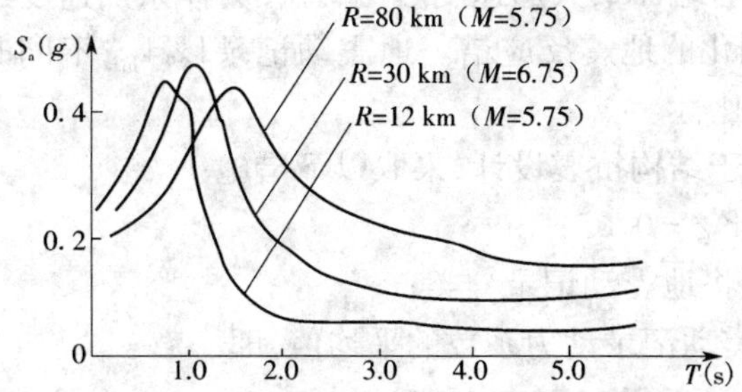

图 3－6　不同震中距条件下的地震动反应谱

3.2.3　设计加速度反应谱

单自由度体系水平地震作用可以由地震加速度反应谱直接计算：

$$F = mS_a(T) \tag{3-18}$$

但是对于不同的地震动记录，地震加速度反应谱也不同。当进行结构抗震设计时，由于无法确知今后发生地震的地震动时程，因而无法确定相应的地震加速度反应谱。可见将地震加速度反应谱直接用于结构的抗震设计有一定的困难，所以需要专门研究可供结构抗震设计使用的反应谱，称之为设计加速度反应谱。

将式(3－18)改写为

$$F = mg\frac{|\ddot{x}_g|_{max}}{g}\cdot\frac{S_a(\zeta,T)}{|\ddot{x}_g|_{max}} = \frac{G}{g}gk\beta(\zeta,T) \tag{3-19}$$

式中　G——体系的重量；

k——地震系数；

$\beta(\zeta,T)$——动力系数。

1. 地震系数

地震系数的定义为

$$k = \frac{|\ddot{x}_g|_{max}}{g} \tag{3-20}$$

通过地震系数可将地震动振幅对地震反应谱的影响分离出来。一般地面运动加速度峰值越大，地震烈度越大，即地震系数与地震烈度之间有一定的对应关系。根据统计分析，烈度每增加一度，地震系数大致增加一倍。地震系数与基本烈度的对应关系见表 3－1。

表 3－1　地震系数 k 与基本烈度的对应关系

基本烈度	6	7	8	9
地震系数 k	0.05	0.10(0.15)	0.20(0.30)	0.40

注：括号中的数值分别用于设计基本地震加速度为 0.15g 和 0.30g 的地区。

2. 动力系数

动力系数的定义为

$$\beta(\zeta,T) = \frac{S_a(\zeta,T)}{|\ddot{x}_g|_{max}} \tag{3-21}$$

即体系最大加速度反应与地面最大加速度之比,意义为体系加速度放大系数。

$\beta(\zeta,T)$实质为规则化的地震反应谱。地震动记录$|\ddot{x}_g|_{max}$不同时,$S_a(\zeta,T)$不具有可比性,但$\beta(\zeta,T)$却具有可比性。

为使动力系数能用于结构抗震设计,采取以下措施:

(1)取确定的阻尼比$\zeta=0.05$;

(2)按场地、震中距将地震动记录分类;

(3)计算每一类地震动记录动力系数的平均值,即

$$\bar{\beta}(T)=\frac{\sum_{i=1}^{n}\beta_i(T)\bigg|_{\zeta=0.05}}{n} \tag{3-22}$$

上述措施同时考虑了阻尼比对地震反应谱的影响、地震动频谱的主要影响因素以及类别相同的不同地震动记录地震反应谱的变异性,由此得到的$\bar{\beta}(T)$经平滑后如图3-7所示。

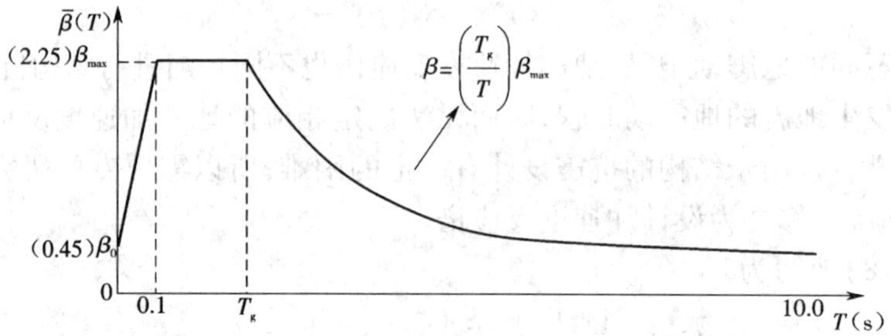

图3-7 动力系数谱曲线

图中 T_g——特征周期,与场地条件与地震动强度分组有关,按照表3-2确定;

T——结构自振周期。

表3-2 特征周期T_g s

区划图上特征周期	场地类别			
	Ⅰ	Ⅱ	Ⅲ	Ⅳ
0.35	0.25	0.35	0.45	0.65
0.40	0.30	0.40	0.55	0.75
0.45	0.35	0.45	0.65	0.90

3.水平设计加速度反应谱——《公路桥梁抗震设计细则》采用的反应谱

令

$$S(T)=gk\bar{\beta}(T)=A\bar{\beta}(T) \tag{3-23}$$

$S(T)$称为水平设计加速度反应谱,由于$S(T)$与$\bar{\beta}(T)$仅相差一个系数,因此$S(T)$的形状与$\bar{\beta}(T)$相同,如图3-8所示。

阻尼比$\zeta=0.05$的水平设计加速度反应谱S由下式确定:

$$S=\begin{cases}S_{max}(5.5T+0.45) & (T<0.1\text{s})\\ S_{max} & (0.1\text{s}\leqslant T<T_g)\\ S_{max}(T_g/T) & (T\geqslant T_g)\end{cases} \tag{3-24}$$

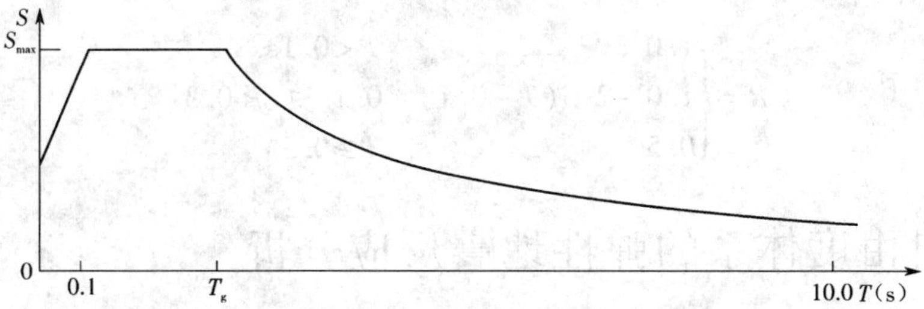

图 3－8　水平设计加速度反应谱

式中　S_{max}——水平设计加速度反应谱最大值,由式(3－25)确定。

$$S_{max}=2.25C_iC_sC_dA \tag{3-25}$$

式中　C_i——抗震重要性系数,按照表 3－3 取值;

C_s——场地系数,按照表 3－4 取值;

C_d——阻尼调整系数,当结构的阻尼比 $\zeta=0.05$ 时,阻尼调整系数 C_d 取为 1.0,当结构的阻尼比按照有关规定取值不为 0.05 时,按照式(3－26)计算阻尼调整系数 C_d。

$$C_d=1+\frac{0.05-\zeta}{0.06+1.7\zeta}\geqslant 0.55 \tag{3-26}$$

表 3－3　各类桥梁的抗震重要性系数 C_i

桥梁分类	E1 地震作用	E2 地震作用
A	1.0	1.7
B	0.43(0.5)	1.3(1.7)
C	0.34	1.0
D	0.23	—

注:高速公路和一级公路上的大桥、特大桥,其抗震重要性系数取括号内的数值。

表 3－4　场地系数 C_s

场地类别	6 度	7 度		8 度		9 度
	0.05g	0.10g	0.15g	0.20g	0.30g	0.40g
Ⅰ	1.2	1.0	0.9	0.9	0.9	0.9
Ⅱ	1.0	1.0	1.0	1.0	1.0	1.0
Ⅲ	1.1	1.3	1.2	1.2	1.0	1.0
Ⅳ	1.2	1.4	1.3	1.3	1.0	0.9

4. 竖向设计加速度反应谱

《公路桥梁抗震设计细则》按照两种场地条件(即基岩与土层场地)规定了竖向和水平反应谱比函数。基岩场地对应于Ⅰ类场地,土层场地包括Ⅱ、Ⅲ、Ⅳ类场地。谱比曲线用三段表示,短周期段取一直线,长周期段也取一直线,二者之间用斜线相连,即竖向设计加速度反应谱由水平设计加速度反应谱乘以式(3－27)给出的竖向和水平反应谱比函数 R 得到。

基岩场地

$$R=0.65 \tag{3-27a}$$

土层场地

$$R=\begin{cases}1.0 & T<0.1\text{s}\\ 1.0-2.5(T-0.1) & 0.1\text{s}\leqslant T<0.3\text{s}\\ 0.5 & T\geqslant 0.3\text{s}\end{cases} \tag{3-27b}$$

3.3 多自由度体系的弹性地震反应分析

3.3.1 多自由度体系的振动方程

实际结构可以按单自由度体系进行计算的实例十分有限，绝大多数结构需要按多自由度体系计算。对于图3-9所示的桥墩结构，如果需要考虑墩身自重分布对地震动反应的影响，就需要按多自由度体系计算。因此，多自由度体系的结构振动分析在桥梁抗震设计中是十分重要的内容。

在单向水平地面运动作用下，多自由度体系的变形如图3-10所示。设体系各质点的相对水平位移为 $x_i(i=1,2,\cdots,n)$，作用在质点 i 上的力如下。

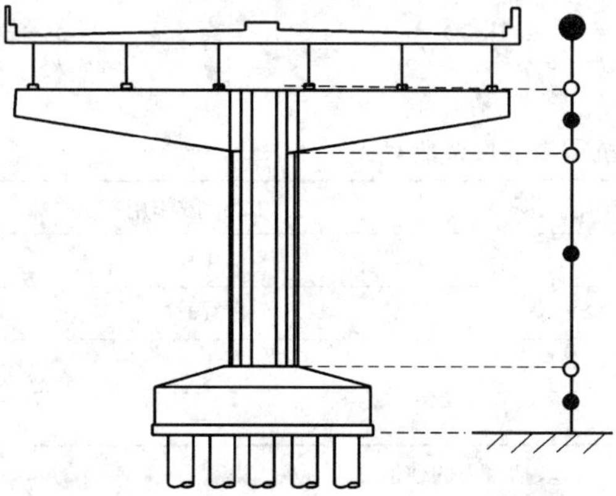

图3-9 按多自由度体系分析的桥墩计算模型

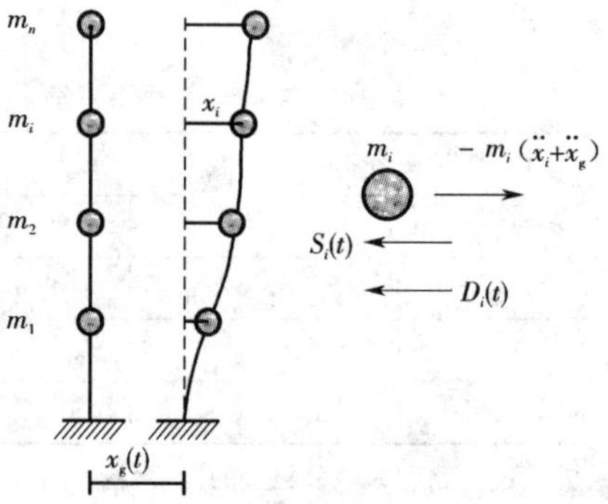

图3-10 多自由度体系的变形

惯性力

$$I_i=-m_i(\ddot{x}_g+\ddot{x}_i) \tag{3-28}$$

阻尼力

$$D_i=-(c_{i1}\dot{x}_1+c_{i2}\dot{x}_2+\cdots+c_{in}\dot{x}_n)=-\sum_{r=1}^{n}c_{ir}\dot{x}_r \tag{3-29}$$

弹性恢复力

$$S_i=-(k_{i1}x_1+k_{i2}x_2+\cdots+k_{in}x_n)=-\sum_{r=1}^{n}k_{ir}x_r \tag{3-30}$$

式中 c_{ir}——第 r 质点产生单位速度，其余质点速度为零，在 i 质点上产生的阻尼力；

k_{ir}——第 r 质点产生单位位移，其余质点不动，在 i 质点上产生的弹性反力。

根据达朗贝尔原理，第 i 质点动力平衡方程为

$$m_i(\ddot{x}_g+\ddot{x}_i)=-\sum_{r=1}^{n}c_{ir}\dot{x}_r-\sum_{r=1}^{n}k_{ir}x_r \tag{3-31}$$

推广到 n 个质点，就可以得到多自由度弹性体系在地震作用下的运动方程：

$$m_i\ddot{x}_i+\sum_{r=1}^{n}c_{ir}\dot{x}_r+\sum_{r=1}^{n}k_{ir}x_r=-m_i\ddot{x}_g\quad(i=1,2,\cdots,n)\tag{3-32}$$

可以将式(3-32)写成矩阵的形式，即

$$[m]\{\ddot{x}\}+[c]\{\dot{x}\}+[k]\{x\}=-[m]\{1\}\ddot{x}_g\tag{3-33}$$

3.3.2 多自由度体系的结构动力特性计算

同单自由度体系一样，多自由度体系的无阻尼自由振动方程为

$$[m]\{\ddot{x}\}+[k]\{x\}=\{0\}\tag{3-34}$$

对于自由度为 n 的多自由度体系，设它的无阻尼自由振动的解为

$$\{x\}=\{X\}\sin(\omega t+\varphi)\tag{3-35}$$

其中

$$\{X\}=[X_1,X_2,\cdots,X_n]^{\mathrm{T}}\tag{3-36}$$

将式(3-35)代入自由振动方程(3-34)，得到

$$([k]-\omega^2[m])\{X\}=\{0\}\tag{3-37}$$

式(3-37)是线性齐次方程组，有非零解的条件是系数矩阵的行列式为零，即

$$|[k]-\omega^2[m]|=0\tag{3-38}$$

式(3-38)是 ω^2 的 n 次实系数方程，在数学上是一个广义特征值问题，称 ω^2 为特征值，对应的 ω 称为结构的自振频率，相应的非零解 $\{X\}$ 称为特征向量，它表示结构的振型。

对于正定、对称的刚度矩阵 $\boldsymbol{K}$，从式(3-37)和式(3-38)可以得到 n 个非负的自振频率和对应的振型。如把自振频率按大小顺序 $0\leqslant\omega_1\leqslant\omega_2\cdots\leqslant\omega_n$ 排列，称其中的第 i 个频率 ω_i 和对应的 X_i 为第 i 阶自振频率和对应的振型。由于方程(3-37)的系数矩阵行列式为零，因此与 ω_i 对应的振型 X_i 可以有无穷多个解，但是任意两个解之间向量各元素的比值是一定的，即不是独立的解。

特征值计算是求式(3-38)根的问题，直接从上述方程组计算根的方法虽然在理论上是可能的，但是对于自由度比较多的结构，不但计算量大，而且精度也相当差，再加上一般结构的振动响应中高阶振型的影响十分小，计算时常常可以忽略，因此在实际问题中也没有必要计算出全部特征值。

振型对质量和刚度矩阵具有正交的性质是结构的特征值和特征向量最主要的特性，即各振型之间应满足

$$\{X_i\}^{\mathrm{T}}[m]\{X_j\}=\delta_{\mathrm{m}}\tag{3-39}$$

$$\{X_i\}^{\mathrm{T}}[k]\{X_j\}=\delta_{\mathrm{k}}\tag{3-40}$$

当 $i=j$ 时，$\delta_{\mathrm{m}}\neq0,\delta_{\mathrm{k}}\neq0$；当 $i\neq j$ 时，$\delta_{\mathrm{m}}=\delta_{\mathrm{k}}=0$。

由于振型的幅值是任意的，不同幅值的振型都能满足式(3-37)，为了统一表示，一般对振型的幅值进行规格化。振型规格化的方法可以是多种多样的，但是习惯上取振型向量中最大元素的值为1，其他元素的值按同一比例进行缩减调整。振型对质量矩阵进行规格化的方法也是比较常用的形式，即按式(3-41)调整振型的幅值：

$$\{X_i\}^{\mathrm{T}}[m]\{X_i\}=1\tag{3-41}$$

如果对全部振型均按式(3-41)做规则化处理，那么由振型组成的振型矩阵 $[X]=\{\{X\}_1\quad\{X\}_2\cdots\{X\}_i\cdots\{X\}_n\}$ 将满足

$$[X]^{\mathrm{T}}[m][X]=\boldsymbol{I} \tag{3-42}$$

$$[X]^{\mathrm{T}}[k][X]=[\Omega^2] \tag{3-43}$$

式中 $[\Omega^2]$——对角矩阵，对角线上的元素是 ω_i^2。

3.3.3 多自由度体系的振型分解法

多自由度体系在地面运动作用下的运动方程是一个相互耦联的微分方程组，这给计算带来了一定的困难。振型分解法就是利用各振型相互正交的特性，将原来耦联的微分方程组变为若干互相独立的微分方程，从而使原来多自由度体系的动力计算变为若干个单自由度体系的问题，在求得了各单自由度体系的解后，再将各个解进行组合，从而可求得多自由度体系的地震反应。

对于多自由度体系，根据振型的正交性，体系的地震位移响应向量可以写成矩阵形式：

$$\{x\}=[X]\{q\} \tag{3-44}$$

式中 $\{x\}$——位移矢量；

$\{q\}$——振型幅值变化的广义坐标矢量，反映在不同时间第 i 振型对体系总体运动贡献的大小；

$[X]$——振型矩阵，其中的第 i 列矢量 $\{X\}_i$ 即为体系的第 i 个振型。

且

$$\{x\}=\begin{Bmatrix}x_1\\x_2\\\vdots\\x_i\\\vdots\\x_n\end{Bmatrix};\quad \{q\}=\begin{Bmatrix}q_1\\q_2\\\vdots\\q_i\\\vdots\\q_n\end{Bmatrix};\quad [X]=\{\{X\}_1\quad \{X\}_2\cdots\{X\}_i\cdots\{X\}_n\}$$

式(3－42)可以理解为体系的位移是由各振型分别乘以相应的组合系数叠加而成的，因此振型分解法可以看作是将实际位移按振型加以分解。

将式(3－42)代入式(3－33)，并在等式两边同乘振型矩阵$[X]$的转置矩阵，得到如下的方程：

$$[X]^{\mathrm{T}}[m][X]\{\ddot{q}\}+[X]^{\mathrm{T}}[c][X]\{\dot{q}\}+[X]^{\mathrm{T}}[k][X]\{q\}=-[X]^{\mathrm{T}}[m]\{1\}\ddot{x}_{\mathrm{g}} \tag{3-45}$$

如果振型是对质量矩阵和刚度矩阵做规则化处理，根据式(3－42)和式(3－43)有

$$\{\ddot{q}\}+[X]^{\mathrm{T}}[c][X]\{\dot{q}\}+[\Omega^2]\{q\}=-[X]^{\mathrm{T}}[m]\{1\}\ddot{x}_{\mathrm{g}} \tag{3-46}$$

一般情况下，阻尼矩阵$[c]$不满足正交条件，为了应用振型分解法，通常采用瑞雷阻尼假定，即假定阻尼矩阵为质量矩阵和刚度矩阵的组合：

$$[c]=a_0[m]+a_1[k] \tag{3-47}$$

式中 a_0、a_1——与体系有关的系数。

把式(3－47)代入式(3－46)，并利用振型对质量矩阵和刚度矩阵正交的性质，得到互不耦合的振型振动方程：

$$\ddot{q}_i+2\zeta_i\omega_i\dot{q}_i+\omega_i^2q_i=-\gamma_i\ddot{x}_{\mathrm{g}} \tag{3-48}$$

其中

$$\zeta_i = \frac{1}{2}\left(\frac{a_0}{\omega_i} + a_1\omega_i\right) \tag{3-49}$$

$$\gamma_i = \frac{\{X_i\}^{\mathrm{T}}[m]\{1\}}{\{X_i\}^{\mathrm{T}}[m]\{X_i\}} \tag{3-50}$$

式中　ζ_i——i 振型的振型阻尼；

γ_i——i 振型的振型参与系数。

可以认为 γ_i 是对地震作用 $\ddot{x}_g$ 的一种分解，反映了第 i 阶振型地震响应在体系总体反应中所占比例的大小。

瑞雷阻尼假定中的系数 a_0 与 a_1 由两个特定的固有频率 ω_i、ω_j 和对应的振型阻尼比 ζ_i、ζ_j 根据式(3-49)计算得到：

$$a_0 = \frac{2\omega_i\omega_j(\zeta_i\omega_j - \zeta_j\omega_i)}{\omega_i^2 - \omega_j^2} \tag{3-51}$$

$$a_1 = \frac{2(\zeta_j\omega_j - \zeta_i\omega_i)}{\omega_i^2 - \omega_j^2} \tag{3-52}$$

如果能够确定振型的阻尼比 ζ_i 和 ζ_j，则可以计算出瑞雷阻尼假定中的系数 a_0 与 a_1。为了提高结构体系地震响应的计算精度，通常选定两个振型参与系数相对较大的主要振型阻尼比作为参考振型。

当桥梁结构形式相对比较简单时，地震响应中低阶卓越振型所占的比例比较大，只要保证低阶振型的阻尼比与实际阻尼比相差不大，按瑞雷阻尼理论计算基本上能够得到比较好的精度，故具有正交性的瑞雷阻尼在桥梁抗震设计中得到广泛的应用。

由于引入了瑞雷阻尼理论后，阻尼矩阵满足正交条件，振型之间为非耦合振动，地震响应计算分析如同多个单自由度振动问题一样，可以应用杜哈米积分计算振型的地震响应，任意阶的振型振动可以由式(3-53)计算得到：

$$q_i = -\frac{\gamma_i}{\omega_i'}\int_0^t \ddot{x}_g(\tau)\,\mathrm{e}^{-\zeta_i\omega_i(t-\tau)}\sin\omega_i'(t-\tau)\,\mathrm{d}\tau \tag{3-53}$$

3.3.4　振型分解反应谱理论

式(3-44)既是动力反应的分解式，也是动力反应的合成式。利用振型分解原理，将耦合的运动方程化为解耦的等效单自由度方程分别求解，然后将各振型反应叠加起来，获得体系的总动力反应，这就是振型叠加法。

按式(3-53)得到各振型的地震响应以后，结构地震响应就可以根据振型叠加原理计算得到。根据广义坐标的时间特性，在不同的时刻，同一振型对总运动贡献的大小是不一样的。一般来说，由于高振型的振幅依次低于较低振型的振幅，因此在体系的整个运动过程中，具有较低自振频率的几个振型所起的贡献较大，在不同的时刻，前几个低阶振型的运动将在总运动中依次占主导地位。因此，在用振型叠加法求解线性结构的地震反应时，要首先确立选取多少个振型参与叠加。对于结构形式相对比较简单的桥梁，一般只需要考虑最初的几阶振型就可以获得比较好的计算精度。对于大跨桥梁，由于结构自振频率密集，则需要采用更多的振型。

振型分解法给出的是全时程动力反应，即振型分解是针对每一时刻进行的。而工程上往往最关心的是结构最大动力反应，尤其是地震内力的最大值。此时可以应用振型分解反应谱理论，用较少的计算量求取结构体系的这种最大反应。振型分解反应谱理论的基本假设包括：

(1)结构的地震反应是线弹性的，可以采用叠加原理进行振型组合；

(2)结构的基础是刚性的，所有支承处地震动完全相同；

(3)结构物最不利地震反应为其最大地震反应；

(4)地震动过程是平稳随机过程。

以上假设中，前两项实际上是振型分解法的基本要求，第三项是需要采用反应谱分析法的前提，而第四项是振型分解反应谱理论的自身要求。

令 $\delta_i = -\frac{1}{\omega_i'}\int_0^t \ddot{x}_g(\tau)e^{-\zeta_i\omega_i(t-\tau)}\sin\omega_i'(t-\tau)d\tau$，则式(3-53)可以写为

$$q_i = \gamma_i\delta_i \tag{3-54}$$

式中 δ_i——按单自由度体系计算的质点相对位移。

将式(3-54)带入振型叠加公式(3-44)，可以得到用 δ_i 表示的体系相对位移：

$$x_i = \{X_i\}^T\gamma_i\{\delta_i\} \tag{3-55}$$

按反应谱法计算理论，单自由度体系的最大地震响应可以根据阻尼比和固有周期从反应谱曲线直接得到。因此，i 振型的位移最大响应为

$$|x_i|_{max} = \{X_i\}^T\gamma_i S_d(T_i,\zeta_i) \quad (i=1,2,\cdots,m) \tag{3-56}$$

式中 S_d——相对位移反应谱。

由于不同振型的最大响应一般不会同时达到，因此结构响应的上限为各振型最大响应的绝对值之和，即

$$|x|_{max} \leqslant \sum_{i=1}^{m}|x_i|_{max} \tag{3-57}$$

实际上，结构最大位移响应根据平方和开方法(Square Root of the Sum of the Squares, SRSS 法)近似计算得到：

$$|x|_{max} = \sqrt{\sum_{i=1}^{m}|x_i|_{max}^2} \tag{3-58}$$

SRSS 法在许多桥梁地震响应计算中得到了比较广泛的应用，但是对于几何形状特殊、振型不连续的桥梁不能按 SRSS 法计算地震响应。当结构的自振频率非常接近时，用 SRSS 法计算得到的结果误差比较大，这时采用完全平方组合法(Complete Quadratic Combination, CQC 法)比较合理。与 SRSS 法相比，CQC 法增加了考虑不同振型之间相互影响的相关系数，即

$$|x|_{max} = \sqrt{\sum_{i=1}^{m}\sum_{j=1}^{m}\rho_{ij}x_{imax}x_{jmax}} \tag{3-59}$$

式中 ρ_{ij}——振型相关系数，根据平稳随机振动理论得到

$$\rho_{ij} = \frac{8\sqrt{\zeta_i\zeta_j\omega_i\omega_j}(\zeta_j\omega_i+\zeta_j\omega_j)\omega_i\omega_j}{(\omega_i^2+\omega_j^2)^2+4\zeta_i\zeta_j\omega_i\omega_j(\omega_i^2+\omega_j^2)+4(\zeta_i^2+\zeta_j^2)\omega_i^2\omega_j^2} \tag{3-60}$$

如果两个自振频率相差大，振型相关系数就会减小，特别是当

$$\frac{\omega_i}{\omega_j} < \frac{0.2}{\zeta_i+0.2} \tag{3-61}$$

时，可以认为振型相关系数近似为零，式(3-59)与 SRSS 法相同。

在多自由度体系中，如果第一振型的响应明显卓越，结构的最大地震响应也可以近似地从第一振型计算得到，即

$$|x|_{\max} \approx |x_1|_{\max} = \{X_1\}^{\mathrm{T}}\gamma_1 S_{\mathrm{d}}(T_1,\zeta_1) \tag{3-62}$$

当桥墩结构承受的上部结构质量比桥墩自身质量大很多时，在水平地震荷载作用下桥墩地震响应以第一阶振型为主，计算时可把墩身的质量换算到上部结构中去，近似地按单自由度结构进行计算分析。

3.4 基于我国《公路桥梁抗震设计细则》的地震作用计算

3.4.1 桥梁结构考虑地震作用的原则

我国《公路桥梁抗震设计细则》规定各类桥梁结构的地震作用，应按下列原则考虑。

(1)一般情况下，公路桥梁可只考虑水平地震作用，直线桥可分别考虑顺桥向 x 和横桥向 y 的地震作用。

(2)抗震设防烈度为8度和9度的拱式结构、长悬臂桥梁结构和大跨度结构以及竖向作用引起的地震效应很重要时，应同时考虑顺桥向 x、横桥向 y 和竖向 z 的地震作用。

(3)采用反应谱法或功率谱法，同时考虑三个正交方向(水平向 x、y 和竖向 z)的地震作用时，可分别单独计算各方向地震作用产生的最大效应，然后组合求出总的设计最大地震作用效应：

$$E = \sqrt{E_x^2 + E_y^2 + E_z^2} \tag{3-63}$$

(4)采用时程分析法时，应同时输入三个方向分量的一组地震动时程，计算地震作用效应。

(5)采用非线性时程分析法时，由于叠加原理已不适用，各方向的分量必须同时加上，因此理论上讲应同时输入包含两个或三个方向分量的一组地震动时程。获取包含两个或三个方向分量的一组地震动时程，一般应由地震安全性评价部门给出，或采用与场址场地土条件接近的天然地震波，经调整得到和设计加速度反应谱兼容的一组地震波。

(6)对于桥梁抗震设计地震作用的计算方法，一般情况下桥墩可采用设计加速度反应谱、设计地震动时程和设计地震动功率谱计算，桥台台身地震惯性力可采用静力法计算。

3.4.2 常规桥梁地震作用计算

1. 常规桥梁的定义

《公路桥梁抗震设计细则》从桥梁抗震设计角度把单跨跨径不超过150 m的梁桥、圬工或混凝土拱桥定义为常规桥梁，根据在地震作用下动力响应特性的复杂程度，常规桥梁分为规则桥梁和非规则桥梁两类。

2. 规则桥梁的地震作用简化计算方法

1)规则桥梁的定义

规则桥梁的地震反应一般以第一阶振型为主，要满足规则桥梁的定义，实际桥梁结构应在跨数、几何形状、质量分布、刚度分布以及桥址的地质条件等方面服从一定的限制。具体讲，要求实际桥梁的跨数不应太多，跨径不宜太大(避免轴压力过高)，在桥梁纵向和横向上的质量分布、刚度分布以及几何形状都不应有突变，相邻桥墩的刚度差异不应太大，桥墩长

细比应处于一定的范围内，桥址的地质、地形没有突变，而且桥址场地不会有发生液化和地基失效的危险等；对弯桥和斜桥，要求其最大圆心角和斜交角应处于一定范围内；安装有隔震支座和阻尼器的桥梁则不属于规则桥梁。

由于拱桥的地震反应相对比较复杂，其动力反应一般不由第一阶振型控制，因此拱桥属于非规则桥梁。

表3－5限定范围内的梁桥属于规则桥梁，不在此表限定范围内的梁桥属于非规则桥梁。对于墩高超过40 m，墩身第一阶振型有效质量低于60%，且结构进入塑性的高墩桥梁应作专项研究。

表3－5 规则桥梁的限定范围

参数	参数值					
单跨最大跨径	≤90 m					
墩高	≤30 m					
单墩高度与直径或宽度比	大于2.5且小于10					
跨数	2	3	4	5	6	7
曲线桥梁圆心角 φ 及半径 R	单跨 $\varphi<30°$ 且一联累计 $\varphi<90°$，同时曲梁半径 $R\geqslant 20b$（b 为桥宽）					
跨与跨间最大跨长比	3	2	2	1.5	1.5	1.5
轴压比	<0.3					
跨与跨间桥墩最大刚度比	—	4	4	3	3	2
支座类型	普通板式橡胶支座、盆式支座（铰接约束）等，使用滑板支座、减隔震支座等属于非规则桥梁					
下部结构类型	桥墩为单柱墩、双柱框架墩、多柱排架墩					
地基条件	不易液化、侧向滑移或遭冲刷的场地，远离断层					

2）规则桥梁地震作用计算

桥梁地震震害调查显示桥梁下部结构和基础的严重破坏是引起桥梁倒塌，并在震后难以修复使用的主要原因，因此桥梁抗震的重点在于墩台的抗震设计。

Ⅰ.桥墩抗震计算简图

采用反应谱理论对桥梁进行抗震分析时，首先要确定结构的计算简图，然后才能通过动力学方法求出结构的基本周期和振型，从而确定地震作用。因此，结构计算简图的确定，对于桥梁的抗震计算有着十分重要的意义。

由于桥梁的下部构造是与上部构造互相连接的，在微幅振动的情况下，由于活动支座的摩阻力未被克服，上部构造对墩身的振动具有一定的约束作用，从而使桥墩刚度加大、周期变短，但上部构造的重量却又使桥墩的周期加大。实测资料表明，在微幅振动情况下，上部构造的约束作用比较明显，但是从国内几次强震的桥梁震害的情况看，支座均有不同程度的破坏，梁体也有较大的纵向、横向位移，说明上部构造的约束作用并不是很大。日本《道路桥抗震设计规范》在计算桥墩地震力时，均按单墩考虑，不考虑上部结构对下部结构的约束作用。因此我国《公路桥梁抗震设计细则》在确定桥墩的结构计算简图时借鉴日本规范，均按单墩考虑，分析模型中考虑上部结构、支座、桥墩及基础等刚度的影响。

Ⅰ)柔性墩

对于柔性墩来说,桥墩所支承的上部构造的重量比桥墩的自重大,一般比值在 5∶1 ~ 8∶1,而且从计算的角度出发,采用单墩模型计算柔性墩的基本周期和地震作用比较简便,可以满足工程精度的要求。

Ⅱ)多排桩基础上的桥墩及实体墩

公路桥梁的桥墩一般不高,因此在确定地震作用时一般只考虑第一阶振型的影响,将高阶振型的贡献忽略。

考虑到墩身在横桥向和纵桥向的刚度不同,在计算时两个方向分别采用不同的振型。在确定了振型曲线 X_{1i}之后(一般采用静力挠曲线),就可以应用能量法或替代质量法将墩身各分段重量核算到墩顶上。这样在确定基本周期时,仍可以简化为单质点处理,避免了多质点体系基本周期计算十分繁杂的缺点。

对于多排桩基础上的桥墩也可以根据桥墩形式的不同情况,如属于柔性墩,按照柔性墩处理;实体墩的结构计算简图也可以采用自由端等代刚度的悬臂杆,其基本周期简化为单质点体系求得。在确定地震作用时,将墩身分为若干分段按多质点体系计算。

Ⅱ. 重力式桥墩水平地震作用计算

采用固定支座和活动支座的简支梁桥和连续梁桥,由上部结构质量产生的顺桥向地震作用主要由设置固定支座的桥墩承受,其余桥墩只承受摩擦力;横桥向产生的地震作用则由设置固定支座和活动支座的桥墩共同承受。重力式桥墩计算简图如图 3 – 11 所示,其顺桥向和横桥向水平地震作用为

$$E_{ihp} = S_{h1}\gamma_1 X_{1i} G_i / g \tag{3-64}$$

式中　E_{ihp}——作用于桥墩质点 i 的水平地震作用(kN);

S_{h1}——相应水平方向的加速度反应谱值,根据桥梁结构的基本周期确定;

γ_1——桥墩顺桥向或横桥向的基本振型参与系数,有

$$\gamma_1 = \frac{\sum_{i=0}^{n} X_{1i} G_i}{\sum_{i=0}^{n} X_{1i}^2 G_i} \tag{3-65}$$

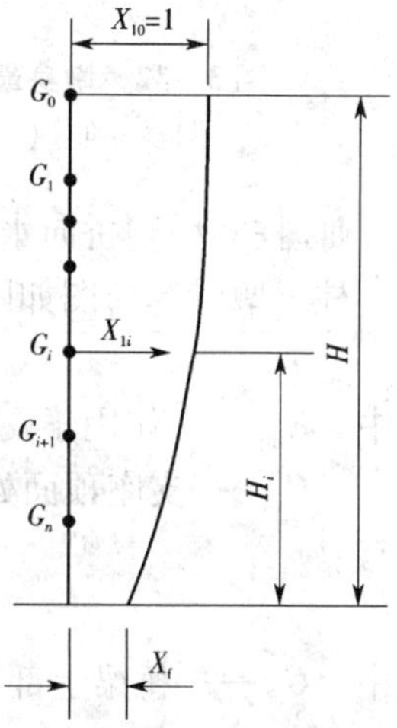

图 3 – 11　重力式桥墩计算简图

$G_{i=0}$——桥墩上部结构重量,对于简支梁桥,计算顺桥向地震作用时为对应于墩顶固定支座的一孔梁的重量,计算横桥向地震作用时取相邻两孔梁重量的一半;

$G_{i=1,2\cdots}$——桥墩墩身各分段的重量;

X_{1i}——桥墩基本振型在第 i 分段重心处的相对水平位移。

对于实体桥墩,顺桥向当 $H/B>5$ 时,

$$X_{1i} = X_f + \frac{1-X_f}{H} H_i$$

横桥向当 $H/B<5$ 时,

$$X_{1i} = X_f + \left(\frac{H_i}{H}\right)^{1/3} (1 - X_f)$$

式中　X_f——考虑地基变形时,顺桥向作用于支座顶面上的单位水平力在一般冲刷线或基

础顶面引起的水平位移与支座顶面或上部结构质量重心处的水平位移的比值；

H_i——一般冲刷线或基础顶面至墩身各分段重心处的垂直距离；

H——桥墩计算高度，即一般冲刷线或基础顶面至支座顶面或上部结构质量重心的垂直距离；

B——顺桥向或横桥向的墩身最大宽度，如图 3－12 所示。

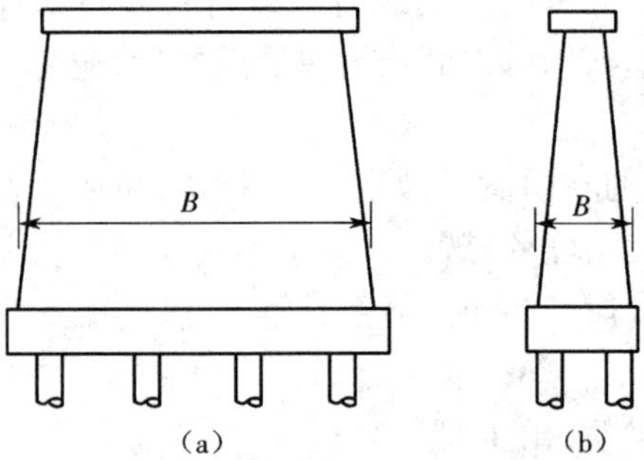

图 3－12　墩身最大宽度 *B*

(a)横桥向　(b)顺桥向

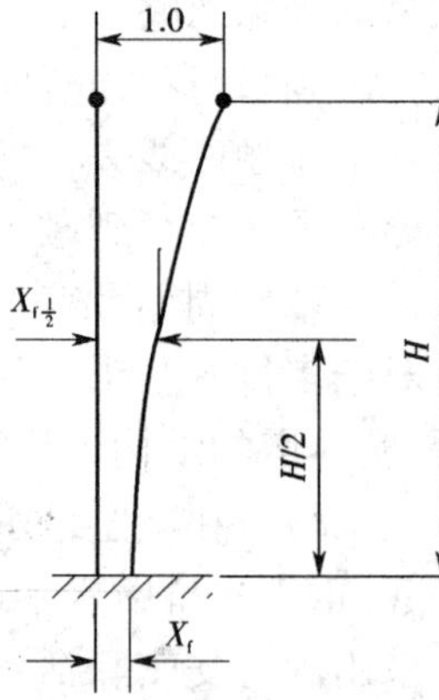

图 3－13　柱式墩计算简图

Ⅲ. 柱式墩顺桥向水平地震作用计算

柱式墩计算简图如图 3－13 所示，顺桥向水平地震荷载可采用下列简化公式计算：

$$E_{htp}=S_{h1}G_t/g \tag{3-66}$$

式中　E_{htp}——作用于支座顶面处的水平地震作用(kN)；

G_t——支座顶面处的换算质点重力(kN)。

且有

$$G_t=G_{sp}+G_{cp}+\eta G_p \tag{3-67}$$

式中　G_{sp}——桥梁上部结构的重力(kN)，对于简支梁桥为对应于墩顶固定支座的一孔梁的重力；

G_{cp}——盖梁的重力(kN)；

G_p——墩身重力(kN)，对于扩大基础为基础顶面以上墩身的重力，对于桩基础为一般冲刷线以上墩身的重力；

η——墩身重力换算系数。

且有

$$\eta=0.16(X_f^2\times 2X_{f\frac{1}{2}}^2+X_f\times X_{f\frac{1}{2}}+X_{f\frac{1}{2}}+1) \tag{3-68}$$

式中　$X_{f\frac{1}{2}}$——考虑地基变形时，顺桥向作用于支座顶面上的单位水平力在墩身计算高度 $H/2$ 处引起的水平位移与支座顶面处的水平位移的比值。

Ⅳ. 采用板式橡胶支座的梁桥水平地震作用计算

板式橡胶支座一般分为固定支座和活动支座两种。所有纵向水平力由各个支座均匀分配，必要时可采用不同的橡胶板来调节各支座传递的水平力。同时，为防止地震时主梁坠落河中，往往把相邻桥孔上部结构连接在一起，称为一联上部结构。当桥梁孔数很多时，往往分成几联上部结构，每联一般是3～5跨的连续梁。采用板式橡胶支座的梁桥顺桥向水平地震作用一般有三种计算模型。

Ⅰ)全联简化模型

全联均采用板式橡胶支座的连续梁桥或桥面连续、顺桥向具有足够强度的抗震连接措施(即顺桥向连接措施的强度大于支座抗剪极限强度)的简支梁，全联简化模型假定地震时各墩墩顶的振动位移相等，上部结构的重力产生的水平地震荷载可以按桥墩的组合刚度分配到支座上，于是全桥可简化为单墩计算，计算简图为图3-14所示的两质点体系，其水平地震作用可按以下方法计算。

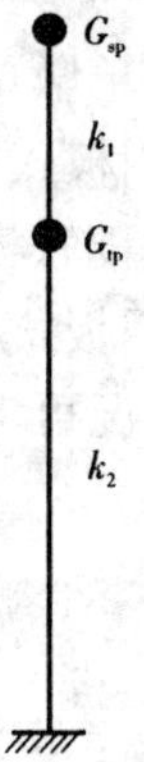

图3-14　全联简化模型计算简图

a.上部结构对板式橡胶支座顶面处产生的水平地震作用

上部结构对板式橡胶支座顶面的水平地震作用，可以仅取第一阶振型计算，并且按刚度分配到各墩支座，即

$$E_{ihs}=\frac{k_{itp}}{\sum\limits_{i=1}^{n}k_{itp}}S_{h1}G_{sp}/g \tag{3-69}$$

式中　E_{ihs}——上部结构对第i号墩板式橡胶支座顶面处的水平地震作用(kN)；

k_{itp}——第i号墩组合抗推刚度(kN/m)；

n——相应于一联上部结构的桥墩个数；

G_{sp}——一联上部结构的总重力(kN)。

且有

$$k_{itp}=\frac{k_{is}k_{ip}}{k_{is}+k_{ip}} \tag{3-70}$$

式中　k_{ip}——第i号墩墩顶抗推刚度(kN/m)；

k_{is}——第i号墩板式橡胶支座的抗推刚度(kN/m)。

且有

$$k_{is}=\sum_{j=1}^{n_s}\frac{G_dA_r}{\sum t} \tag{3-71}$$

式中　n_s——第i号墩上板式橡胶支座的数量；

G_d——板式橡胶支座的动剪切模量，一般取1 200 kN/m^2；

A_r——板式橡胶支座的面积(m^2)；

$\sum t$——板式橡胶支座橡胶层总厚度(m)。

b.墩身水平地震作用

桥墩墩身自重产生的水平地震作用计算可以根据桥墩具体情况分为实体墩和柱式墩，分别按式(3-72)或式(3-73)计算，但计算时不再计入上部结构的重力。

实体墩由墩身自重在墩身质点i处产生的水平地震力为

$$E_{ihp}=S_{h1}\gamma_1X_{1i}G_i/g \tag{3-72}$$

柱式墩由墩身自重在板式橡胶支座顶面产生的水平地震力为

$$E_{hp}=S_{h1}G_{tp}/g \tag{3-73}$$

式中　G_{tp}——桥墩对板式橡胶支座顶面处的换算质点重力(kN)，有

$$G_{tp}=G_{cp}+\eta G_{p} \quad (3-74)$$

Ⅱ)单墩单梁模型

采用板式橡胶支座的多跨简支梁桥,当桥墩为刚性墩时,可以按单墩单梁模型计算。

Ⅲ)耦联模型

采用板式橡胶支座的多跨简支梁桥,采用柔性墩时应考虑支座与上、下部的耦联作用(一般情况可考虑3~5孔),按图3-15所示的多质点模型计算。

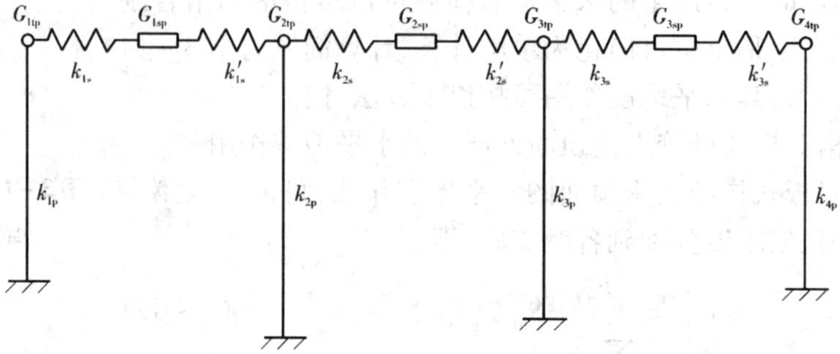

图3-15 板式橡胶支座简支梁桥计算简图

桥梁结构在横向的刚度比纵向的刚度要大很多,因此梁桥的横桥向一般不控制设计。但对于独柱墩身的梁式桥,必须重视结构横向抗震强度与稳定性的验算。关于横桥向水平地震力计算,《公路桥梁抗震设计细则》规定:采用板式橡胶支座的简支梁和连续梁桥,当横桥向设置有限制横桥向位移的抗震措施(如挡块)时,可按一般支座考虑,按单墩模型的式(3-64)计算;如果没有设置限制位移的措施,则按橡胶支座的受力特性考虑,类似于顺桥向计算。

Ⅴ.桥台水平地震作用计算

梁桥桥台的地震作用与土体在地震时的压力有关,这是一个结构与地基和基础与填土之间的相互作用问题。公路桥台一般具有截面大而高度低的特点,对于轻型桥台因缺少动力特性的观测和试验研究资料,因此采用静力法计算。

$$E_{hau}=C_{i}C_{s}C_{d}AG_{au}/g \quad (3-75)$$

式中 E_{hau}——作用于台身质心处的水平地震作用(kN);

C_{i}、C_{s}、C_{d}——抗震重要性系数、场地系数和阻尼调整系数,各按表3-3、表3-4和式(3-26)计算取值;

A——水平向设计基本地震动加速度峰值,$A=gk$,k按表3-1取值;

G_{au}——基础顶面以上台身的重力(kN)。

对于修建在基岩上的桥台,其水平地震作用可按式(3-75)计算值的80%采用。验算设有固定支座的梁桥桥台时,还应计入由上部结构所产生的水平地震力,其值按式(3-75)计算,但G_{au}取一孔梁的重力。

Ⅵ.地震主动土压力和动水压力

《公路桥梁抗震设计细则》规定:E1地震作用抗震设计阶段,应考虑地震时动水压力和主动土压力的影响;在E2地震作用抗震设计阶段,一般不需考虑。

地震时,由于土体自身运动也会产生惯性力,从而导致作用在桥台台背的地震土压力有所增大。另一方面,桥台伴随台后填土(岸坡)整体向河心滑移的震害现象也比较普遍。大量的浅埋重力式桥台(包括一些桩基桥台)与台后土体的整体滑坡具有以下三个特点：

(1)滑坡都发生在严重液化地段,震害地点附近均有地震液化引起的喷水冒砂现象；

(2)桥台滑移主要沿台底向河心的水平位移,伴随有台身的沉降和向后倾斜；

(3)台后路面及河岸出现 2 ~ 3 条主要的顺河向长大裂缝,主裂缝的位置在台后 5 ~ 15 m 范围内,这些裂缝向下延伸,其方向接近铅垂向,直达液化层。

这些特点表明桥台滑移与地震液化有关,滑移是沿着液化层的上表面开始的,滑块大致是一矩形。因此,在计算台背地震主动土压力时,根据地质情况不同应分别考虑。当桥台台后填土无黏性时,地震时作用于桥台台背的主动土压力可按下列简化公式计算：

$$E_{ea}=\frac{1}{2}\gamma H^2K_A\left(1+\frac{3C_iA}{g}\tan\varphi\right) \tag{3-76}$$

式中　E_{ea}——地震时作用于台背每米长度上的主动土压力(kN/m),其作用点位于距台底 0.4H 处；

γ——土的体积重度(kN/m^3)；

H——台身高度(m)；

φ——台背土的内摩擦角(°)；

C_i——抗震重要性系数；

K_A——非地震条件下作用于台背的主动土压力系数,有

$$K_A=\frac{\cos^2\varphi}{(1+\sin\varphi)^2} \tag{3-77}$$

当判定桥台地表以下 10 m 内有液化土层或软土层时,桥台基础应穿过液化土层或软土层;当液化土层或软土层超过 10 m 时,桥台基础应埋深至地表以下 10 m 处。其作用于桥台台背的主动土压力应按下式计算：

$$E_{ea}=\frac{1}{2}\gamma H^2(K_A+2C_iA/g) \tag{3-78}$$

抗震设防烈度为 9 度地区的液化区,桥台宜采用桩基。其作用于台背的主动土压力可按式(3-78)计算。

地震动水压力问题,实质上是结构与水的相互作用问题,因而十分复杂。目前,各国规范所列的动水压力计算公式,大部分是以水中刚性圆柱体在正弦地震运动作用下的理论解作为编制规范公式的基础。根据桥墩迎水面宽度和浸水深度的比值,动水压力可分别按以下各式计算：

$b/h<2.0$ 时

$$E_w=0.15\left(1-\frac{b}{4h}\right)C_iA\xi_h\gamma_wb^2h/g \tag{3-79}$$

$2.0\leqslant b/h\leqslant 3.1$ 时

$$E_w=0.075C_iA\xi_h\gamma_wb^2h/g \tag{3-80}$$

$b/h>3.1$ 时

$$E_w=0.24C_iA\xi_h\gamma_wb^2h/g \tag{3-81}$$

式中　E_w——地震时在 $h/2$ 处作用于桥墩的总动水压力(kN)；

ξ_h——截面形状系数,对矩形墩取 1,圆形墩取 0.8,圆端形墩顺桥向取 0.9 ~ 1.0、横桥向取 0.8；

γ_w——水的体积重度(kN/m^3)；

h——从一般冲刷线算起的水深(m)；

b——桥墩宽度(m),可取 $h/2$ 处的截面宽度,矩形墩取长边边长,圆形墩取直径。

Ⅶ. 梁桥结构基本周期的近似计算

Ⅰ)梁桥桥墩基本周期的近似公式

梁桥桥墩的基本周期可通过实测、试验或理论计算确定。一般情况下,可按下列公式近似计算各类桥墩的基本周期:

$$T_1 = 2\pi\left(\frac{G_t\delta_s}{g}\right)^{\frac{1}{2}} \tag{3-82}$$

式中 T_1——各类梁桥桥墩的基本周期(s);

G_t——支座顶面或上部结构质心处的换算质点重力(kN),对于柔性墩 $G_t = G_{sp} + G_{cp} + \eta G_p$,对于实体墩顺桥向 $G_t = G_{sp} + [X_f + (1 - X_f)^{2/3}]G_p$,对于实体墩横桥向或多排桩基础上的桥墩 $G_t = \sum_{i=0}^{n} G_i X_{1i}^2$;

δ_s——在顺桥向或横桥向作用于支座顶面或上部结构质心上单位水平力在该点引起的水平位移(m/kN)。

顺桥向和横桥向 δ_s 应分别计算,对于实体墩,计算横桥向的基本周期时,一般应考虑剪切变形的影响;对于扩大基础、多排桩基础和沉井基础,当考虑地基变形时,可按《公路桥涵地基与基础设计规范》(JTG D63—2007)的有关规定计算支座顶面或上部结构质心的水平位移;对于变截面桥墩,可按式(3-83)计算等效截面惯性矩:

$$I_e = \frac{H^3}{2\int_0^H \frac{x^2}{I(x)}dx} \tag{3-83}$$

式中 I_e——桥墩等效截面惯性矩(m^4);

H——桥墩计算高度(m);

X——以墩顶为坐标原点的坐标变量(m);

$I(x)$——坐标 x 处墩身惯性矩(m^4),对有代表性的截面可按表 3-6 采用。

表 3-6 换算截面惯性矩 $I(x)$

$I(x)$的变化形式	$\frac{1}{I(x)} = ax^2 + bx + c$ 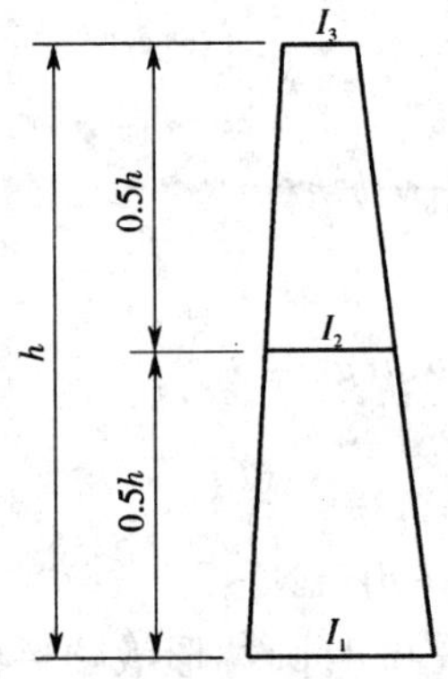	$a = \frac{h_2}{h_1}$ 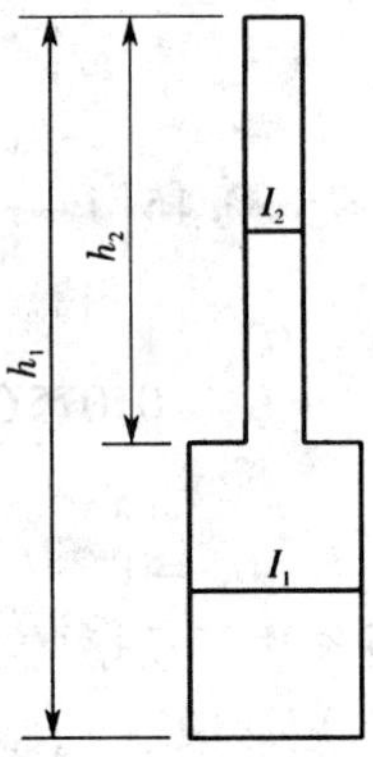	$a_i = \frac{h_i}{h_1}$ 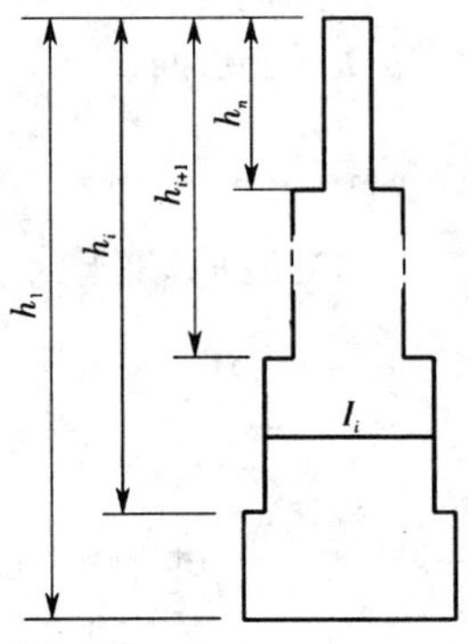
I_e	$\frac{1}{I_e} = \frac{0.45}{I_1} + \frac{0.6}{I_2} - \frac{0.05}{I_3}$	$\frac{1}{I_e} = \frac{1-a^3}{I_1} + \frac{a^3}{I_2}$	$\frac{1}{I_e} = \frac{a_n^3}{I_n} + \sum_{i=1}^{n-1}\frac{a_i^3 - a_{i+1}^3}{I_i}$

Ⅱ）采用板式橡胶支座的梁桥基本周期近似计算

采用板式橡胶支座的梁桥，桥墩基本周期可按图 3－14 所示两个质点体系的公式计算：

$$\omega_1^2 = g\frac{G_{tp}k_1 + (k_1 + k_2)G_{sp} - \{[G_{tp}k_1 + (k_1 + k_2)G_{sp}]^2 - 4G_{tp}G_{sp}k_1k_2\}^{1/2}}{2G_{tp}G_{sp}} \tag{3-84}$$

$$T_1 = \frac{2\pi}{\omega_1} \tag{3-85}$$

式中　ω_1——基本圆频率(rad/s)；

G_{sp}——一联上部结构的总重力(kN)；

G_{tp}——与一联上部结构相对应的各桥墩重力对板式橡胶支座顶面处的换算重力之和(kN)；

k_1——相应于一联上部结构所对应的全部板式橡胶支座抗推刚度之和(kN/m)；

k_2——相应于一联上部结构所对应的桥墩抗推刚度之和(kN/m)；

T_1——基本周期(s)。

第4章　桥梁延性抗震设计

震害调查显示，在强烈的地震动作用下，按规范进行抗震设计的结构在很多情况下并不具备抵抗强震的足够强度，但是有些结构却没有倒塌，甚至没有发生严重破坏。这些结构能够在地震中幸存，是因为结构的初始强度能够基本维持，没有因非弹性变形的加剧而过度下降。在20世纪60年代，纽马克(Newmark)等学者在结构非线性地震反应研究基础上，提出用“延性”的概念来概括结构物超过弹性阶段后的抗震能力。他们认为在抗震设计中，除了强度与刚度之外，还必须重视加强结构延性。

20世纪70年代初，帕克(R. Park)和鲍雷(T. Paulay)等新西兰学者在总结震害教训和试验研究成果的基础上，提出了延性抗震设计理论以及能力设计方法。

目前，抗震设计方法正在从传统的强度理论向延性抗震理论过渡，许多地震多发国家的桥梁抗震设计规范均已采用延性抗震理论。延性抗震理论与强度理论相比，是通过结构选定部位的塑性变形来抵抗地震作用。利用选定部位的塑性变形，不仅能消耗地震能量，还能延长结构周期，从而减小地震反应。

4.1　延性的基本概念

4.1.1　延性的定义

材料、构件或结构的延性，通常定义为在初始强度没有明显退化情况下的非弹性变形能力。它包括两方面的能力：一是承受较大的非弹性变形，同时强度没有明显下降的能力；二是利用滞回特性吸收能量的能力。

从延性的本质看，它反映了一种非弹性变形的能力，即结构从屈服到破坏的后期变形能力，这种能力能保证强度不会因为发生非弹性变形而急剧下降。

对材料而言，延性材料是指在发生较大的非弹性变形时强度没有明显下降的材料，与之相对应的脆性材料，则是一出现非弹性变形或在非弹性变形极小的情况下即破坏的材料。不同材料的延性是不同的，低碳钢的延性较好，素混凝土的延性较差，而混凝土当配有适当箍筋时延性就会有显著提高。

符合延性定义的结构或构件，应具有以下一些特性：

(1)结构或构件至少能够经受住5次反复的弹塑性变形循环，而且最大幅值可达设计容许变形值；

(2)结构或构件在经历反复的弹塑性变形循环时，我国规定抗力的下降量始终不超过初始抗力的15%。

对位于强震区的抗震结构而言，这个定义清楚地反映了对抗震的延性结构和延性构件的基本要求，依照这个定义设计的延性结构，可以使结构在大地震下得以幸存。

4.1.2 延性的指标

在利用延性概念设计抗震结构时，首先必须确定度量延性的量化指标。衡量延性的量化设计指标，最常用的为曲率延性系数和位移延性系数。曲率延性系数通常用于反映延性构件临界截面的相对延性，位移延性系数则用于反映延性构件局部以及延性结构整体的相对延性。为了方便起见，常常也把曲率延性系数和位移延性系数简称为曲率延性和位移延性。

1. 曲率延性系数

钢筋混凝土延性构件的非弹性变形能力是来自塑性铰区截面的塑性转动能力，因此可以采用截面的曲率延性系数来反映。曲率延性系数定义为截面的极限曲率与屈服曲率之比，即

$$\mu_{\phi}=\frac{\phi_u}{\phi_y} \tag{4-1}$$

式中 ϕ_y——塑性铰区截面的屈服曲率；

ϕ_u——塑性铰区截面的极限曲率。

1）塑性铰区截面的屈服曲率

对钢筋混凝土构件塑性铰区截面的屈服曲率目前主要有以下几种不同的定义方式。

（1）截面最外层受拉钢筋初始屈服时的曲率。此定义适用于能形成“受拉铰”（弯曲塑性铰）的适筋构件，一般计算钢筋混凝土延性桥墩的屈服曲率时采用。

（2）截面混凝土受压区最外层纤维初次达到峰值应变值时的曲率。此定义适用于会出现“受压铰”的超筋构件或高轴压比构件，如建筑结构中的框架柱。

（3）几何作图法，一般应用于塑性铰区截面的 M—ϕ（弯矩—曲率）骨架曲线已经确定，而且没有明显屈服点的情况。

Ⅰ. 等能量法

过截面的 M—ϕ 骨架曲线上的弯矩最大点 U，作平行于 ϕ 轴的直线；过坐标原点 O 作与 M—ϕ 曲线和以上直线相交的直线，交点分别为 B 和 Y，若“OAB”和“BUY”的面积相等，则 Y 点对应的曲率即为屈服曲率，如图4-1所示。

Ⅱ. 通用屈服弯矩法

过截面的 M—ϕ 骨架曲线上的弯矩最大点 U，作平行于 ϕ 轴的直线；过坐标原点 O 作 M—ϕ 骨架曲线的切线，该切线与以上直线交于 A 点；过 A 点作垂直于 ϕ 轴的直线，并与 M—ϕ 骨架曲线交于 B 点；连接 O 点和 B 点，线段 OB 的延长线与平行于 ϕ 轴的直线交于 C 点，过 C 点作垂直于 ϕ 轴的直线，并与 M—ϕ 骨架曲线交于 Y 点，则 Y 点对应的弯矩和曲率即为屈服弯矩和屈服曲率，如图4-2所示。

2）塑性铰区截面的极限曲率

钢筋混凝土延性构件塑性铰区截面的极限曲率，通常定义为一旦满足以下四个条件中的任何一个，即达到极限曲率状态：

（1）核心混凝土达到极限压应变值；

（2）临界截面的抗弯能力下降到最大弯矩值的85%；

（3）受拉的纵向钢筋应变达到极限拉应变值；

（4）受压的纵向钢筋应变达到屈曲压应变值。

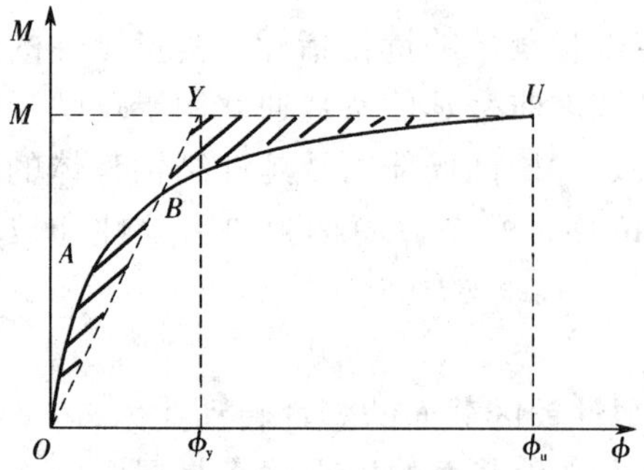

图 4-1 等能量法

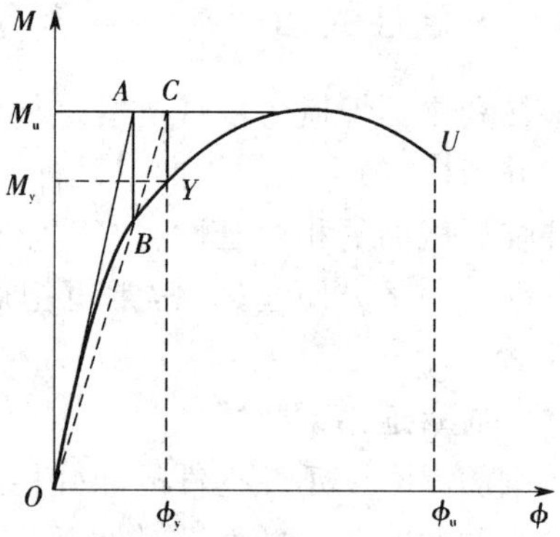

图 4-2 通用屈服弯矩法

第三个条件一般不会满足，除非是少筋构件；第四个条件在横向约束箍筋间距较小时，不起控制作用；因此临界截面的极限曲率，一般由前两个条件控制。

2. 位移延性系数

钢筋混凝土延性构件的位移延性系数定义为构件的极限位移与屈服位移之比，即

$$\mu_\Delta = \frac{\Delta_u}{\Delta_y} \tag{4-2}$$

式中 Δ_y——延性构件的屈服位移；

Δ_u——延性构件的极限位移。

钢筋混凝土延性结构的位移延性系数定义，与结构体系的布置有关，因此不存在统一的定义方式。

3. 曲率延性系数与位移延性系数的关系

1）单柱式桥墩

对于简单的结构构件，可以通过曲率与位移的对应关系，推得曲率延性系数 μ_ϕ 与位移延性系数 μ_Δ 之间的对应关系。图 4-3(a)是单柱式悬臂桥墩结构图，图 4-3(b)是其弯矩图，其墩顶位移与桥墩的曲率分布之间，存在如下关系：

$$\Delta = \iint \phi(x)\,\mathrm{d}x\mathrm{d}x \tag{4-3}$$

变形未达到屈服位移时，曲率沿柱高呈线性变化；变形超过屈服位移以后，形成塑性铰，依靠塑性铰的转动使得变形继续发展。此时曲率主要集中在塑性铰区域，而塑性铰以外基本不发生变化。在墩底截面达到极限状态时，为了便于计算，引入“等效塑性铰长度”的概念，即假设在墩底附近存在一个长度为 L_p 的等塑性曲率段，在该段长度内，截面的塑性曲率等于墩底截面的最大塑性曲率 ϕ_u，如图 4-3(c)、(d)所示。

在墩底截面刚刚屈服时，可以认为曲率沿墩高呈线性分布：

$$\phi(x) = \frac{x}{H}\phi_y \tag{4-4}$$

则墩顶的屈服位移为

$$\Delta_y = \frac{1}{3}\phi_y H^2 \tag{4-5}$$

按照等效塑性铰长度的概念，在墩底截面达到极限状态时，桥墩的塑性转角可表示为

$$\theta_p = L_p(\phi_u - \phi_y) \tag{4-6}$$

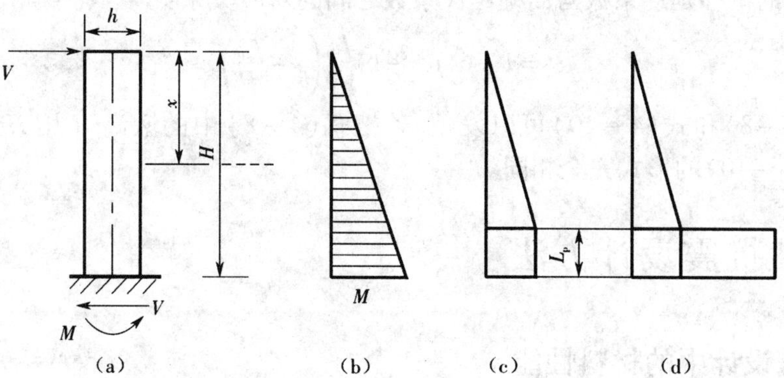

图 4－3　单柱式悬臂桥墩的曲率分布

(a)结构图　(b)弯矩图　(c)屈服状态　(d)极限状态

假定在到达极限状态时，桥墩绕等效塑性铰区的中心点转动，则墩顶的塑性位移为

$$\Delta_p = \theta_p(H - 0.5L_p) = (\phi_u - \phi_y)L_p(H - 0.5L_p) \tag{4-7}$$

于是有

$$\mu_\Delta = \frac{\Delta_p + \Delta_y}{\Delta_y} = 1 + 3(\mu_\phi - 1)\frac{L_p}{H}\left(1 - 0.5\frac{L_p}{H}\right) \tag{4-8}$$

等效塑性铰长度 L_p(cm)同塑性变形的发展和极限压应变有关，一般采用经验公式，欧洲规范和美国加州抗震设计规范规定取以下两式计算的较小值：

$$L_p = 0.08H + 0.022d_s f_y \geqslant 0.044d_s f_y \tag{4-9a}$$

$$L_p = 2b/3 \tag{4-9b}$$

式中　H——桥墩高度；

b——矩形截面短边尺寸或圆形截面直径。

2)多柱式桥墩

对多柱式桥墩，由于顺桥向和横桥向的塑性变形机制不同，因此必须分开考虑。多柱式桥墩在顺桥向的水平地震作用下，通常只在墩底截面出现弯曲塑性铰。所以，在顺桥向，其墩顶位移延性系数与临界截面的曲率延性系数之间的对应关系，与单柱式悬臂桥墩完全相同。图 4－4 是双柱式桥墩的变形。

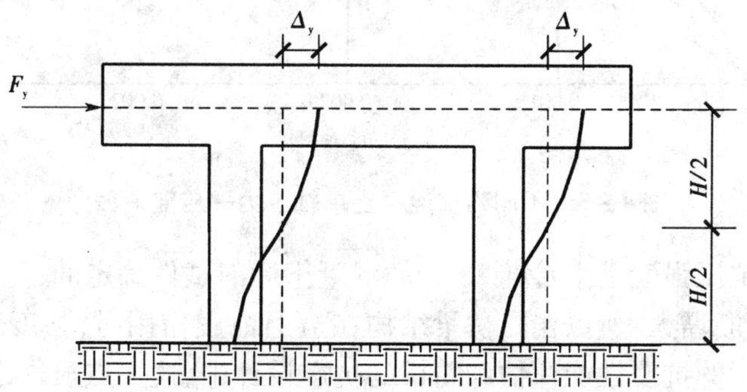

图 4－4　双柱式桥墩的变形

如果盖梁的刚度足够大，则多柱式桥墩在横桥向的水平地震作用下，墩顶和墩底都可能出现弯曲塑性铰。假定反弯点位于柱中间，仿照单柱式悬臂墩的推导过程，可以得到多柱式

桥墩在横桥向的位移延性系数与曲率延性系数之间的对应关系：

$$\mu_{\Delta}=1+6(\mu_{\phi}-1)\frac{L_{p}}{H}\left(1-\frac{L_{p}}{H}\right) \tag{4-10}$$

比较式(4-8)和式(4-10)可以发现，若把式(4-8)中的墩高 H 用 $H/2$ 代替，则式(4-8)和式(4-10)的形式完全相同。

4.2 延性抗震设计方法

4.2.1 抗震设计中的材料性能

1. 无约束混凝土

1)抗压强度

混凝土的抗压强度是混凝土结构设计的一个重要参数。无约束混凝土的抗压强度，通常可以由龄期28天、边长150 mm的混凝土立方体标准试件，以标准试验方法测得的具有95%保证率的强度，单位以MPa计，冠以符号C表示。我国现行的《公路钢筋混凝土及预应力混凝土桥涵设计规范》(JTG D62—2004)规定：桥梁结构的混凝土强度等级可以采用C20～C80。

混凝土的抗压强度与水泥标号、水灰比、级配、养护、龄期、添加剂的数量和种类有关。由图4-5所示不同强度混凝土的应力—应变曲线可以看出，当混凝土强度提高时，对应于峰值应力和压碎时的应变却降低了。说明混凝土的强度越高，脆性却越大。因此，在抗震设计中，常用的混凝土强度等级在C20～C50，目前C50混凝土在大跨径的公路桥梁中使用比较普遍。

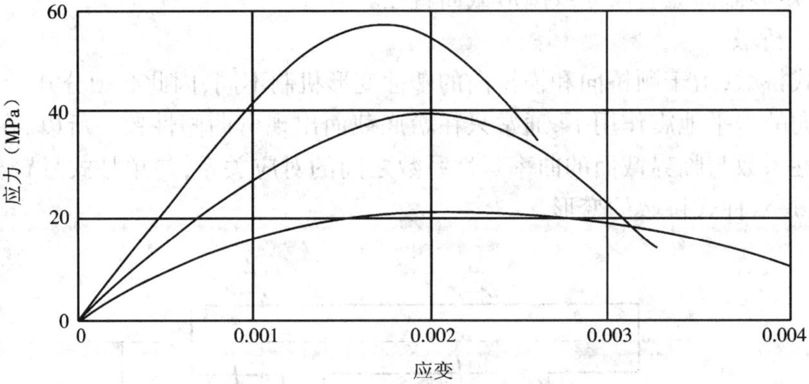

图4-5 不同强度混凝土单轴应力—应变曲线

由于混凝土的抗压强度是由龄期28天的混凝土标准试件确定的，随着混凝土龄期的增长，混凝土强度会不断增大，所以实际桥梁结构在遭遇地震作用时，强度通常比设计预期的强度高得多。在旧桥的抗震性能评估和新桥的抗震设计中，这一点显得十分重要。

2)弹性模量

弹性模量是衡量混凝土材料变形性能的主要指标。试验研究表明，混凝土的弹性模量 E_{c} 与相应的立方体抗压强度 $f_{cu,k}$ 之间，存在以下对应关系：

$$E_c = \frac{10^5}{2.2 + \frac{34.74}{f_{cu,k}}} \tag{4-11}$$

式中，E_c和$f_{cu,k}$的单位均为 MPa。

混凝土结构的足尺试验结果表明，由标准试件测得的混凝土弹性模量值偏低。此外，在地震动作用下，由于应变速率较高，实际混凝土结构的弹性模量也较高。在抗震设计中，根据式(4－11)计算结构的弹性模量，如果把它进一步用于计算结构的变形，则可能得到保守值；如果用于计算结构的自振周期，则理论自振周期值将超过实际值。一般而言，这就意味着结构的设计地震作用要低于实际地震作用。如果希望得到较为保守的设计地震作用，则在计算抗侧力构件的刚度时，应对由式(4－11)得到的E_c值进行放大，一般增大30%。

3)抗拉强度

混凝土的抗拉强度是混凝土材料的基本力学指标之一。试验研究表明，混凝土的轴心抗拉强度可以近似地表示为

$$f_{tk} = 0.88 \times 0.395 f_{cu,k}^{0.55} (1 - 1.645\delta_{f150})^{0.45} \tag{4-12}$$

式中　δ_{f150}——混凝土的变异系数，具体数值可从《公路钢筋混凝土及预应力混凝土桥涵设计规范》的附录 A 查取。

在构件截面抗弯设计时，一般可以不考虑混凝土的抗拉强度，但是由于混凝土的抗拉强度与裂缝的形成密切相关，如果知道混凝土抗拉强度的大小就可以估计混凝土压弯构件开裂时所对应的弯矩值。虽然在抗弯强度计算中忽略了混凝土的抗拉强度，但它对于混凝土的抗剪、钢筋黏结与锚固起着重要作用。

2. 约束混凝土

1)箍筋的约束作用

在桥梁的延性抗震中，结构的延性通常由延性桥墩的位移延性提供，而延性桥墩的位移延性主要来自于塑性铰区截面的塑性转动能力。

在许多情况下，无约束混凝土的极限压应变不足于保证桥墩塑性铰区具有设计预期的塑性转动能力。这是因为当塑性铰区截面最外层混凝土达到压碎应变时，混凝土保护层首先剥落，如果核心混凝土没有得到足够的约束，纵向裂缝将很快向核心扩展，使混凝土横向膨胀，并导致核心混凝土受压区的压溃；对承受较高轴压比的钢筋混凝土桥墩，纵向裂缝扩展还将引起纵向受压钢筋的屈曲。所以，对采用无约束混凝土概念设计的钢筋混凝土桥墩，一旦塑性铰区截面最外层混凝土达到极限压应变值，即意味着桥墩达到破坏极限状态。由于无约束混凝土的极限压应变通常为0.004～0.005，相应的截面最大塑性转角也较低，所以通常无法提供结构在地震动下所需的位移延性。

大量试验研究表明，数量足够、配置合理的横向箍筋和纵向钢筋一起，对核心混凝土起到约束，并能够有效地限制混凝土的横向膨胀，维持核心混凝土的完整，提高核心混凝土的极限压应力，阻止纵向受压钢筋可能出现的屈曲。最重要的是，核心混凝土受压区在破坏之前，能够维持较无约束混凝土高得多的压应变。

螺旋箍筋或者圆形箍筋在混凝土的膨胀作用下处于受拉状态，因而对混凝土产生环箍作用，如图4－6(a)所示。当环向箍筋应力达到屈服应力f_{sv}时，混凝土中产生最大有效横向压力

$$f_l = \frac{2 f_{sv} A_{sv}}{d_s s_h} \tag{4-13}$$

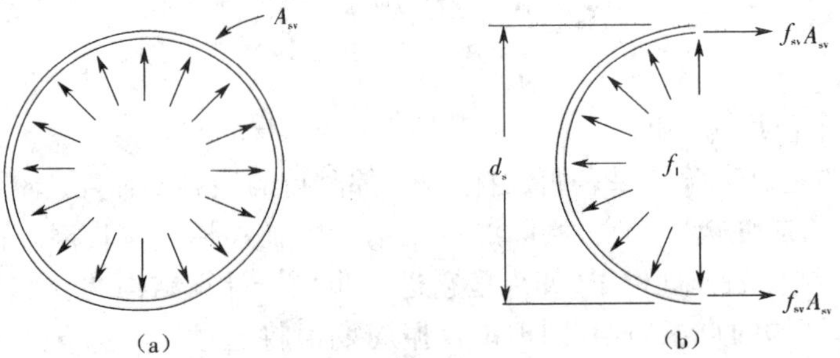

图 4－6 螺旋或圆形箍筋对核心混凝土的约束作用

(a)由螺旋箍筋或圆形箍筋产生的约束 (b)作用在一半圆形或螺旋筋上的力

式中 d_s——箍筋的环箍直径；

A_{sv}——箍筋的横截面积；

s_h——箍筋的纵向间距。

方形箍筋仅在方形的四角附近才对混凝土具有约束作用，混凝土对箍筋的压力使箍筋向外弯曲，如图 4－7(a)中虚线所示。如果采用部分重叠的箍筋或者在箍筋中设置交叉拉筋，可以显著改善方形或者矩形箍筋对混凝土的约束作用。图 4－7(b)、(c)、(d)中显示压力拱相对比较平坦，可以约束更多的混凝土面积。

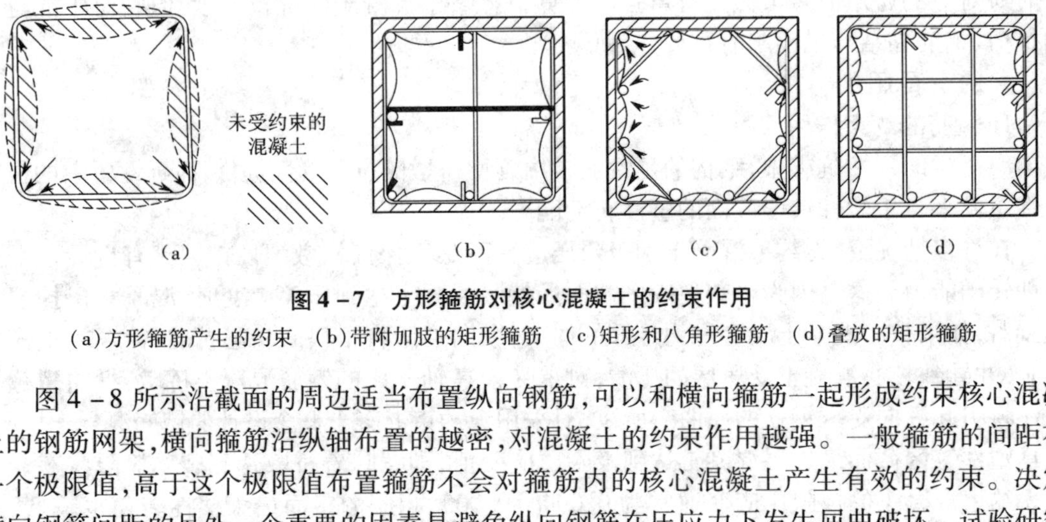

图 4－7 方形箍筋对核心混凝土的约束作用

(a)方形箍筋产生的约束 (b)带附加肢的矩形箍筋 (c)矩形和八角形箍筋 (d)叠放的矩形箍筋

图 4－8 所示沿截面的周边适当布置纵向钢筋，可以和横向箍筋一起形成约束核心混凝土的钢筋网架，横向箍筋沿纵轴布置的越密，对混凝土的约束作用越强。一般箍筋的间距有一个极限值，高于这个极限值布置箍筋不会对箍筋内的核心混凝土产生有效的约束。决定横向钢筋间距的另外一个重要的因素是避免纵向钢筋在压应力下发生屈曲破坏。试验研究表明，在可能出现塑性铰的区域内，横向箍筋之间的间距不应超过纵向钢筋直径的 6 倍。

2)约束混凝土抗压应力—应变关系

在许多情况下，由于无约束混凝土的极限压应变不足于保证桥墩塑性铰区具有设计预期的转动能力，因此常采用约束混凝土来设计延性桥墩。对混凝土施加约束的目的就是为了提高混凝土的极限压应变。

在许多关于约束混凝土的抗压应力—应变关系的研究成果中，目前应用比较广泛的是图 4－9 所示 Mander 等人提出的应力—应变关系。这个本构关系适用于多种圆形、矩形截面和多种约束水平的计算模型，其形式为

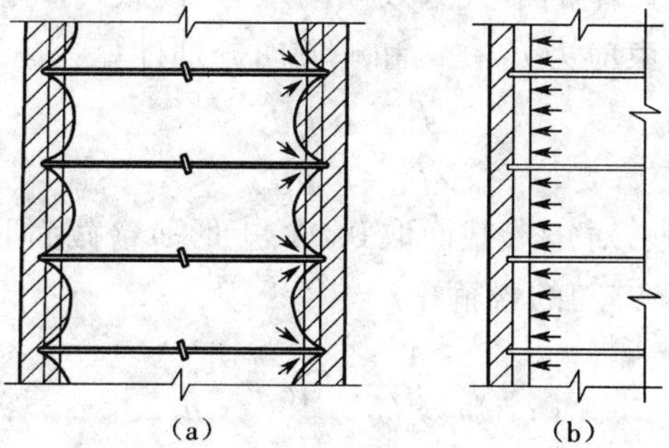

图 4 -8　横向箍筋和纵向钢筋对核心混凝土的约束作用

(a)横向箍筋产生的约束　(b)纵向钢筋产生的约束

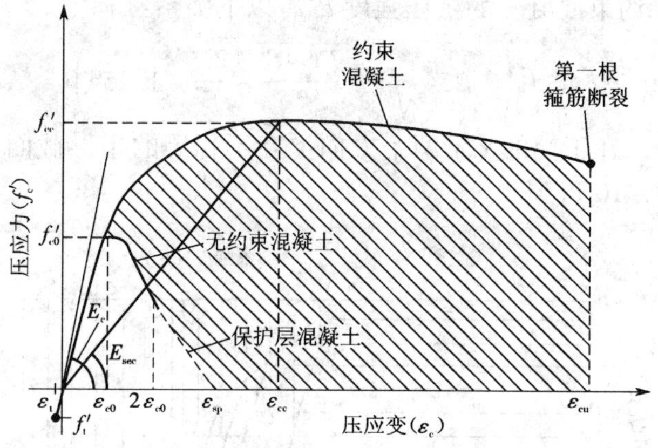

图 4 -9　Mander 等人提出的约束混凝土应力—应变关系

$$f_c = \frac{f'_{cc} x r}{r - 1 + x^r} \tag{4-14}$$

其中

$$x = \frac{\varepsilon_c}{\varepsilon_{cc}};\quad \varepsilon_{cc} = \varepsilon_{c0}\left[1 + 5\left(\frac{f'_{cc}}{f'_{c0}} - 1\right)\right];\quad r = \frac{E_c}{E_c - E_{sec}}$$

式中　f'_{cc}——约束混凝土的峰值应力；

ε_{cc}——约束混凝土峰值应力对应的应变；

f'_{c0}——无约束混凝土的峰值应力；

ε_{c0}——无约束混凝土峰值应力对应的应变；

E_c——混凝土初始弹性模量；

E_{sec}——混凝土峰值应力点对应的割线弹性模量。

Ⅰ. 约束混凝土的峰值应力

约束混凝土的抗压强度与横向箍筋屈服时所能达到的有效约束应力 f'_l 有关。

对于圆形截面，有效约束应力

$$f'_l = K_e f_l \tag{4-15}$$

式中　K_e——有效约束系数，取决于核心混凝土的最小有效约束面积与周边箍筋中心线包围的面积之比，对圆形截面取 0. 95；

f_l——核心混凝土中产生的最大有效横向压力，按照式(4－13)计算。

对于矩形截面，有效约束应力f'_l在x和y方向分别计算：

$$f'_{lx}=K_e\rho_x f_{yv} \tag{4-16a}$$

$$f'_{ly}=K_e\rho_y f_{yv} \tag{4-16b}$$

式中 K_e——有效约束系数，对矩形截面取0.95，矩形薄壁截面取0.6；

ρ_x、ρ_y——x方向和y方向的含箍率。

且

$$\rho_x=\frac{A_{svx}}{s_h b_h};\quad \rho_y=\frac{A_{svy}}{s_h a_h}$$

式中 b_h——与x方向垂直的核心截面尺寸；

a_h——与y方向垂直的核心截面尺寸。

对于圆形截面或在正交的x、y两个方向上有相等有效约束应力的矩形截面，约束混凝土的峰值应力f'_{cc}与无约束混凝土的抗压强度f'_c有以下关系：

$$f'_{cc}=f'_c\left(2.254\sqrt{1+\frac{7.94f'_l}{f'_c}}-\frac{2f'_l}{f'_c}-1.254\right) \tag{4-17}$$

对于有效约束应力在正交的x、y两个方向上互不相等的矩形截面，约束混凝土的峰值应力f'_{cc}可以利用图4－10得到。

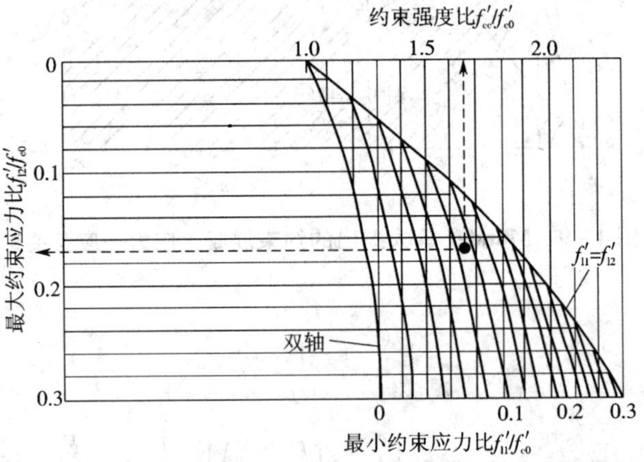

图4－10 矩形截面约束混凝土峰值应力的计算

Ⅱ.约束混凝土的峰值应变

与约束混凝土的峰值应力对应的应变值为

$$\varepsilon_{cc}=0.002\left[1+5\left(\frac{f'_{cc}-1}{f'_c}\right)\right] \tag{4-18}$$

Ⅲ.约束混凝土的极限压应变

约束混凝土的实际压应变达到峰值应变数倍时仍然可以保持很高的压应力，所以对于设计来说，峰值应变值并不代表约束混凝土最大可用的应变值。研究表明，当横向约束箍筋断裂时才是可用的应变极限，可用图4－9中阴影线部分所围的面积表示混凝土由于约束作用额外吸收的能量，这样极限压应变为

$$\varepsilon_{cu}=0.004+\frac{1.4\rho_s f_{yv}\varepsilon_{sm}}{f'_{cc}} \tag{4-19}$$

式中　ε_{sm}——箍筋的极限拉应变，规范取0.09；

ρ_s——约束箍筋的体积配箍率，对于圆形截面$\rho_s = A_{sv}/(d_s s_h)$，对于矩形截面$\rho_s = \rho_x + \rho_y$；

f_{yv}——约束箍筋的最大拉应力。

一般ε_{cu}的取值范围为0.012～0.05，是无约束混凝土极限应变设计值的4～16倍。

3. 钢筋

1）单调荷载下的应力—应变曲线

钢筋混凝土构件的延性主要来自结构钢筋具有承受周期反复的塑性大变形能力。图4-11是具有明显屈服点的软钢的单向受拉应力—应变曲线。

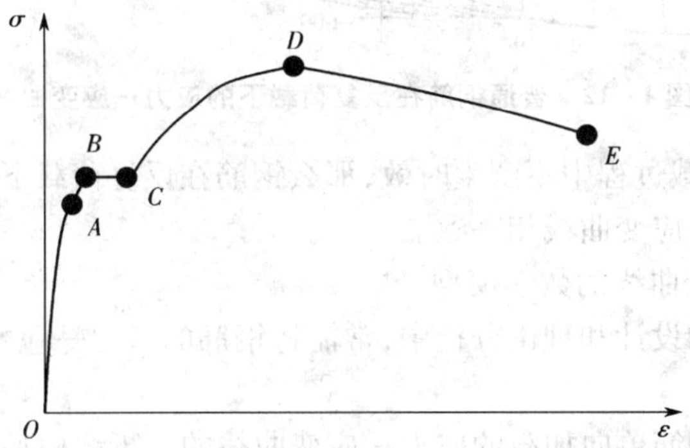

图4-11　具有明显屈服点的钢筋应力—应变曲线

图4-11显示，A点以前曲线呈线性关系，OA段属于弹性工作阶段；达到B点后，钢筋进入屈服阶段，曲线上表现为一段应力保持不变的屈服平台；屈服平台段后直至应力达到峰值应力，此段为强化阶段；最后是钢筋的软化阶段，由于这个阶段对结构的延性影响很小，所以这个阶段在结构设计中经常被忽略。

在钢筋混凝土延性构件的抗震设计中，不单钢筋的屈服强度是一个重要的设计指标，其屈服平台的长度也很重要。因为钢筋混凝土延性构件在遭遇地震作用时，如果钢筋的硬化出现得早并且发展很快，延性构件的塑性铰区截面将产生超强现象，这样就要求能力保护构件具有相应更高的强度。

与钢筋混凝土延性构件抗震设计相关的另外一个问题就是钢筋标准强度的变异性。如果一定级别的钢筋的屈服强度变化很大，那么延性构件塑性铰区截面的实际抗弯强度可能大大超过设计的预期值。在这种情况下，就需要采用高的超强系数值，以避免发生剪切破坏和出现非预期的塑性变形模式。

对延性构件来说，理想的钢筋性能是有一个长的屈服平台，后接缓和的硬化段，而且相对于屈服强度标准值来说变化很小的实际屈服强度。

2）反复荷载下的应力—应变曲线

在地震动作用下，延性构件进入弹塑性振动，钢筋可能在反复的拉、压大变形下工作。当钢筋进入屈服平台后，如果卸载后又反向再加载，将会出现鲍兴格效应，即反向再加载时不再出现屈服平台而成为曲线的应力—应变关系。

对桥梁结构，在遭遇地震作用时，钢筋混凝土延性桥墩塑性铰区截面的纵向钢筋可能经历如图4-12所示的对称的应力—应变滞回环。

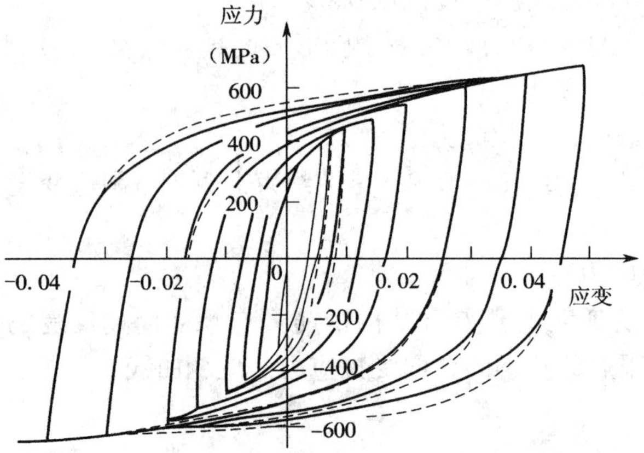

图 4-12 普通钢筋在反复荷载下的应力—应变曲线

试验证明,如果加载过程中不产生时效,那么钢筋在反复荷载下的应力—应变骨架曲线与单调加载时的应力—应变曲线相一致。

3)钢筋应力—应变曲线的数学模型

在钢筋混凝土结构设计和理论分析中,常需将钢筋的应力—应变关系曲线理想化,建立数学模型。

图 4-13 是普通钢筋单向加载的应力—应变曲线的三折线模型,此模型分为三段:弹性段、屈服平台段和强化段。其中,弹性段是以 E_s 为斜率的直线;屈服平台段是斜率为零的水平直线;强化段可以用直线或曲线表示。三折线模型适用于屈服台阶较短的软钢。

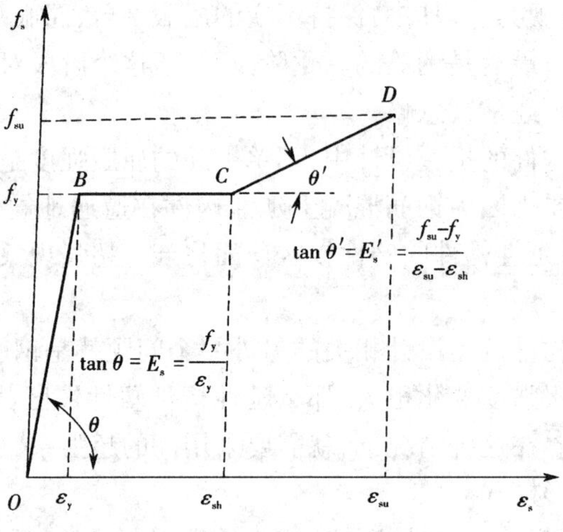

图 4-13 普通钢筋单向加载应力—应变曲线的三折线模型

当采用无约束混凝土概念设计抗侧力桥墩时,由于塑性区段混凝土的极限压应变非常小,钢筋受拉以后的变形即使越过屈服平台进入强化段,也只能达到不大的范围,从而强化段可以简化为直线。但当采用约束混凝土概念设计抗侧力桥墩时,就必须考虑强化段的影响,因此强化段更多地采用曲线。

4.2.2　能力设计方法

1. 能力设计原理的基本概念

能力设计原理的基本概念是在结构体系中的延性构件和能力保护构件之间，确立适当的强度安全等级差异。

能力设计原理的基本概念可以通过一个简单的例子说明。图4－14表示n个强度为P_{ib}的脆性链子与1个强度为P_d的延性链子构成的链接，其中延性链子具有相当大的塑性变形能力。在这个链接中，如果所有的脆性链子都被设计成具有与延性链子相同的强度，则一旦拉力P超过两者的强度，即使考虑到所有链子强度变异的可能性，整个链接发生脆性断裂的概率还是相当的高，延性链子的塑性变形能力根本得不到发挥；相反如果在设计脆性链子时，所有链子的强度都取得比延性链子可能发挥的最大强度还要高，则脆性链子就会受到延性链子的保护，整个链接在断裂时将表现出延性行为。这是因为当拉力P不断增大时，延性链子的屈服强度总是最先达到，并发生非弹性变形直至断裂。在这个过程中，延性链子所起的作用如同保险丝，整个链接的最大强度由延性链子可能发挥的最大强度决定，脆性链子受到的拉力因始终低于其设计强度而不会遭受破坏。

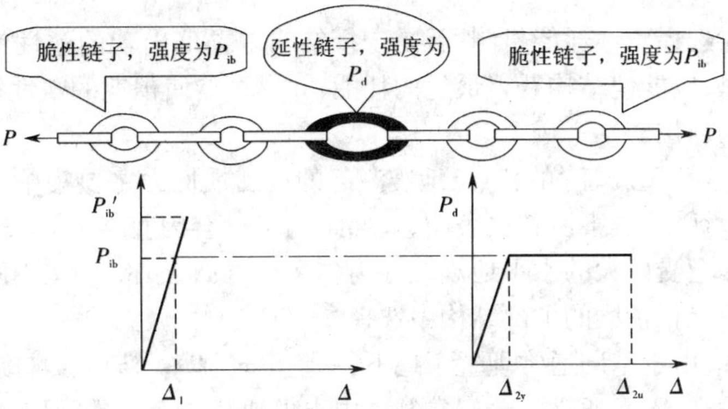

图4－14　能力设计原理的示例

这个简单的例子实际上反映了两种不同的设计思路：等安全度设计和不等安全度设计。常规的静力强度设计方法属于前者，即所有构件的设计都是基于统一的强度安全系数，没有考虑在不同性质的构件之间形成适当的强度安全等级差异；能力设计方法则属于后者，即通过延性构件和能力保护构件（脆性构件以及不希望发生非弹性变形的构件，统称为能力保护构件）之间的强度安全等级差异，确保结构不会发生脆性的破坏模式。

2. 能力设计方法的特点

能力设计方法是把结构体系中抵抗地震侧向力的主要构件设计成延性构件，确保其在发生大变形情况下的塑性耗能能力。对所有其他的结构构件，则使其具备的设计强度超过抗侧力构件潜在塑性铰区截面所可能达到的最大强度，以此来避免各种外部作用可能对其造成的破坏。

能力设计方法有以下特点：

(1)确定结构中潜在塑性铰区的位置，把塑性铰区截面的抗弯强度设计得与需求的强度接近，对塑性铰区进行详细的构造设计，以确保塑性铰区截面能够提供设计预期的塑性转动能力；

(2)在含有塑性铰的构件中,对于剪切破坏、锚固失效和失稳等脆性的非线性变形模式,依靠塑性铰区截面发挥其最大抗弯强度时,确保不会发生这些脆性破坏模式;

(3)对于脆性构件或不希望出现塑性变形的构件,确保其强度安全等级高于包含塑性铰的构件,这样不论可能出现的地震动强度有多大,这些构件始终处于弹性状态。

与常规的静力强度设计方法相比,采用能力设计方法设计的抗震结构具有明显的优势:

(1)塑性铰只出现在预定的结构部位;

(2)可以选择合适的耗能机制;

(3)预期出现塑性铰的各个构件,均可独立进行专门设计;

(4)确保结构具有预知的延性性能,使结构具有最大的防止倒塌能力;

(5)非弹性变形局限在预期出现弯曲塑性铰的构件上,大部分构件因受到能力保护,其反应被限制在弹性范围内,可简化设计和施工过程,并降低总体造价。

在很多情况下,按照能力设计方法设计的结构,可以选择合理的塑性铰机构,并且结合相应的延性构造措施,能够使结构达到优化的能量耗散。这样设计的结构将特别能适应未来的大地震所可能激起的延性需求。

4.2.3 塑性耗能机制的选择

延性抗震桥梁选择塑性耗能机制,就是选择结构中预期出现的塑性铰的位置。选择结构的塑性铰位置时,应能使结构获得最优的耗能,并尽可能使预期的塑性铰出现在易于发现和易于修复的结构部位。

桥梁结构具有"头重脚轻"的特点,地震激起的地震惯性力主要集中在上部结构质量中心,并由下部结构承受。震害调查也表明,上部结构很少会因直接的地震动作用而破坏,而下部结构则常常因遭受巨大的水平地震惯性力作用而导致破坏。所以,强震作用下预期出现的塑性铰位置只能在桥梁的下部结构中选择。

在下部结构中,由于基础通常埋置于地下,一旦出现损坏,修复的难度和代价比较高,也不利于震后迅速发现,因而通常不希望在基础中出现塑性铰。于是,强震作用下预期出现的塑性铰位置通常选择在钢筋混凝土桥墩中,并把钢筋混凝土桥墩设计成延性构件,而把其余构件设计为能力保护构件。

1. 单柱式桥墩

地震沿横桥向和顺桥向作用时,单柱式桥墩潜在的塑性铰位置如图 4-15 所示,位于桥墩的底部区域。

2. 双柱式桥墩

地震沿横桥向和顺桥向作用时,双柱式桥墩潜在的塑性铰位置如图 4-16 所示,对于横桥向塑性铰位于桥墩的端部区域和底部区域,对于顺桥向塑性铰位于桥墩的底部区域。

4.2.4 延性构件二次设计

在抗震概念设计之后,是结构在多遇地震作用下的结构初步设计。根据桥梁抗震设防目标的要求,结构在 E1 地震作用下应处于弹性反应范围。因此,这一阶段的设计任务主要是结构的抗震强度验算。由于结构反应处于弹性范围,因此对规则桥梁,结构地震反应分析可采用单振型反应谱法;对不规则桥梁,结构地震反应分析可采用多振型反应谱法。在计算出结构的最大设计地震作用之后,将地震作用效应和其他荷载效应进行组合,对构件截面进

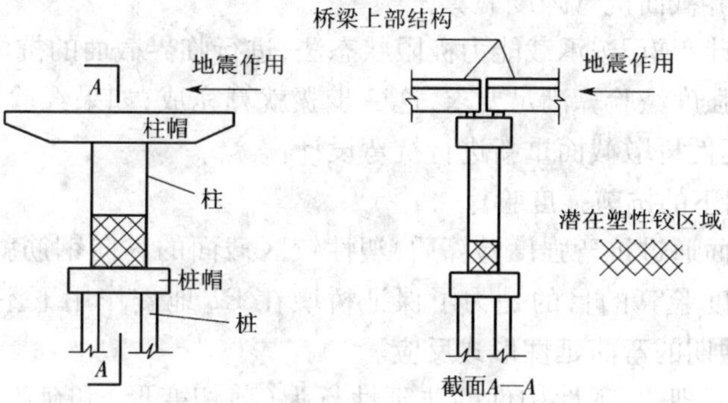

图 4－15　单柱式桥墩的塑性铰区域

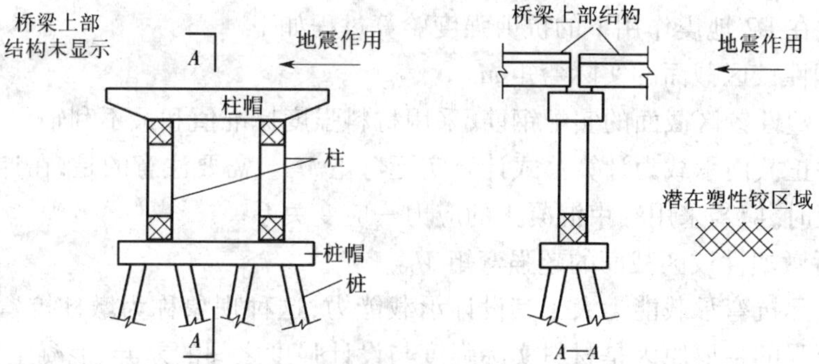

图 4－16　双柱式桥墩的塑性铰区域

行抗震承载力验算,以保证必要的强度可靠性要求。

在结构初设计阶段完成后,是延性构件的二次设计阶段,即延性构件在 E2 地震作用下的再设计过程。这个过程包括延性构件在 E2 地震作用下的抗弯强度验算和抗剪强度验算,用以保证延性构件在 E2 地震作用下以延性的形式反应,并且具有设计预期的位移延性水平。

1. E2 地震作用下的抗弯强度验算

在 E2 地震作用下,桥梁结构将经历弹塑性变形循环。对规则桥梁,可以采用简化的延性抗震设计理论,简化结构地震反应分析过程;但对不规则桥梁,一般通过结构非线性动力时程分析程序,计算结构在罕遇地震作用下的弹塑性地震反应。

对规则桥梁,一般选择结构预期的塑性铰位置仅在钢筋混凝土桥墩中出现,这样桥墩就成为延性桥梁结构中的延性构件。

E2 地震作用下延性桥墩抗弯强度验算的步骤如下。

1)延性桥墩的设计水平地震作用

对规则桥梁,E2 地震作用下延性桥墩的设计水平地震作用,可以通过结构质量中心处的设计水平地震作用计算得到。计算水平地震作用之后,按每个桥墩的抗推刚度,把水平地震作用分配到各桥墩上,由此得到各桥墩的设计水平地震作用。

2)延性桥墩临界截面的设计弯矩

得到各个桥墩的设计水平地震作用之后,将地震作用效应和其他荷载效应进行组合,并计算组合荷载下延性桥墩临界截面的设计弯矩。

3）延性桥墩临界截面抗弯强度验算

根据计算的设计弯矩，按承载能力极限状态法，进行临界截面的抗弯强度验算。如果桥墩临界截面的抗弯强度经验算满足要求，这一步骤就算完成；如果经验算不满足要求，则按上述设计弯矩，对延性桥墩截面重新进行抗弯设计。

2. E2 地震作用下的抗剪强度验算

在延性桥墩截面通过抗弯强度验算后，塑性铰区截面的纵向钢筋就已经确定下来。延性桥墩截面抗剪强度验算的目的是为了保证桥墩在 E2 地震作用下不发生脆性的剪切破坏，确保桥墩能按预期的弯曲延性形式反应。

根据能力设计原理，在延性构件的非延性行为（剪切变形）和延性行为（弯曲变形）之间，也应确立强度安全等级差异。具体来说，就是对延性构件的抗剪强度和抗弯强度应取不同的强度安全系数。

延性桥墩在 E2 地震作用下的抗剪强度验算过程如下。

1）计算塑性铰区截面的实际弯矩 M_c

根据桥墩塑性铰区截面的实配钢筋，采用材料强度标准值和最不利轴力，按照混凝土大偏心受压构件正截面承载力计算公式计算实际弯矩 M_c。需要注意的是，在计算塑性铰区截面的实际弯矩时，应当采用约束混凝土的应力—应变关系。

2）计算桥墩塑性铰区截面的超强弯矩 M_0

墩柱的实际抗弯承载能力大于其设计承载能力，这种现象称为墩柱抗弯超强现象。引起墩柱抗弯超强的主要原因是材料实际强度与设计强度之间的差异、混凝土强度取值保守、钢筋材料在屈服后的强化应力可能超过屈服强度。如果墩柱塑性铰的抗弯承载能力出现太大的超强，而墩柱的抗剪强度或能力保护构件强度的超强又不足以达到能力保护的程度，那么按能力设计方法进行抗震设计的有效性将大大降低。

为了确保预期出现弯曲塑性铰的构件不发生脆性的破坏模式（如剪切破坏、黏结破坏等），并确保脆性构件和能力保护构件处于弹性反应范围，因此在确定它们的弯矩、剪力设计值时，采用墩柱抗弯超强系数 ϕ^0 来考虑超强现象。

桥墩塑性铰区截面的超强弯矩 M_0 可按下式计算：

$$M_0 = \phi^0 M_c \tag{4-20}$$

式中 ϕ^0——墩柱抗弯超强系数。

同济大学相关研究表明，当桥墩所承受的轴压比大于 0.2 时，超强系数 ϕ^0 随轴压比的增加而增加；当轴压比小于 0.2 时，超强系数 ϕ^0 在 1.1～1.3 取值，《公路桥梁抗震设计细则》建议取 1.2。

3）由塑性铰区截面的超强弯矩 M_0 确定桥墩的设计剪力 V_{c0}

Ⅰ. 延性墩柱沿顺桥向剪力设计值

墩柱的底部区域为潜在塑性铰区域：

$$V_{c0} = \phi^0 \frac{M_{zc}^x}{H_n} \tag{4-21}$$

墩柱的顶、底部区域均为潜在塑性铰区域：

$$V_{c0} = \phi^0 \frac{M_{zc}^x + M_{zc}^s}{H_n} \tag{4-22}$$

Ⅱ.延性墩柱沿横桥向剪力设计值

墩柱的底部区域为潜在塑性铰区域：

$$V_{c0}=\phi^0\frac{M_{hc}^{x}}{H_n} \tag{4-23}$$

墩柱的顶、底部区域均为潜在塑性铰区域：

$$V_{c0}=\phi^0\frac{M_{hc}^{x}+M_{hc}^{s}}{H_n} \tag{4-24}$$

式中　H_n——一般取为墩柱的净长度，但是对于单柱墩横桥向计算时应取梁体截面形心到墩柱底截面的垂直距离(m)；

M_{zc}^{s}、M_{zc}^{x}——墩柱上、下端截面按实配钢筋，采用材料强度标准值和最不利轴力计算的沿顺桥向正截面抗弯承载力所对应的弯矩值(kN·m)；

M_{hc}^{s}、M_{hc}^{x}——墩柱上、下端截面按实配钢筋，采用材料强度标准值和最不利轴力计算的沿横桥向正截面抗弯承载力所对应的弯矩值(kN·m)；

ϕ^0——桥墩正截面抗弯承载能力超强系数，取1.2。

4)墩柱抗剪承载力验算

地震中大量的钢筋混凝土墩柱的剪切破坏表明，在墩柱的塑性铰区域由于弯曲延性的增加会使混凝土所提供的抗剪强度降低。目前，应用比较多的是美国加州公路交通局(Caltrans)2000年版设计准则推荐的抗剪计算公式。

Ⅰ.墩柱名义抗剪能力

墩柱的名义抗剪能力 V_n 可以认为由混凝土提供的抗剪能力 V_c 和横向钢筋提供的抗剪能力 V_s 组成，即

$$V_n=V_c+V_s \tag{4-25}$$

Ⅱ.混凝土承担的剪力

在计算墩柱抗剪能力时，应考虑到弯曲和轴向荷载的影响，可按下式计算：

$$V_c=v_cA_e \tag{4-26}$$

式中　A_e——有效剪切面积；

v_c——名义剪应力。

塑性铰区域以内　$v_c=2c_1c_2\sqrt{f_c'}\leqslant 0.33\sqrt{f_c'}$

塑性铰区域以外　$v_c=0.5c_2\sqrt{f_c'}\leqslant 0.33\sqrt{f_c'}$

式中　f_c'——混凝土圆柱体抗压强度；

c_1、c_2——系数。

$$0.025\leqslant c_1=\frac{\rho_s f_{yv}}{12.5}+0.305-0.083\mu_d\leqslant 0.25 \tag{4-27}$$

$$c_2=1+\frac{P_c}{13.8A_g}\leqslant 1.5 \tag{4-28}$$

式中　ρ_s——箍筋或螺旋钢筋的配箍率；

f_{yv}——箍筋的屈服应力；

P_c——墩柱受到的轴压力；

μ_d——墩柱的位移延性，取沿顺桥向和横桥向位移延性的较大值。

Ⅲ.箍筋的抗剪承载力

墩柱采用螺旋箍筋时所提供抗剪承载力为

$$V_s = \pi/2 \times A_v f_{yv} d/s \tag{4-29}$$

墩柱采用矩形箍筋时所提供抗剪承载力为

$$V_s = A_v f_{yv} D/s \tag{4-30}$$

式中 A_v——同一截面上箍筋的总面积(cm^2);

f_{yv}——箍筋的抗拉强度设计值(MPa);

s——箍筋的间距(cm);

d——螺旋钢筋或圆形箍筋的直径(cm);

D——沿计算方向墩柱的宽度(cm)。

Ⅳ.墩柱抗剪承载力验算

根据能力设计方法,要避免发生剪切脆性破坏,应验算墩柱的斜截面抗剪承载能力:

$$V_{c0} \leqslant \varphi V_n \tag{4-31}$$

式中 φ——抗剪承载力折减系数,一般取0.85;

V_{c0}——按式(4-21)至式(4-24)计算得到的墩柱剪力设计值。

在进行抗剪分析时,箍筋提供的抗剪承载力还应满足:

$$V_s \leqslant 0.67 \times \sqrt{f'_c} A_c \tag{4-32}$$

4.2.5 能力保护构件计算

按照能力保护构件的定义,能力保护构件在任何地震作用下始终处于弹性反应范围,因此能力保护构件的设计过程实际上是一个常规的强度设计过程。

根据能力设计原理,只要在能力保护构件和延性构件之间确立适当的强度安全等级差异,就可以确保延性桥梁在罕遇地震作用下结构发生的非弹性变形被严格限制在延性构件的塑性铰区范围内,能力保护构件受到延性构件的保护,始终不出现非弹性变形,因此能力保护构件的设计过程实际上是一个常规的强度设计过程。

对采用抗侧力桥墩作为主要延性构件的混凝土桥梁,能力保护构件通常包括上部结构的盖梁、支座和下部结构的基础。

1.盖梁设计

1)盖梁弯矩设计值

根据能力保护设计原则,盖梁的抗弯承载力应大于盖梁可能在地震中承受的最大、最小弯矩,因此首先应当根据图4-17计算出盖梁可能承受的最大、最小弯矩作为设计弯矩。

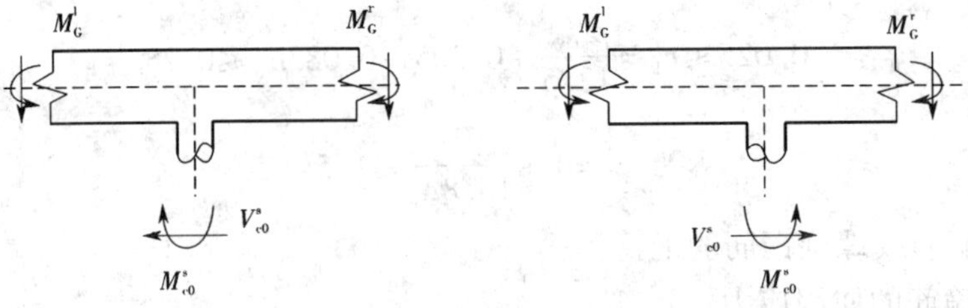

图4-17 盖梁设计弯矩计算示意

$$M_{p0}=\phi^0 M_{hc}^s+M_G \tag{4-33}$$

式中　M_{hc}^s——墩柱顶截面按实配钢筋,采用材料强度标准值和轴压力计算出的正截面抗弯承载力所对应的弯矩值;

M_G——由结构重力产生的弯矩。

2)盖梁剪力设计值

延性桥墩盖梁的剪力设计值 V_{c0} 可按下式计算:

$$V_{c0}=\phi^0\frac{M_{pc}^r+M_{pc}^l}{L_0} \tag{4-34}$$

式中　M_{pc}^l、M_{pc}^r——盖梁左、右端截面不考虑超强因素,按实配钢筋,采用材料强度标准值计算得到的正截面抗弯承载力所对应的弯矩值;

L_0——盖梁的净跨度(m)。

3)盖梁验算

根据盖梁的弯矩设计值和剪力设计值,按现行的《公路钢筋混凝土及预应力混凝土桥涵设计规范》验算盖梁的正截面抗弯和斜截面抗剪强度。

2. 基础设计

地震时如果基础发生损伤,将难以发现并且维修困难,因此要求采用能力保护设计原则进行基础计算和设计,以保证基础在达到预期的强度之前,墩柱已超过其弹性反应范围。梁桥基础沿横桥向、顺桥向的弯矩、剪力和轴力设计值应根据墩柱底部可能出现塑性铰处的弯矩承载能力、剪力设计值和相应的墩柱最不利轴力根据图4-18计算,在计算这些设计值时应和自重产生的内力组合。

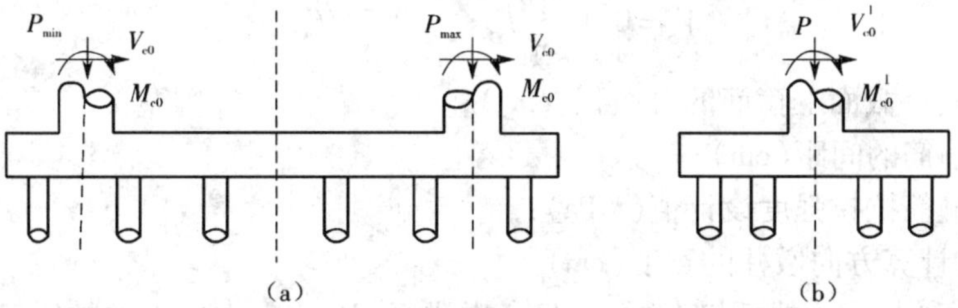

图4-18　基础设计内力计算示意

(a)沿横桥向　(b)沿顺桥向

注:$M_{c0}=\phi^0 M_{hc}^x$,$M_{c0}^l=\phi^0 M_{zc}^x$

图中　M_{hc}^x、M_{zc}^x——横桥向和顺桥向墩柱底截面按实配钢筋,采用材料强度标准值和轴压力计算出的正截面抗弯承载力所对应的弯矩值;

V_{c0}、V_{c0}^l——横桥向和顺桥向墩柱底部剪力设计值;

P_{max}、P_{min}——沿横桥向相应墩柱下端截面出现塑性铰时墩柱的最大和最小轴力。

4.3 基于我国《公路桥梁抗震设计细则》的延性抗震计算

4.3.1 强度与变形验算

1. 墩柱强度验算

对于B类、C类桥梁，顺桥向和横桥向的E1地震作用效应和永久作用效应组合后，应按现行的公路桥涵设计规范有关偏心受压构件的规定验算桥墩的强度。对于计算长度与矩形截面计算方向的尺寸之比小于2.5(或墩柱的计算长度与圆形截面直径之比小于2.5)的矮墩，顺桥向和横桥向的E2地震作用效应和永久作用效应组合后，应按现行的公路桥涵设计规范相关规定验算桥墩的强度。

地震中大量钢筋混凝土墩柱的剪切破坏表明，在墩柱塑性铰区域由于弯曲延性增加会使混凝土所提供的抗剪强度降低，墩柱塑性铰区域沿顺桥向和横桥向的斜截面抗剪强度应按下列公式验算：

$$V_{c0} \leqslant \phi'(0.0023\sqrt{f'_c}A_e + V_s) \tag{4-35}$$

式中 V_{c0}——剪力设计值(kN)；

ϕ'——抗剪强度折减系数，取0.85；

f'_c——混凝土抗压强度标准值(MPa)；

A_e——核心混凝土面积(cm^2)；

V_s——箍筋提供的抗剪能力(kN)。

$$V_s = 0.1\frac{A_k b}{S_k}f_{yv} \leqslant 0.067\sqrt{f'_c}A_e$$

式中 A_k——同一截面上箍筋的总面积(cm^2)；

S_k——箍筋的间距(cm)；

f_{yv}——箍筋抗拉强度设计值(MPa)；

b——沿计算方向墩柱的宽度(cm)。

对于D类桥梁、重力式桥墩和桥台，只考虑进行E1地震作用下的抗震验算，E1地震作用效应和自重荷载效应组合后，按现行的公路桥涵设计规范有关规定进行强度验算。

2. 墩柱变形验算

对于B类、C类桥梁，在E2地震作用下，一般情况应按式(4-36)验算潜在塑性铰区域沿顺桥向和横桥向的塑性转动能力；但对于规则桥梁，可按式(4-40)验算桥墩墩顶的位移；对于高宽比小于2.5的矮墩，可不验算桥墩的变形，但应验算强度。

1)桥墩潜在塑性铰区域转动能力验算

在E2地震作用下，应按式(4-36)验算桥墩潜在塑性铰区域沿顺桥向和横桥向的塑性转动能力：

$$\theta_p \leqslant \theta_u \tag{4-36}$$

式中 θ_p——在E2地震作用下，潜在塑性铰区域的塑性转角；

θ_u——塑性铰区域的最大容许转角。

塑性铰区域的最大容许转角应根据极限破坏状态的曲率能力，按下式计算：

$$\theta_u = L_p(\phi_u - \phi_y)/K \tag{4-37}$$

式中　ϕ_y——理想弹塑性轴力—弯矩—曲率($P-M-\phi$)曲线的等效屈服曲率，一般情况下，可根据图 4-19 中两个阴影面积相等求得，计算中应考虑不利轴力组合；

ϕ_u——极限破坏状态的曲率，一般情况下，应通过考虑最不利轴力组合的 $P-M-\phi$ 曲线确定，为混凝土应变达到极限压应变 ε_{cu}，或约束钢筋达到折减极限应变 ε_{su}^{R}，或纵筋达到折减极限应变 ε_{lu} 时相应的曲率；

K——延性安全系数，取 2.0；

L_p——等效塑性铰长度(cm)。

等效塑性铰长度可取以下两式计算结果的较小值；

$$L_p = 0.08H + 0.022 f_y d_s \geqslant 0.044 f_y d_s \tag{4-38a}$$

$$L_p = 2b/3 \tag{4-38b}$$

式中　H——悬臂墩的高度或塑性铰截面到反弯点的距离(cm)；

b——矩形截面的短边尺寸或圆形截面直径(cm)；

f_y——纵向钢筋抗拉强度标准值(MPa)；

d_s——纵向钢筋的直径(cm)。

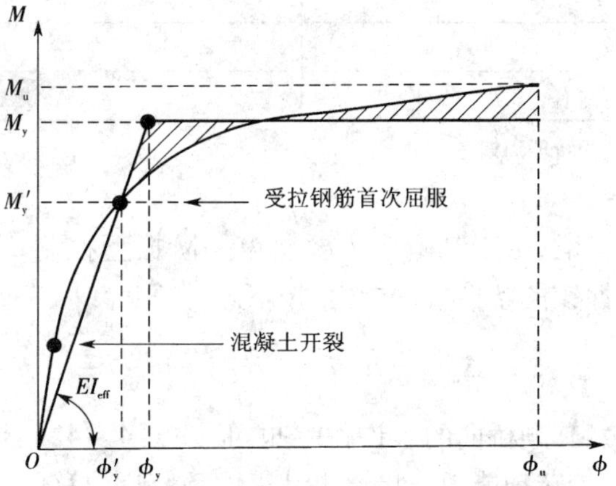

图 4-19　等效屈服曲率

混凝土的极限压应变 ε_{cu}，可按下式计算：

$$\varepsilon_{cu} = 0.004 + \frac{1.4\rho_s f_{kh} \varepsilon_{su}^{R}}{f'_{cc}} \tag{4-39}$$

式中　f_{kh}——箍筋抗拉强度标准值(MPa)；

f'_{cc}——约束混凝土的峰值应力(MPa)，一般情况下可取 1.25 倍的混凝土抗压强度标准值；

ε_{su}^{R}——约束钢筋的折减极限应变，取 0.09；

ρ_s——约束箍筋的体积含筋率。

对于矩形箍筋为

$$\rho_s = \rho_x + \rho_y$$

式中　ρ_x、ρ_y——顺桥向与横桥向箍筋体积含筋率。

2)桥墩墩顶的位移验算

对于规则桥梁，在 E2 地震作用下，可只按式(4-40)验算桥墩墩顶的位移：

$$\Delta_d \leqslant \Delta_u \tag{4-40}$$

式中 Δ_d——在 E2 地震作用下,墩顶的位移按式(4-41)计算;

Δ_u——桥墩容许位移(cm),按式(4-42)或图 4-20 所示含义计算。

在 E2 地震作用下,墩顶的顺桥向和横桥向水平位移 Δ_d 的计算公式为

$$\Delta_d = c\delta \tag{4-41}$$

式中 δ——在 E2 地震作用下,采用截面有效刚度计算的墩顶水平位移;

c——考虑结构周期的调整系数。

理论分析表明,当结构的自振周期大于反应谱的特征周期后,对于规则桥梁可采用等位移原理,即对于相同边界条件,地震作用下按弹性分析与弹塑性分析得出的位移近似相等。但当结构的自振周期较短时,采用等位移原理得到的位移偏小,可以通过系数修正,调整系数 c 按表 4-1 取值。

表 4-1 调整系数 c 取值

结构周期	c
$T \leqslant 0.1$ s	1.5
$T \geqslant T_g$	1.0
$0.1\ \text{s} < T < T_g$	线性内插

注:T 为结构的自振周期,T_g 为特征周期。

对于规则桥梁的单柱墩,由于其响应主要由第一阶振型控制,在 E2 地震作用下,墩顶的容许位移可以根据塑性铰的塑性转动能力,按下式计算:

$$\Delta_u = \frac{1}{3}H^2\phi_y + \left(H - \frac{L_p}{2}\right)\theta_u \tag{4-42}$$

对于双柱墩、排架墩,其顺桥向的容许位移也可按式(4-42)计算;对于横桥向的容许位移,由于很难根据塑性铰转动能力直接给出计算墩顶容许位移的计算公式,建议采用非线性静力分析方法计算墩顶容许位移。可在图 4-20 所示盖梁处施加水平力 F,进行非线性静力分析,当墩柱的任一塑性铰达到其最大容许转角时,盖梁处的横向水平位移即为容许位移。

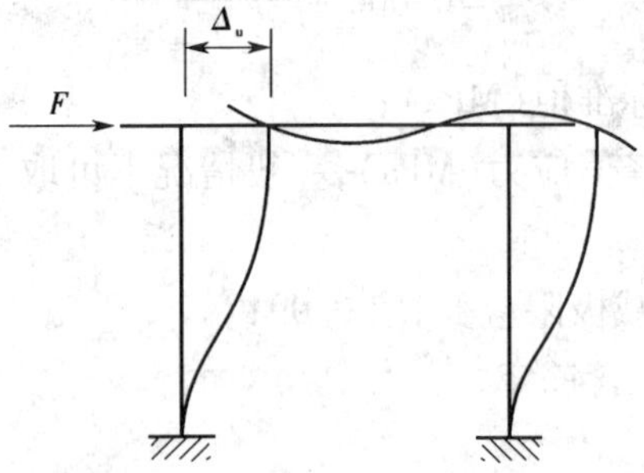

图 4-20 双柱墩的容许位移

4.3.2　支座抗震验算

1. 板式橡胶支座的抗震验算

板式橡胶支座进行抗震验算时，容许压应力不起控制作用。因进行抗震强度验算时，地震荷载不与车辆荷载进行组合，故地震时支座反力比正常情况下支座反力小。当地震水平力较大时，橡胶支座产生较大水平变形，有可能超过容许变形值，因此需要验算支座厚度，以控制水平变形不超过容许值，即容许剪切角正切值不超过 1.0。当跨径比较小，地震水平力比较大时，有可能使支座产生滑动，因此还需要验算支座抗滑稳定性。

1) B 类、C 类桥梁

对于 B 类、C 类桥梁，在 E2 地震作用下，按下列要求进行板式橡胶支座的抗震验算。

Ⅰ. 支座厚度验算

$$\sum t \geqslant \frac{X_0}{\tan \gamma} = X_0 \tag{4-43}$$

式中　$\sum t$——橡胶层的总厚度(m)；

$\tan \gamma$——橡胶片剪切角正切值，取 1.0；

X_0——E2 地震作用效应和永久作用效应组合后，橡胶支座顶面相对于底面的水平位移(m)。

Ⅱ. 支座抗滑稳定性验算

$$\mu_d R_b \geqslant E_{hzb} \tag{4-44}$$

式中　μ_d——支座的动摩阻系数，橡胶支座与混凝土表面的动摩阻系数采用 0.15，与钢板的动摩阻系数采用 0.10；

R_b——上部结构重力在支座上产生的反力(kN)；

E_{hzb}——E2 地震作用效应和永久作用效应组合后，橡胶支座的水平地震作用(kN)。

2) D 类桥梁、重力式桥墩和桥台

对于 D 类桥梁、重力式桥墩和桥台只要求进行 E1 地震作用下的地震验算，但对于支座如果只进行 E1 地震作用下的验算，可能导致在 E2 地震作用下支座破坏而造成落梁，因此对于支座需要考虑其 E2 地震作用下不破坏。为了简化计算，在进行 D 类桥梁和重力式桥墩桥梁支座抗震能力验算时，虽然只进行 E1 地震作用下的地震反应分析，但可采用一个支座调整系数 α_d 来考虑 E2 地震作用效应，通过大量分析，建议取 $\alpha_d = 2.3$。

Ⅰ. 支座厚度验算

$$\sum t \geqslant \frac{X_e}{\tan \gamma} = X_e \tag{4-45}$$

$$X_e = \alpha_d X_d + X_h \tag{4-46}$$

式中　$\sum t$——橡胶层的总厚度(m)；

$\tan \gamma$——橡胶片剪切角正切值，取 1.0；

X_d——在 E1 地震作用下，支座顶面相对于底面的水平位移(m)；

X_h——永久作用产生的支座顶面相对于底面的水平位移(m)；

α_d——支座调整系数，一般取 2.3。

Ⅱ. 支座抗滑稳定性验算

$$\mu_d R_b \geqslant E_{hzh} \tag{4-47}$$

$$E_{hzh} = \alpha_d E_{hze} + E_{hzd} \tag{4-48}$$

式中 μ_d——支座的动摩阻系数，橡胶支座与混凝土表面的动摩阻系数采用0.15，与钢板的动摩阻系数采用0.10；

E_{hzh}——支座水平组合地震力(kN)；

R_b——上部结构重力在支座上产生的反力(kN)；

E_{hze}——在E1地震作用下，橡胶支座的水平地震作用(kN)；

E_{hzd}——永久作用产生的橡胶支座水平力(kN)；

α_d——支座调整系数，一般取2.3。

2. 盆式支座的抗震验算

1) B类、C类桥梁

对于B类、C类桥梁，在E2地震作用下，应进行盆式支座的抗震验算。

Ⅰ. 活动盆式支座

$$X_0 \leqslant X_{max} \tag{4-49}$$

Ⅱ. 固定盆式支座

$$E_{hzd} \leqslant E_{max} \tag{4-50}$$

式中 X_0——E2地震作用效应和永久作用效应组合得到的活动盆式支座滑动的水平位移(m)；

X_{max}——活动盆式支座容许滑动的水平位移(m)；

E_{hzd}——E2地震作用效应和永久作用效应组合得到的固定盆式支座水平力设计值(kN)；

E_{max}——固定盆式支座容许承受的最大水平力(kN)。

2) D类桥梁和重力式桥墩

对于D类桥梁和重力式桥墩桥梁盆式支座的抗震验算如下。

Ⅰ. 活动盆式支座

$$X_e \leqslant X_{max} \tag{4-51}$$

$$X_e = \alpha_d X_d + X_h \tag{4-52}$$

Ⅱ. 固定盆式支座

$$E_{hzh} \leqslant E_{max} \tag{4-53}$$

$$E_{hzh} = \alpha_d E_{hze} + E_{hzd} \tag{4-54}$$

4.3.3 延性构造措施

1. 墩柱结构构造措施

1) 纵向钢筋

试验研究表明，沿截面布置若干适当分布的纵筋，纵筋和箍筋形成一体骨架，当混凝土纵向受压、横向膨胀时，纵向钢筋也会受到混凝土的压力，这时箍筋给予纵向钢筋以约束作用。因此，为了确保对核心混凝土的约束作用，墩柱的纵向配筋宜对称配置，纵向钢筋之间的距离不应超过20 cm，至少每隔一根宜用箍筋或拉筋固定。纵向钢筋对约束混凝土墩柱的延性有较大影响，因此延性墩柱中纵向钢筋含量不应太低。但纵向钢筋的含量太高不但不利施工，而且还会影响墩柱的延性，所以纵向钢筋的含量应有一上限。《公路桥梁抗震设计细则》规定墩柱的纵向配筋宜对称配筋，纵向钢筋的面积不宜小于$0.006A_h$，不应超过

0.04A_h，A_h为墩柱截面面积。

2）横向钢筋

横向钢筋在墩柱中起到约束塑性铰区域内混凝土、提高混凝土的抗压强度和延性、提供抗剪能力和防止纵向钢筋压曲等作用，因此在处理横向钢筋的细部构造时需特别注意。《公路桥梁抗震设计细则》规定设防烈度 7 度及 7 度以上地区，墩柱潜在塑性铰区域内加密箍筋的配置应符合下列要求。

(1)加密区的长度不应小于墩柱弯曲方向截面宽度的 1.0 倍或墩柱上弯矩超过最大弯矩 80% 的范围；当墩柱的高度与横截面高度之比小于 2.5 时，墩柱加密区的长度应取全高。

(2)加密箍筋的最大间距不应大于 10 cm 或 $6d_s$或 $b/4$，其中 d_s为纵向钢筋的直径，b 为墩柱弯曲方向的截面宽度。

(3)箍筋的直径不应小于 10 mm。

(4)螺旋箍筋的接头必须采用对接，矩形箍筋应有 135°弯钩，并伸入核心混凝土之内 $6d_s$以上。

(5)加密区箍筋肢距不宜大于 25 cm。

(6)加密区外箍筋量应逐渐减少。

对于抗震设防烈度 7 度、8 度地区，圆形、矩形墩柱潜在塑性铰区域内加密箍筋的最小体积含箍率 $\rho_{s,\min}$ 按式(4-55)和式(4-56)计算；9 度及 9 度以上地区，最小体积含箍率 $\rho_{s,\min}$应比抗震设防烈度 7 度、8 度地区适当增加，以提高其延性能力。墩柱潜在塑性铰区域以外箍筋的体积配箍率不应小于塑性铰区域加密箍筋体积配箍率的 50%。塑性铰加密区域配置的箍筋应延伸到盖梁和承台内，延伸到盖梁和承台的距离不应小于墩柱长边尺寸的 1/2，并不应小于 50 cm。

圆形截面：

$$\rho_{s,\min}=[0.14\eta_k+5.84(\eta_k-0.1)(\rho_t-0.01)+0.028]f'_c/f_{yh}\geqslant 0.004 \tag{4-55}$$

矩形截面：

$$\rho_{s,\min}=[0.1\eta_k+4.17(\eta_k-0.1)(\rho_t-0.01)+0.02]f'_c/f_{yh}\geqslant 0.004 \tag{4-56}$$

式中 η_k——轴压比，指结构的最不利组合下的轴向压力与柱的全截面面积和混凝土轴心抗压强度设计值的乘积的比值；

ρ_t——纵向配筋率；

f'_c——混凝土抗压强度设计值(MPa)；

f_{yh}——箍筋抗拉强度设计值(MPa)。

当采用空心截面墩柱时，潜在塑性铰区域内应配置内、外两层环形箍筋，在内、外两层环形箍筋之间应配置足够的拉筋，如图 4-21 所示。加密箍筋的配置和最小体积含箍率应满足前面所述规定。

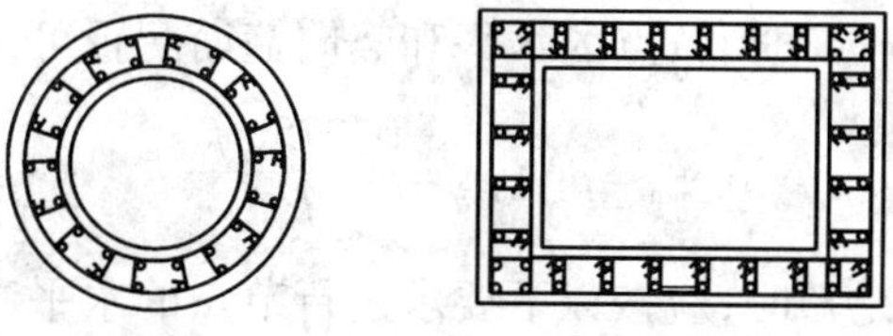

图 4-21 常用空心截面类型

排架桩墩加密区段箍筋布设应符合以下要求。

(1)扩大基础的柱式桥墩和排架桩墩应布置在柱(桩)的顶部和底部,其布置高度取柱(桩)的最大横截面尺寸或1/6柱(桩)高,并不小于50 cm。

(2)桩基础的排架桩墩应布置在柱(桩)的顶部(布置高度同上)和柱(桩)在地面或一般冲刷线以上1倍柱(桩)径处延伸到最大弯矩以下3倍柱(桩)径处,并不小于50 cm。

排架桩墩加密区段箍筋配置及箍筋接头应符合前面所述要求。

3)钢筋的锚固与搭接

为了保证在地震作用下,纵向钢筋不发生黏结破坏,墩柱的纵筋应尽可能地延伸至盖梁和承台的另一侧面,纵向钢筋的锚固和搭接长度应在《公路钢筋混凝土及预应力混凝土桥涵设计规范》要求的基础上增加$10d_s$(d_s为纵向钢筋的直径),不应在塑性铰区域进行纵筋的搭接。

柱式桥墩和排架桩墩的柱(桩)与盖梁、承台连接处的配筋不应少于柱(桩)身最大配筋。柱式桥墩和排架桩墩的截面变化部位,宜做成坡度为2:1~3:1的喇叭形渐变截面或在截面变化处适当增加配筋。

2. 节点构造措施

节点的主拉应力和主压应力可按下式计算:

$$\begin{matrix}\sigma_c\\ \sigma_t\end{matrix} = \frac{f_v + f_h}{2} \pm \sqrt{\left(\frac{f_v - f_h}{2}\right)^2 + v_{jh}^2} \tag{4-57}$$

式中 σ_c、σ_t——节点的名义主压应力和名义主拉应力;

f_v、f_h——节点沿垂直方向和水平方向的正应力;

v_{jh}——节点的名义剪应力。

$$v_{jh} = v_{jv} = \frac{V_{jh}}{b_{je}h_b}$$

$$V_{jh} = T_c^t + C_c^b$$

式中 V_{jh}——节点的名义剪力,如图4-22所示;

T_c^t——考虑超强系数ϕ^0的混凝土墩柱纵筋拉力,如图4-22所示;

C_c^b——考虑超强系数ϕ^0的混凝土墩柱受压区压应力合力,如图4-22所示。

$$f_v = \frac{P_c^b + P_c^t}{2b_c h_c};\quad f_h = \frac{P_b}{b_{je}h_b}$$

式中 b_{je}、h_b——横梁横截面的宽度和高度;

b_c、h_c——上立柱横截面的宽度和高度;

P_c^b、P_c^t——上、下立柱的轴力;

P_b——横梁的轴力(包括预应力产生的轴力)。

当主拉应力$\sigma_t \leq 0.275\sqrt{f'_c}$时,节点的水平和竖向箍筋配置可按下式计算:

$$\rho_{s,\min} = \rho_x + \rho_y = \frac{0.275\sqrt{f'_c}}{f_{yh}} \tag{4-58}$$

当主拉应力$\sigma_t > 0.275\sqrt{f'_c}$时,应按以下要求进行节点的水平和竖向箍筋配置:

(1)节点中的横向含箍率不应小于对于塑性铰加密区域含箍率的要求,横向箍筋的配置如图4-23所示;

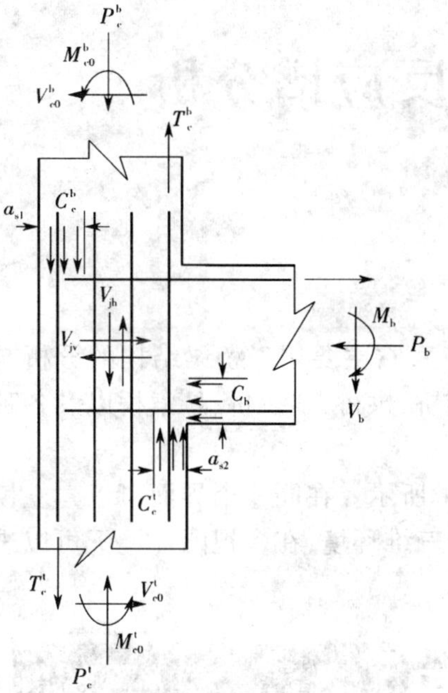

图4-22　节点受力

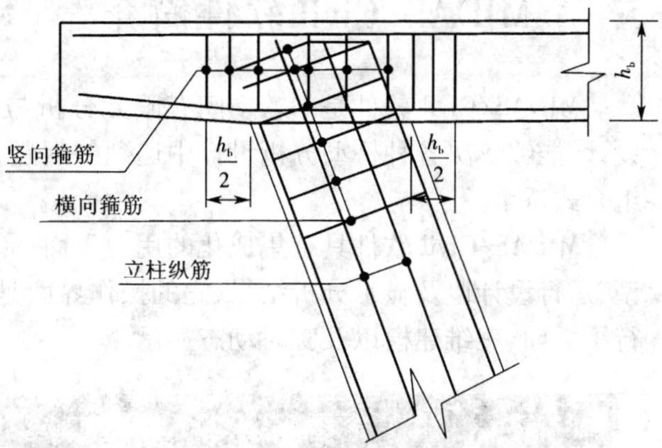

图4-23　节点配筋示意

(2)在距柱侧面 $h_b/2$ 的盖梁范围内配置竖向箍筋，h_b为盖梁的高度，竖向箍筋的配置如图4-23所示，竖向箍筋面积 $A_v=0.174A_s$，A_s为立柱纵筋面积；

(3)节点中的竖向箍筋面积可取 $A_v/2$。

第 5 章　MIDAS/Civil 反应谱分析

5.1　MIDAS/Civil 软件简介

MIDAS/Civil 软件是一款空间有限元分析与设计程序，它主要用于桥梁结构的分析与设计，能够解决各种桥型分析设计中遇到的问题，包括梁桥、拱桥、斜拉桥、悬索桥以及各种组合式桥梁。

MIDAS/Civil 软件具有集成化的用户界面，如图 5 - 1 所示。在同一个界面可以建立模型、运行设计以及显示分析结果，它的操作界面是完全的三维环境，在多视图环境下可以进行平立面、三维建模以及实时动态显示。

图 5 - 1　MIDAS/Civil 软件用户界面

MIDAS/Civil 软件除了能对桥梁结构进行振型分析、反应谱分析、时程分析、边界非线性分析、动力弹塑性分析以及静力弹塑性分析以外，还具有与我国《公路桥梁抗震设计细则》和《城市桥梁抗震设计规范》相结合的抗震设计验算功能，可以很好地辅助工程师进行桥梁地震响应分析与抗震及减隔震设计，本章仅对反应谱分析和减隔震设计进行介绍。

5.2 桥梁结构空间分析动力模型

在地震反应分析中，桥梁结构的动力计算模型必须真实反映结构的动力特性，因此必须真实地模拟桥梁结构的刚度、质量和阻尼分布。具体来说，就是要真实描述结构各构件的几何、材料特性以及各构件的边界连接条件。

5.2.1 模型类型

根据对桥梁结构的离散化程度，可以将常用的桥梁结构动力计算模型分为集中参数模型、构件模型和有限元模型，如图 5－2 所示。集中参数模型通常将结构的质量、刚度和阻尼集中堆聚在一系列离散的节点上，适用于比较规则的桥梁，而且要求使用者熟悉桥梁的动力特性和地震反应特性，能够正确地对结构参数进行等效简化。构件模型基于每一构件的力和位移关系建立振动方程，能够模拟结构的总体几何形状和地震反应。有限元模型直接基于材料本构关系将结构分解成大量的微小单元，精确模拟结构的几何形状，理论上能够非常准确地描述结构的动力特性。

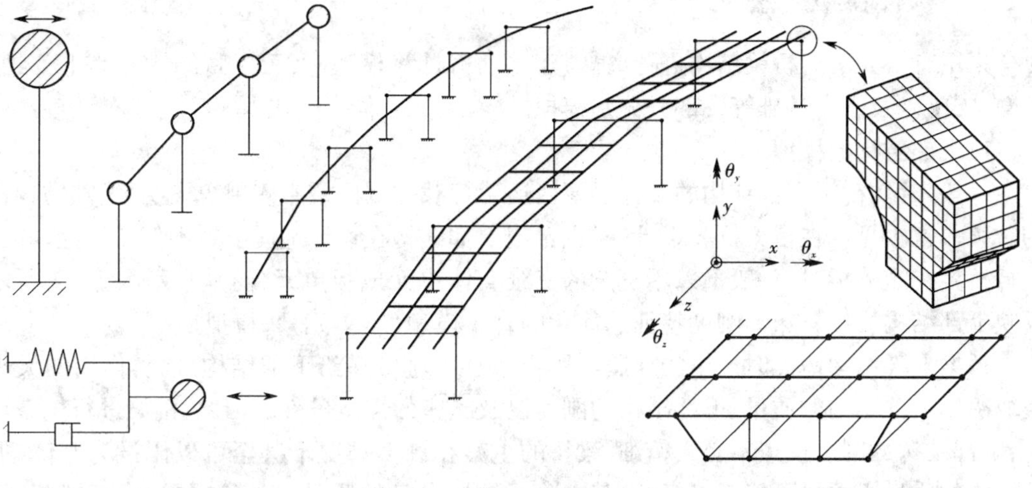

图 5－2 桥梁动力计算模型分类

在实际桥梁工程的地震反应分析中，需要根据结构的动力特性和分析目的选择合适的动力模型。一般来说，对于规则桥梁，通常采用集中参数模型；而对于非规则桥梁，通常采用构件模型。

5.2.2 邻联结构的模拟方法

在建立一般桥梁的动力空间计算模型时，应尽量建立全桥计算模型。但是，对于桥梁长度很长的桥梁，可以选取具有典型结构或特殊地段或有特殊构造的多联梁桥（一般不少于 3 联），建立局部桥梁模型，进行地震反应分析。

实际上，在地震作用下，整座桥梁不论在顺桥向还是横桥向都是耦联在一起振动的，因此对于每一个局部桥梁模型，应合理考虑邻联结构的耦联振动影响。这时可以在所取计算模型的末端再加上一联梁桥或桥台模拟，如图 5－3 所示。但这个附加的结构部分仅作为边界条件,其地震反应分析结果一般不作为设计依据。

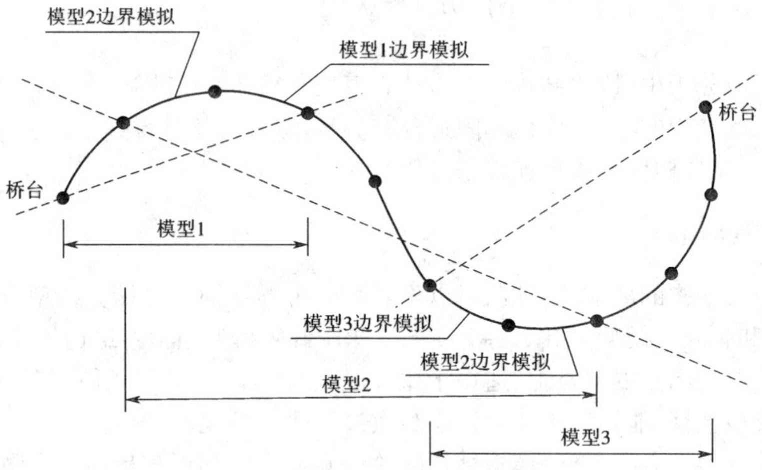

图5-3 邻联结构和边界条件的模拟

5.2.3 构件模拟方法

采用有限元法对桥梁结构进行离散、建立动力计算模型时,可以将结构分为上部结构、桥墩、支座以及墩台基础等几部分分别模拟。

1. 上部结构的模拟

一般来说,桥梁上部结构的设计主要由运营荷载控制。震害资料也表明,上部结构自身的震害非常少见。在桥梁抗震设计中,也希望上部结构在设计地震下基本保持弹性。因此,进行桥梁抗震分析时,一般不采用复杂的三维实体单元或板单元,而是采用图5-4所示能反映上部结构质量分布和刚度特征的简化的脊梁模型(梁单元)来模拟。

桥梁上部结构地震时产生的地震作用会通过支座传递给下部结构,地震作用的大小主要取决于上部结构的质量、下部结构的刚度以及支座的连接条件。因此,桥梁进行抗震设计时,上部结构的刚度模拟不必太精细,梁桥的主梁在许多情况下甚至可以假设为刚体,但上部结构的质量必须尽可能正确模拟,其中除了结构自身的质量以外,还包括桥面铺装、护栏等二期恒载的质量。

叠合梁是桥梁上部结构经常采用的一种形式,如果要真实反映上部结构的动力特性,则可以采用梁单元和板单元组合的方法来模拟上部结构的刚度和质量特性,即纵梁和横梁采用梁单元模拟,而混凝土桥面板采用板单元模拟。

2. 桥墩的模拟

在桥梁地震反应分析中,桥墩是主要的抗侧力构件。延性设计思想一般要求桥梁墩柱具备一定的非弹性变形及耗能能力,因此正确模拟墩柱的刚度和质量分布非常重要。

桥梁墩柱一般采用梁单元模拟,其单元划分决定堆聚质量分布,进而决定振型的形状和地震作用的分布。对于一般的混凝土梁桥,上部结构产生的地震作用对墩柱的地震反应起控制作用,墩柱的单元划分可以适当粗糙,但每个墩柱至少三个单元。如果是重力式桥墩或者高墩,桥墩自身的地震作用也比较大,则墩柱的单元划分就不能太粗糙。

在地震作用下,桥梁钢筋混凝土桥墩一般会产生裂缝,截面刚度也将因此而发生变化,应该采用合适的开裂截面惯性矩来代替毛截面惯性矩，但实际构件的开裂截面惯性矩与截面的开裂程度有关。我国《公路桥梁抗震设计细则》以及《城市桥梁抗震设计规范》中规定，在 E1 地震作用下，构件一般可采用毛截面惯性矩，以期得到更加偏于安全的地震内力反应分析结果，但在 E2 地震作用下，延性构件应采用有效截面惯性矩。

如果需要分析墩柱的弹塑性反应，则应采用适当的弹塑性单元模拟潜在塑性铰区的工作特性。目前，模拟钢筋混凝土墩柱弹塑性性能的方法主要有实体有限元方法、纤维单元法、基于屈服面概念的弹塑性梁柱单元、弹簧模型等。对实际桥梁工程进行弹塑性地震反应分析时，我国规范推荐采用图 5－4 所示 Bresier 建议的屈服面来模拟梁柱单元的弹塑性性能，屈服面以内代表未屈服，屈服面以外代表已经屈服，而屈服面上代表刚刚屈服。

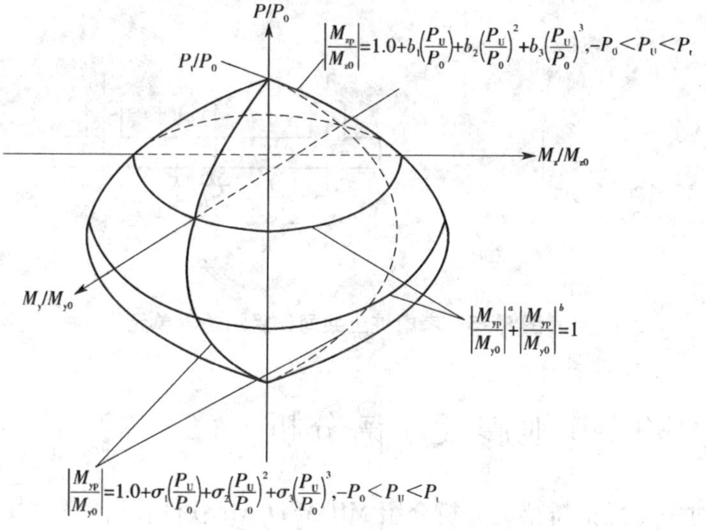

图 5－4　典型的钢筋混凝土墩柱截面屈服面

3. 支座的模拟

支承连接条件的变化，对桥梁的动力特性、内力和位移反应均有很大的影响。在地震反应分析中，固定支座一般可采用主从关系（从节点的位移与主节点一致）进行处理，而桥梁中广泛采用的各种橡胶支座、减隔震支座以及各种限位装置（如各种挡块）等，严格地说都是非线性的，需要采用特殊的非线性单元进行处理。

各种支座的可活动方向与约束性是很复杂的，很难进行准确地模拟。在工程应用中，对支座的非线性特性大多采用较简单的恢复力模型来表达。一般来说，在地震作用下，支座的水平刚度对桥梁主体结构的地震反应影响较大。因而，在地震反应分析中，支座在竖向和三个转动方向的刚度可根据其在各个方向的可活动性，粗略地取完全自由或主从，以简化分析；而支座在水平方向的刚度，对于不能移动的自由度可取大刚度或主从处理，对于可移动的自由度则应根据支座的特点选取合适的恢复力模型加以确定。

4. 基础的模拟

地震时，桥梁上部结构的惯性力通过基础传给地基，会使地基产生变形。在较硬土层中，这种变形远比地震动产生的变形小。因此，当桥梁建在坚硬的地基上时，往往可以忽略这一变形，即假定地基是刚性的。然而，当桥梁建于软弱土层时，地基的变形则不会很小，不仅会使上部结构产生移动和摆动，而且会改变结构的地震输入，由于地基与结构之间存在动力相互作用，如果按刚性地基假定，则计算结果会有比较大的误差。

在较坚硬的场地土中，桥梁基础往往采用刚性扩大基础，此时桥梁墩底一般可采用固定边界条件，即进行固接处理。

在软弱土层中，桥梁基础的最常用形式是桩基础，桩土结构相互作用使结构的动力特性、阻尼和地震反应发生改变，对于中、小跨度桩基桥梁，分析表明对于桥梁结构本身的反应，只要对边界做适当的模拟就能得到较满意的结果。考虑桩基边界条件最常用的处理方法是用图 5－5 所示承台底六个自由度的弹簧刚度模拟桩土相互作用，这六个弹簧刚度是竖向刚度、顺桥向和横桥向的抗推刚度、绕竖轴的抗转动刚度和绕两个水平轴的抗转动刚度。它们的计算方法与静力计算相同，所不同的仅是土的抗力取值比静力的大，一般取 $m_{动}=(2\sim3)\ m_{静}$。

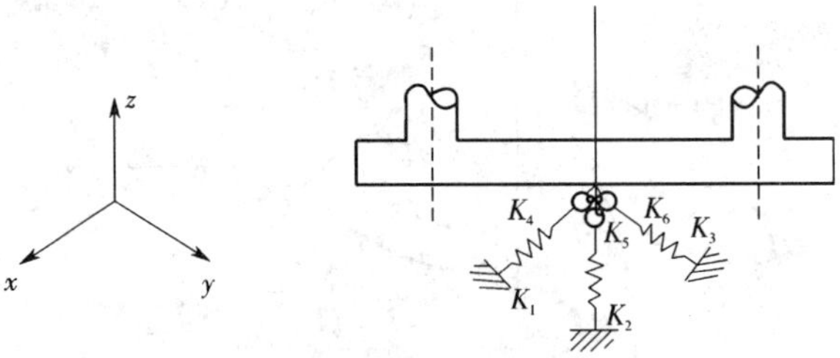

图 5－5　考虑桩土共同作用的边界单元

5.3　MIDAS/Civil 地震反应谱分析

本节通过对一座虚拟桥梁的分析介绍 MIDAS/Civil 软件在桥梁抗震设计中的应用。

5.3.1　桥梁概况

某高速公路上一预应力混凝土连续梁匝道桥，桥址区地震动峰值加速度为 0.1g，抗震设防烈度为 7 度，地震动反应谱特征周期为 0.35 s。桥梁上部结构采用(3 ×25.5 m)预应力混凝土预制 T 梁 +(5 ×24.5 m)预应力混凝土预制 T 梁 +(24 m +32 m +24 m)预应力混凝土现浇箱梁；下部构造采用柱式墩配钻孔灌注桩基础，其中 4# ~7#墩为刚构墩；左侧桥台采用肋台配钻孔灌注桩基础，右侧桥台采用 U 台扩大基础。桥台处设 D80 型伸缩缝，3#、8#桥墩处设 D160 型伸缩缝，两桥台后均设 8 m 搭板。桥型立面布置如图 5－6 所示。

本节针对连续梁第三联进行反应谱分析，第三联横截面如图 5－7 所示。上部结构跨径为 24 m +32 m +24 m，桥宽 10.5 m(=0.5 m(防撞护栏) +9.5 m(行车道) +0.5 m(防撞护栏))，双向 4 车道行驶。下部结构采用双柱式实心圆形桥墩，墩身直径 1.5 m。

5.3.2　计算模型

桥梁总体模型如图 5－8 所示，模型中所有结构均采用梁单元模拟，模型中共有 163 个节点、147 个梁单元。

1. 支座模拟

第三联箱梁支座布置如图 5－9 所示。进行反应谱分析时可以采用弹性连接单元来模拟桥梁上部结构与下部结构之间的支座。

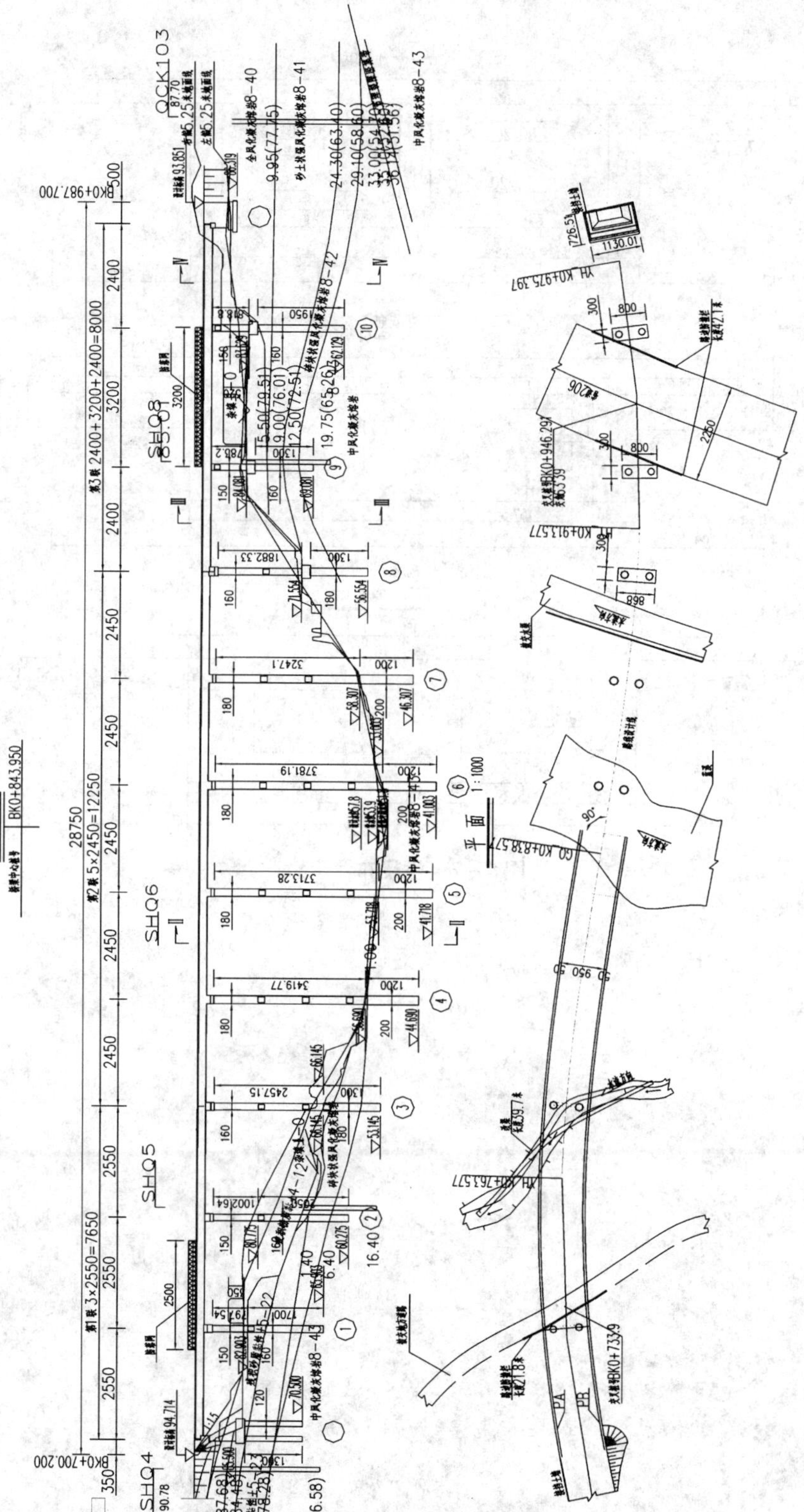
立面 1:1000
平面 1:1000
BK0+700.200
BK0+987.700
BK0+843.950
28750
第1联 3×2550=7650
第2联 5×2450=12250
第3联 2400+3200+2400=8000
SHQ4
SHQ5
SHQ6
SHQ8
QCK103

图 5－6　桥型布置

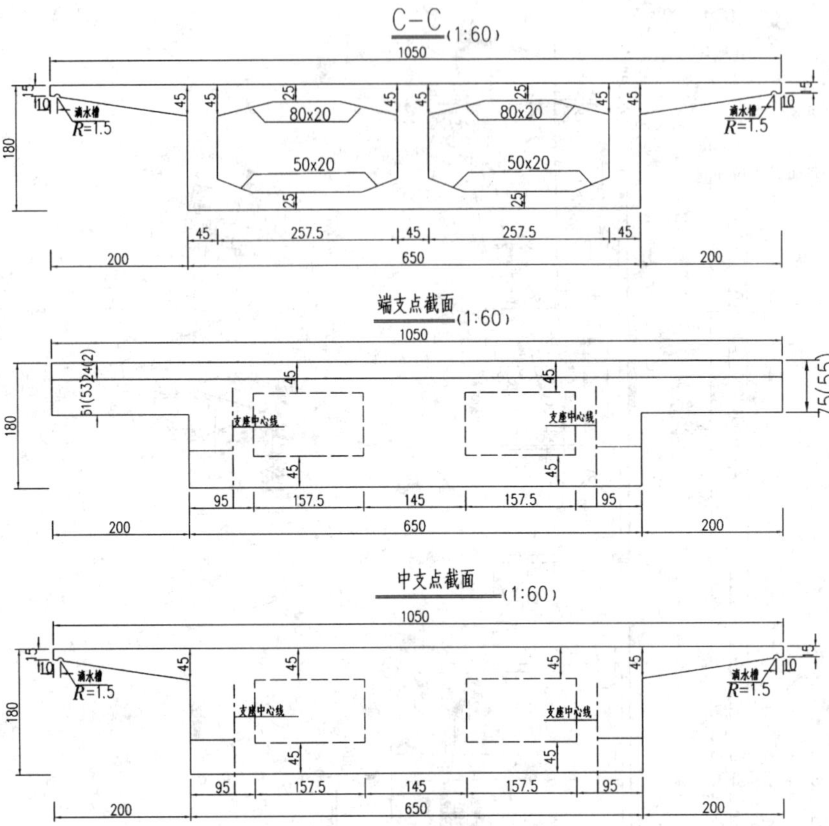

图 5－7　桥梁布置示意

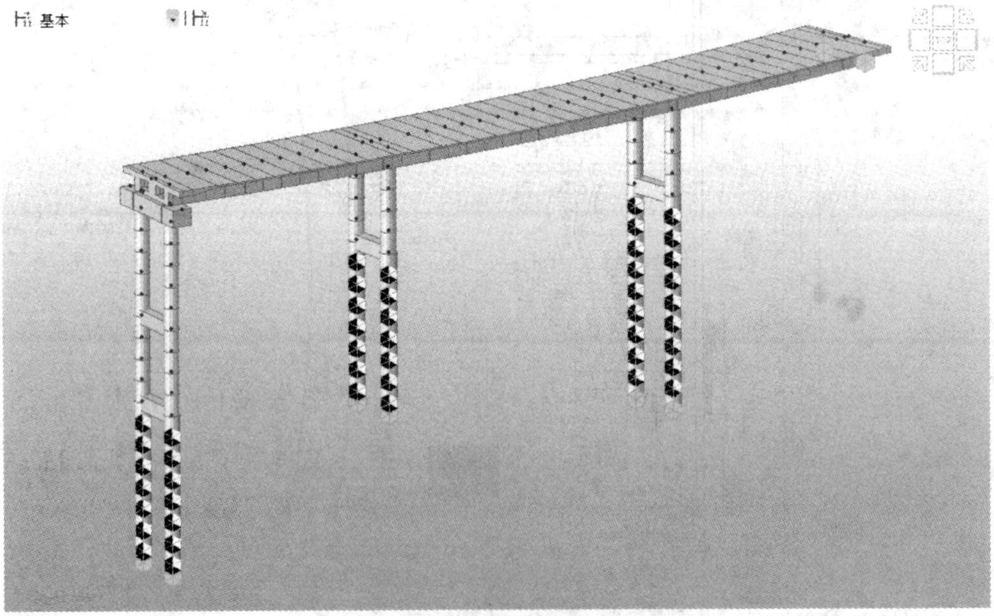

图 5－8　桥梁计算模型

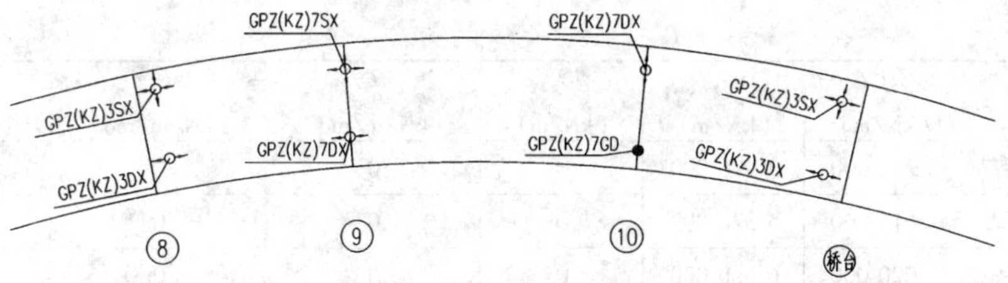

图 5－9　支座平面布置

2. 桩土刚度模拟

《公路桥梁抗震设计细则》第 6.3.8 条指出，桥梁抗震分析模型应考虑桩土的共同作用，桩土的共同作用可用等代土弹簧模拟，等代土弹簧的刚度可以采用表征土介质弹性值的 m 参数来计算，详细计算方法可以参阅《公路桥涵地基与基础设计规范》(JTG D63—2007)附录 P。本例中桩基的弹性刚度列于表 5－1 至表 5－3 中。

表 5－1　⑧轴地基弹性刚度

节点	类型	SD_x/(kN/m)	SD_y/(kN/m)	SD_z/(kN/m)	SR_x/(kN·m/rad)	SR_y/(kN·m/rad)	SR_z/(kN·m/rad)
96	一次方程	280 800	266 400	0	0	0	0
98	一次方程	2 246 400	2 131 200	0	0	0	0
100	一次方程	4 492 800	4 262 400	0	0	0	0
102	一次方程	8 424 000	7 992 000	0	0	0	0
104	一次方程	11 232 000	10 656 000	0	0	0	0
106	一次方程	14 040 000	13 320 000	0	0	0	0
108	一次方程	16 848 000	15 984 000	0	0	0	0

表 5－2　⑨轴地基弹性刚度

节点	类型	SD_x/(kN/m)	SD_y/(kN/m)	SD_z/(kN/m)	SR_x/(kN·m/rad)	SR_y/(kN·m/rad)	SR_z/(kN·m/rad)
120	一次方程	175 500	166 500	0	0	0	0
122	一次方程	1 404 000	1 332 000	0	0	0	0
124	一次方程	2 808 000	2 664 000	0	0	0	0
126	一次方程	6 739 200	6 393 600	0	0	0	0
128	一次方程	8 985 600	8 524 800	0	0	0	0
130	一次方程	14 040 000	13 320 000	0	0	0	0
132	一次方程	16 848 000	15 984 000	0	0	0	0

表 5－3　⑩轴地基弹性刚度

节点	类型	SD_x/(kN/m)	SD_y/(kN/m)	SD_z/(kN/m)	SR_x/(kN·m/rad)	SR_y/(kN·m/rad)	SR_z/(kN·m/rad)
144	一次方程	175 500	166 500	0	0	0	0
146	一次方程	1 404 000	1 332 000	0	0	0	0
148	一次方程	2 808 000	2 664 000	0	0	0	0

续表

节点	类型	SD_x/(kN/m)	SD_y/(kN/m)	SD_z/(kN/m)	SR_x/(kN·m/rad)	SR_y/(kN·m/rad)	SR_z/(kN·m/rad)
150	一次方程	4 212 000	3 996 000	0	0	0	0
152	一次方程	5 616 000	5 328 000	0	0	0	0
154	一次方程	7 020 000	6 660 000	0	0	0	0
156	一次方程	13 478 400	12 787 200	0	0	0	0
158	一次方程	15 724 800	14 918 400	0	0	0	0
160	一次方程	22 464 000	21 312 000	0	0	0	0

5.3.3 振型分析

振型分析是计算结构固有周期和振型形状的分析方法。通过振型分析可以得到结构的动力特性，包含振型形状、固有周期、振型参与系数、振型参与质量、振型方向因子等，这些特性与结构的质量和刚度相关。

振型形状是结构自由振动时有可能发生的变形，按发生变形时所需的能量由小到大排列，每个振型形状对应一个周期，这个周期是按该振型形状振动一次所需的时间。

MIDAS/Civil 软件提供了特征值向量法中的子空间迭代法、兰佐斯法以及多重 Ritz 向量法。多重 Ritz 向量法是通过假定自由度的振型形状来计算特征值的方法，在进行地震反应谱分析时，一般使用多重 Ritz 向量法可以使计算效率提高。

1. 质量转换

在【模型/结构类型】对话框中，选择“将自重转换为质量”，如图 5－10 所示。

在【荷载/将荷载转换成质量】对话框中，将带有质量块的荷载转换成质量，如图 5－11 所示。

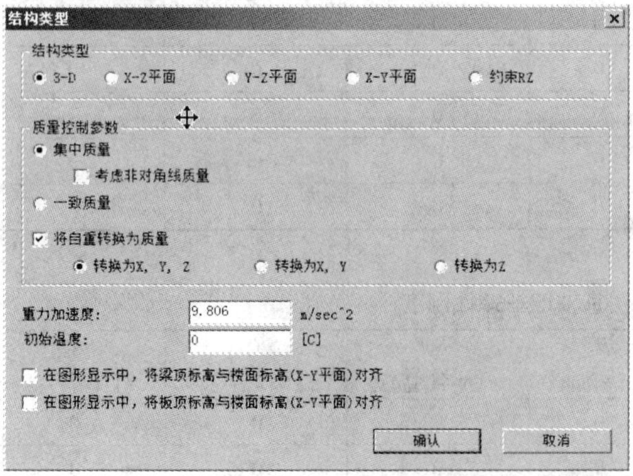

图 5－10 结构类型对话框

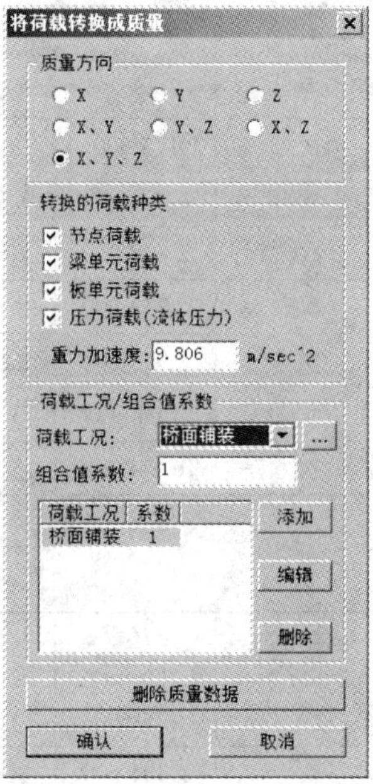

图 5－11 将荷载转换成质量对话框

2. 振型定义

在【分析/特征值分析控制】对话框中，进行振型分析定义，如图 5 – 12 所示。本例利用多重 Ritz 向量法计算的振型基频及振型参与质量结果列入表 5 – 4 和表 5 – 5 中。

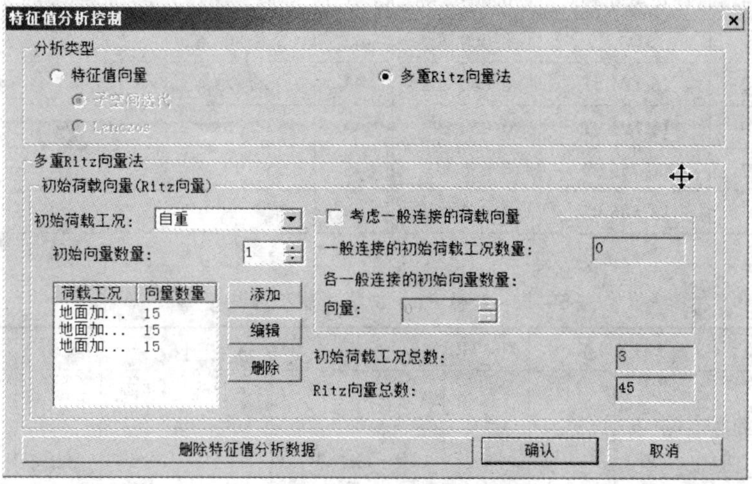

图 5 – 12　特征值分析控制对话框

表 5 – 4　振型周期与频率

特征值分析							
模态号	频率		周期	模态号	频率		周期
	rad/s	cycle/s	s		rad/s	cycle/s	s
1	3.376 79	0.537 433	1.860 698	24	117.065 5	18.631 56	0.053 672
2	5.234 005	0.833 018	1.200 455	25	124.043 1	19.742 07	0.050 653
3	7.770 633	1.236 735	0.808 581	26	128.027	20.376 13	0.049 077
4	19.138 98	3.046 063	0.328 293	27	128.671 7	20.478 73	0.048 831
5	21.518 05	3.424 704	0.291 996	28	134.310 3	21.376 15	0.046 781
6	26.232 94	4.175 103	0.239 515	29	149.236 4	23.751 71	0.042 102
7	27.216 68	4.331 669	0.230 858	30	157.620 3	25.086 04	0.039 863
8	34.448 06	5.482 579	0.182 396	31	168.335 2	26.791 37	0.037 325
9	36.701 34	5.841 199	0.171 198	32	185.451 5	29.515 53	0.033 88
10	41.738 89	6.642 951	0.150 536	33	186.088 1	29.616 84	0.033 765
11	45.948 62	7.312 95	0.136 744	34	219.072 8	34.866 52	0.028 681
12	47.760 53	7.601 324	0.131 556	35	220.126 5	35.034 22	0.028 544
13	48.640 6	7.741 393	0.129 176	36	266.624 3	42.434 58	0.023 566
14	51.527 22	8.200 812	0.121 939	37	306.592 5	48.795 72	0.020 494
15	59.535 01	9.475 291	0.105 538	38	309.032 7	49.184 08	0.020 332
16	77.961 19	12.407 91	0.080 594	39	331.950 4	52.831 54	0.018 928
17	96.817 2	15.408 94	0.064 897	40	440.647 8	70.131 28	0.014 259

续表

特征值分析							
模态号	频率		周期	模态号	频率		周期
	rad/s	cycle/s	s		rad/s	cycle/s	s
18	98.335 24	15.650 54	0.063 896	41	489.449 1	77.898 24	0.012 837
19	103.156 7	16.417 9	0.060 909	42	508.809 6	80.979 56	0.012 349
20	104.329 2	16.604 51	0.060 225	43	904.823 4	144.007 1	0.006 944
21	106.147 9	16.893 97	0.059 193	44	932.263 3	148.374 3	0.006 74
22	111.564 2	17.755 99	0.056 319	45	958.902 6	152.614 1	0.006 552
23	116.779	18.585 95	0.053 804				

表 5－5 多重 Ritz 向量法振型参与质量

模态号	TRAN-X		TRAN-Y		TRAN-Z		ROTN-X		ROTN-Y		ROTN-Z	
	质量（%）	合计（%）	质量（%）	合计（%）	质量（%）	合计（%）	质量（%）	合计（%）	质量（%）	合计（%）	质量（%）	合计（%）
1	69.6	69.6	0.01	0.01	0	0	0	0	2.4	2.4	0.03	0.03
2	6.96	76.56	0	0.01	0	0	0	0	0.01	2.41	0.1	0.13
3	0	76.56	61.4	61.41	0	0	11.13	11.13	0	2.41	11.29	11.43
4	0	76.57	5.46	66.87	0	0	4.01	15.14	0	2.41	37.98	49.41
5	0	76.57	0	66.87	0	0	0	15.14	0	2.41	0.12	49.53
6	0	76.57	0	66.87	2.82	2.82	0.07	15.21	0.36	2.77	0	49.53
7	2.95	79.52	0	66.87	0	2.82	0	15.22	0	2.77	0.01	49.54
8	2.31	81.83	0	66.87	0	2.82	0	15.22	0.8	3.57	0.03	49.58
9	0	81.83	0.01	66.88	0	2.82	0	15.22	0	3.57	0.02	49.6
10	0	81.83	0	66.89	0.32	3.14	4.8	20.02	35.45	39.02	0.01	49.61
11	0	81.83	0.02	66.91	58.07	61.22	0.27	20.29	2.64	41.66	0.02	49.63
12	0	81.83	2.2	69.11	0.06	61.28	0.13	20.42	0.02	41.68	2.06	51.69
13	0	81.84	0.61	69.72	0.01	61.29	0	20.42	0	41.69	0.4	52.09
14	0	81.84	5.17	74.89	0.07	61.36	2.15	22.57	0.01	41.69	0.32	52.41
15	0	81.84	0	74.89	0.01	61.37	6.96	29.53	0.01	41.7	10.43	62.84
16	0	81.84	0	74.89	0	61.37	1.2	30.73	9.56	51.26	0	62.84
17	1.68	83.52	0	74.89	0.08	61.45	0.03	30.76	0.82	52.08	0.02	62.86
18	0.04	83.56	0	74.89	2.45	63.89	0.54	31.3	13.78	65.86	0	62.86
19	1.03	84.59	0	74.89	0	63.89	0	31.3	0.49	66.35	0.01	62.88
20	0.01	84.6	0.4	75.29	0.02	63.91	0.11	31.41	0	66.35	0.98	63.86
21	0	84.6	2.15	77.44	0.08	64	0	31.41	0	66.36	2.29	66.14
22	0	84.6	0.02	77.46	10.68	74.67	0.17	31.58	0.09	66.45	0.01	66.15
23	0	84.6	2.37	79.83	0.01	74.68	1.63	33.2	0	66.45	0.01	66.16
24	0.01	84.61	0.04	79.87	0	74.68	0.07	33.27	0.01	66.45	1.06	67.21

续表

模态号	TRAN-X		TRAN-Y		TRAN-Z		ROTN-X		ROTN-Y		ROTN-Z	
	质量（%）	合计（%）	质量（%）	合计（%）	质量（%）	合计（%）	质量（%）	合计（%）	质量（%）	合计（%）	质量（%）	合计（%）
25	0. 02	84. 63	0	79. 87	0. 48	75. 16	0. 08	33. 35	0. 16	66. 61	0. 13	67. 35
26	0. 01	84. 64	0	79. 88	12	87. 16	0. 34	33. 69	4. 35	70. 96	0. 01	67. 35
27	1. 31	85. 95	0	79. 88	0	87. 16	0	33. 69	0. 09	71. 05	0. 01	67. 36
28	0	85. 95	0. 54	80. 42	0. 01	87. 17	1. 93	35. 62	0	71. 05	2. 27	69. 63
29	0	85. 95	0	80. 42	0. 1	87. 27	0. 65	36. 27	4. 65	75. 7	0	69. 64
30	0	85. 95	0. 88	81. 3	0	87. 27	3. 29	39. 56	0	75. 7	0. 29	69. 93
31	0	85. 95	0. 72	82. 02	0	87. 27	0. 46	40. 02	0	75. 7	3. 29	73. 22
32	0. 24	86. 19	0	82. 02	0. 32	87. 59	0. 16	40. 18	1. 48	77. 18	0	73. 22
33	0. 2	86. 4	0	82. 02	0. 41	87. 99	0. 23	40. 41	0. 39	77. 56	0. 02	73. 24
34	0. 01	86. 4	0. 32	82. 34	1. 07	89. 06	0	40. 41	0. 59	78. 16	0. 45	73. 68
35	0	86. 4	0. 55	82. 89	0. 78	89. 85	0. 16	40. 57	0. 37	78. 53	0. 85	74. 54
36	0. 12	86. 52	0. 1	82. 99	0. 12	89. 97	0. 09	40. 66	0. 06	78. 59	0. 07	74. 61
37	0. 32	86. 84	0. 58	83. 57	0. 25	90. 22	0. 03	40. 7	0. 26	78. 86	0. 63	75. 23
38	0. 55	87. 39	0. 09	83. 66	0. 84	91. 06	0	40. 7	0. 2	79. 06	0. 07	75. 3
39	0. 16	87. 55	0. 52	84. 18	1. 07	92. 13	0. 33	41. 03	0. 88	79. 94	0. 43	75. 74
40	0. 03	87. 57	0. 26	84. 44	2. 6	94. 73	0. 28	41. 31	0. 12	80. 06	0. 11	75. 84
41	1. 18	88. 75	2. 41	86. 85	0. 04	94. 77	1. 82	43. 12	0. 48	80. 54	0. 46	76. 3
42	1. 66	90. 41	1. 6	88. 46	0. 12	94. 89	0. 77	43. 89	0. 33	80. 86	0. 43	76. 72
43	0. 01	90. 43	6. 03	94. 49	1. 45	96. 34	14. 49	58. 38	0. 04	80. 9	0. 26	76. 98
44	6. 8	97. 23	0. 69	95. 18	0. 41	96. 75	1. 4	59. 77	3. 73	84. 63	0. 01	77
45	1. 55	98. 78	3. 55	98. 73	1. 42	98. 17	9. 75	69. 52	0. 61	85. 24	0. 05	77. 05

进行结构地震反应谱分析时，应选择足够的振型数量以保证地震响应的振型参与质量系数之和不小于 90%，使计算结果具有足够的可靠度。根据表 5－5 可知采用多重 Ritz 向量法计算的顺桥向 x、横桥向 y 以及竖向 z 的振型质量参与系数和分别为 98. 78%、98. 73% 和 98. 17%，因此本例选择 15 个振型满足要求。

5. 3. 4　反应谱分析

本例桥址处场地地震基本烈度为 7 度，50 年超越概率 10% 的一般场地（中硬）地震动峰值加速度为 0. 1g，地震动反应谱特征周期为 0. 35 s。根据《公路桥梁抗震设计细则》第 3. 1. 2 条判定本桥梁抗震设防类别为 B 类，设计加速度反应谱最大值 $S_{\max}=2.25C_iC_sC_dA$；再根据第 6. 1. 3 条判定本桥第三联属于规则桥梁，因此根据反应谱分析采用的两水平设防、两阶段设计的思想，小震作用下采用 E1 反应谱弹性设计，大震作用下采用 E2 反应谱弹性或弹塑性设计。

1. **反应谱函数定义**

1)E1 反应谱函数定义

在【荷载/地震作用/反应谱】命令中定义 E1 水平设计加速度反应谱函数,如图5-13和图5-14 所示。

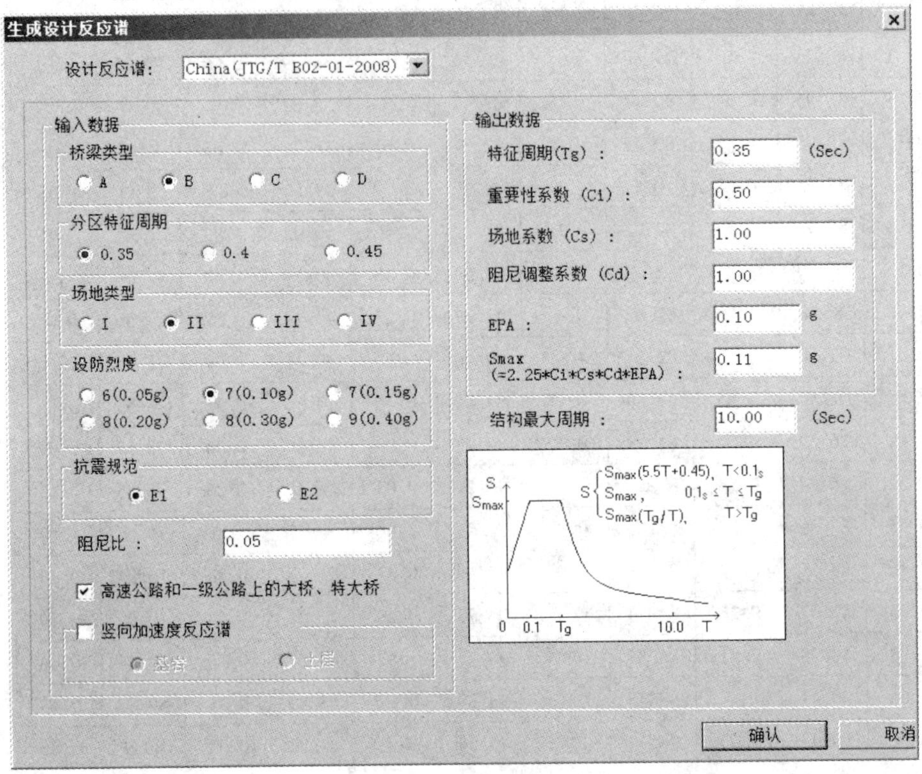

图5-13 E1 水平设计加速度反应谱参数选择

2)E2 反应谱函数定义

同样,可以定义 E2 水平设计加速度反应谱函数,如图5-15 和图5-16 所示。

2. **反应谱荷载工况定义**

在【荷载/地震作用/反应谱荷载工况】命令中分别定义 E1 和 E2 地震作用下 x、y、z 三个方向上的地震反应谱荷载工况,如图5-17 所示。在定义反应谱工况时需要注意顺桥向的地震作用角度是0°,横桥向的地震作用角度是90°。振型组合控制如图5-18 所示。

3. **反应谱分析结果**

1)E1 地震作用下反应谱分析结果

在【结果/内力/梁单元内力图】中查看 E1 地震作用下结构顺桥向和横桥向的弯矩包络图,如图5-19 和图5-20 所示,并将 E1 地震作用产生的桥墩底部内力列于表5-6 中,E1 地震作用产生的桥墩底部包络内力列于表5-7 中。

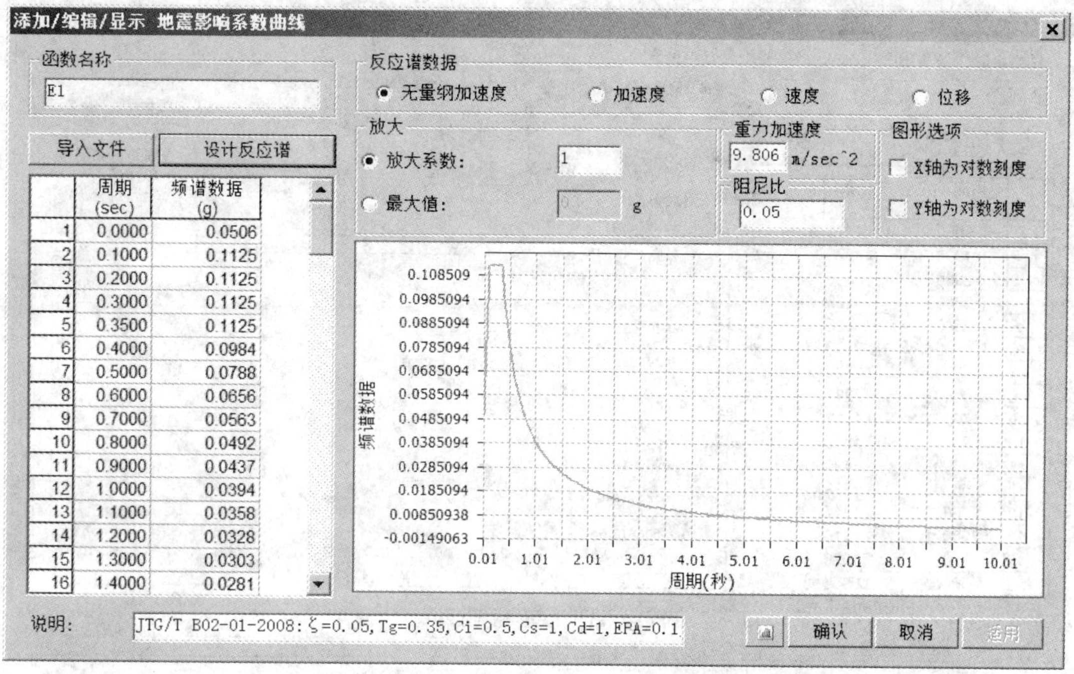

图 5－14　E1 水平设计加速度反应谱函数曲线

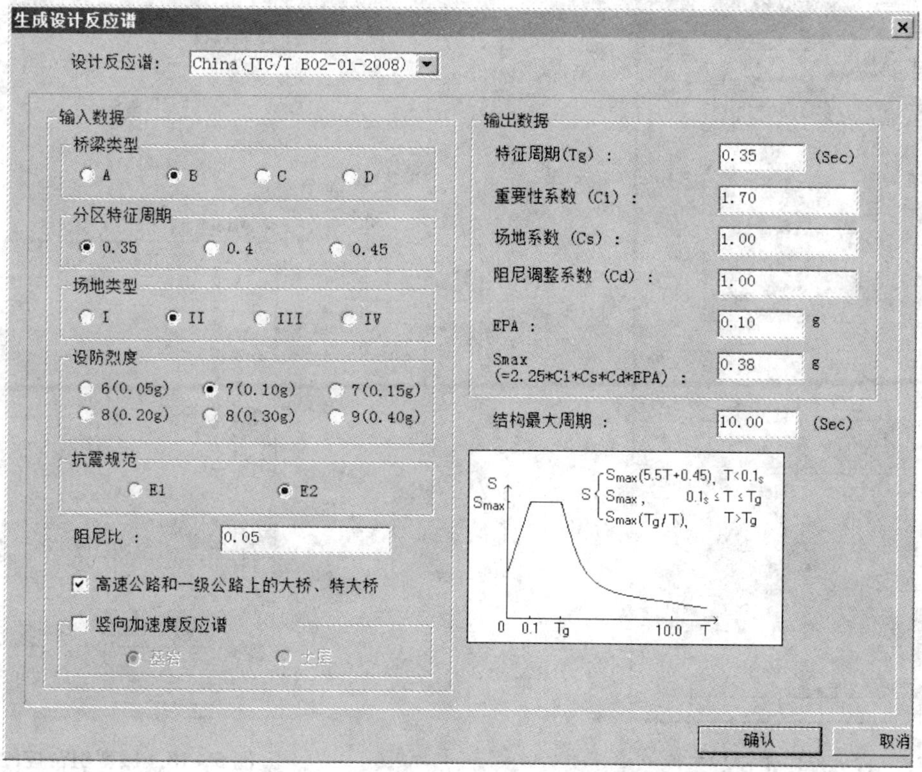

图 5－15　E2 水平设计加速度反应谱参数选择

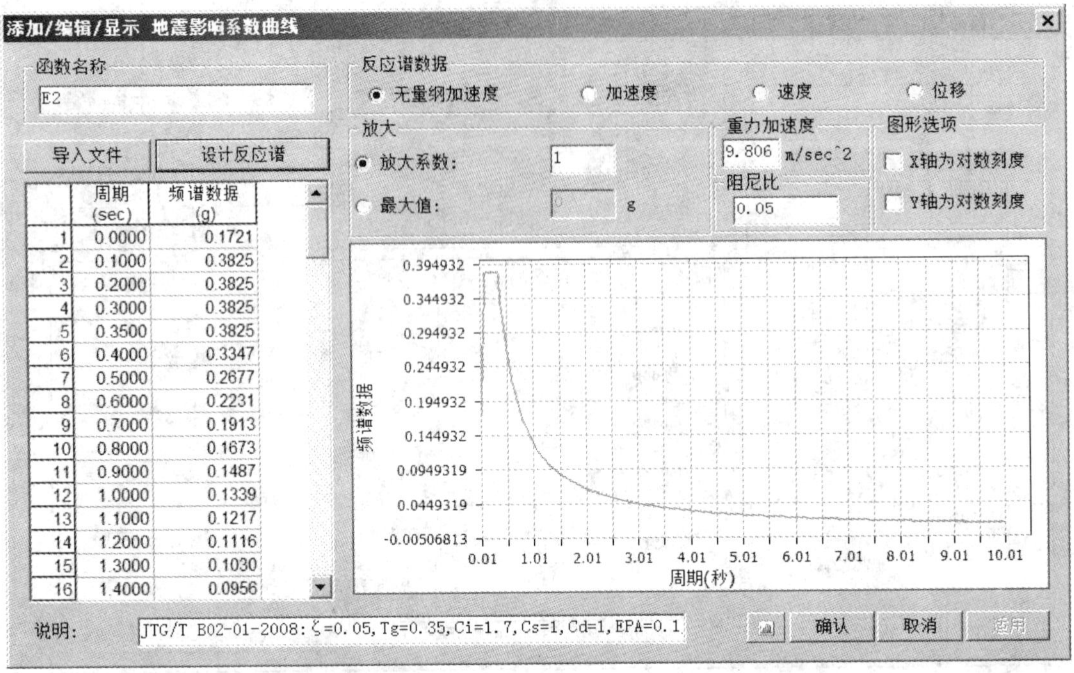

图 5-16 E2 水平设计加速度反应谱函数曲线

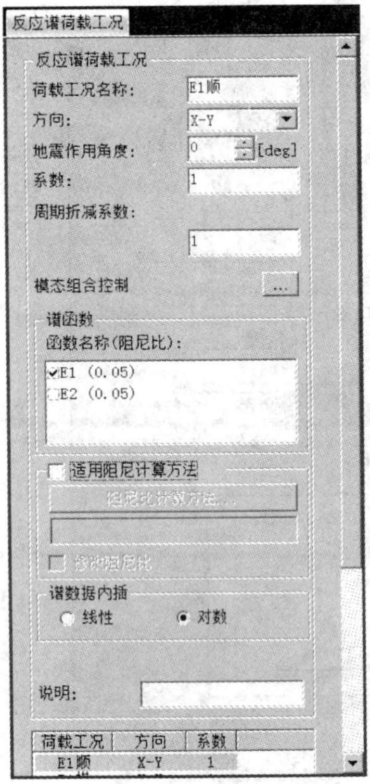

图 5-17 反应谱荷载工况

图 5-18 振型组合控制

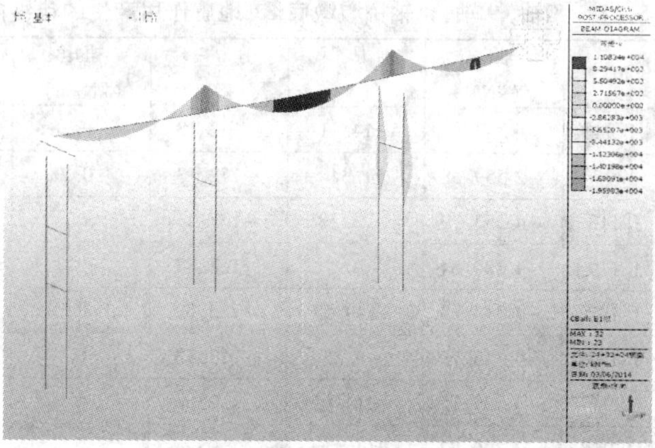

图 5－19　E1 地震作用顺桥向弯矩包络图

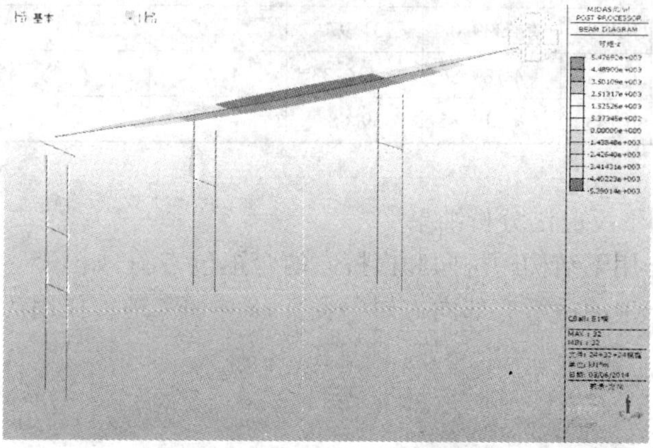

图 5－20　E1 地震作用横桥向弯矩包络图

表 5－6　⑧轴、⑨轴、⑩轴桥墩墩底 E1 地震作用产生的内力

单元	荷载	位置	轴向 (kN)	剪力 $-y$ (kN)	剪力 $-z$ (kN)	扭矩 (kN·m)	弯矩 $-y$ (kN·m)	弯矩 $-z$ (kN·m)
74	E1 顺(RS)	J[94]	6. 48	1. 89	44. 74	0. 08	515. 31	8. 31
75	E1 顺(RS)	J[95]	9. 05	1. 86	44. 74	0. 08	515. 31	8. 24
100	E1 顺(RS)	J[118]	8. 61	6. 63	37. 47	0	198. 11	53. 55
101	E1 顺(RS)	J[119]	16. 01	3. 15	37. 77	0	199. 64	16. 33
125	E1 顺(RS)	J[142]	42. 72	43. 17	213. 57	0	1 696. 76	345. 79
126	E1 顺(RS)	J[143]	40. 05	1. 84	209. 57	0	1 664. 74	10. 03
74	E1 横(RS)	J[94]	862. 19	206. 96	1. 05	0	1. 65	962. 99
75	E1 横(RS)	J[95]	862. 16	204. 92	1. 05	0	1. 65	957. 92
100	E1 横(RS)	J[118]	110. 79	233. 94	3. 41	0	16. 96	1 849. 2
101	E1 横(RS)	J[119]	112. 89	31. 97	3. 97	0	20. 11	181. 39
125	E1 横(RS)	J[142]	20. 28	113. 54	4. 12	0	26. 99	892. 58
126	E1 横(RS)	J[143]	23. 25	39. 88	8. 7	0	68. 38	221. 13

表 5-7 ⑧轴、⑨轴、⑩轴桥墩墩底 E1 地震作用产生的包络内力

单元	荷载	位置	轴向 (kN)	剪力-y (kN)	剪力-z (kN)	扭矩 (kN·m)	弯矩-y (kN·m)	弯矩-z (kN·m)
74	E1 顺(全部)	J[94]	-2 499	-14.41	-152.13	-0.28	-1 752.05	41.92
75	E1 顺(全部)	J[95]	-2 559.38	11.34	-152.13	-0.28	-1 752.05	-71.48
100	E1 顺(全部)	J[118]	-4 253.79	-23.58	-127.41	0	-673.57	-173.84
101	E1 顺(全部)	J[119]	-4 280.64	-10.7	-128.43	0	-678.78	-55.51
125	E1 顺(全部)	J[142]	-4 314.83	-149.57	-725.52	0	-5 773.8	-1 153.36
126	E1 顺(全部)	J[143]	-4 323.79	-6.25	-713.13	0	-5 655.31	-34.1
74	E1 横(全部)	J[94]	-3 339.15	-214.95	1.05	0	1.65	996.6
75	E1 横(全部)	J[95]	-3 390.77	214.41	1.05	0	1.65	-1 001.38
100	E1 横(全部)	J[118]	-4 335.3	-234.97	3.41	0	16.96	1 857.44
101	E1 横(全部)	J[119]	-4 339.08	31.97	-3.97	0	20.11	-181.39
125	E1 横(全部)	J[142]	-4 189.86	-116.33	4.72	0	-31.8	914.91
126	E1 横(全部)	J[143]	-4 210.85	39.88	-9.3	0	73.19	221.13

2)E2 地震作用下反应谱分析结果

查看 E2 地震作用下结构顺桥向和横桥向的弯矩包络图,如图 5-21 和图 5-22 所示,并将 E2 地震作用产生的桥墩底部内力列于表 5-8 中,E2 地震作用产生的桥墩底部包络内力列于表 5-9 中。

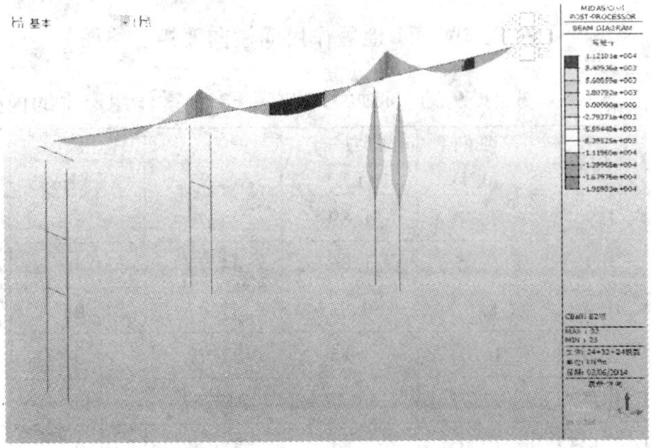

图 5-21 E2 地震作用顺桥向弯矩包络图

图 5－22　E2 地震作用横桥向弯矩包络图

表 5－8　⑧轴、⑨轴、⑩轴桥墩墩底 E2 地震作用产生的内力

单元	荷载	位置	轴向 (kN)	剪力－y (kN)	剪力－z (kN)	扭矩 (kN·m)	弯矩－y (kN·m)	弯矩－z (kN·m)
74	E2 顺(RS)	J[94]	22.03	6.42	152.13	0.28	1 752.05	28.27
75	E2 顺(RS)	J[95]	30.77	6.31	152.13	0.28	1 752.05	28.02
100	E2 顺(RS)	J[118]	29.27	22.55	127.41	0	673.57	182.08
101	E2 顺(RS)	J[119]	54.44	10.7	128.43	0	678.78	55.51
125	E2 顺(RS)	J[142]	145.25	146.77	726.12	0	5 769	1 175.69
126	E2 顺(RS)	J[143]	136.18	6.25	712.53	0	5 660.12	34.1
74	E2 横(RS)	J[94]	2 931.43	703.67	3.57	0.01	5.6	3 274.17
75	E2 横(RS)	J[95]	2 931.35	696.74	3.57	0.01	5.6	3 256.92
100	E2 横(RS)	J[118]	376.67	795.38	11.6	0	57.66	6 287.27
101	E2 横(RS)	J[119]	383.83	108.69	13.5	0	68.36	616.71
125	E2 横(RS)	J[142]	68.94	386.03	14.01	0	91.78	3 034.76
126	E2 横(RS)	J[143]	79.04	135.58	29.57	0	232.49	751.83

表 5－9　⑧轴、⑨轴、⑩轴桥墩墩底 E2 地震作用产生的包络内力

单元	荷载	位置	轴向 (kN)	剪力－y (kN)	剪力－z (kN)	扭矩 (kN·m)	弯矩－y (kN·m)	弯矩－z (kN·m)
74	E2 顺(全部)	J[94]	－2 499	－14.41	152.13	0.28	1 752.05	61.87
75	E2 顺(全部)	J[95]	－2 559.38	15.8	152.13	0.28	1 752.05	－71.48
100	E2 顺(全部)	J[118]	－4 253.79	－23.58	127.41	0	673.57	190.33
101	E2 顺(全部)	J[119]	－4 280.64	10.7	－128.43	0	678.78	－55.51
125	E2 顺(全部)	J[142]	－4 314.83	－149.57	726.72	0	－5 773.8	1 198.03
126	E2 顺(全部)	J[143]	－4 323.79	6.25	－713.13	0	5 664.93	34.1
74	E2 横(全部)	J[94]	－5 408.39	－711.65	3.57	0.01	5.6	3 307.78
75	E2 横(全部)	J[95]	－5 459.96	706.23	3.57	0.01	5.6	－3 300.38

续表

单元	荷载	位置	轴向 (kN)	剪力 -y (kN)	剪力 -z (kN)	扭矩 (kN·m)	弯矩 -y (kN·m)	弯矩 -z (kN·m)
100	E2 横(全部)	J[118]	-4 601.18	-796.41	11.6	0	57.66	6 295.51
101	E2 横(全部)	J[119]	-4 610.02	108.69	-13.5	0	68.36	-616.71
125	E2 横(全部)	J[142]	-4 238.52	-388.82	14.61	0	-96.58	3 057.09
126	E2 横(全部)	J[143]	-4 266.65	135.58	-30.17	0	237.3	751.83

5.4 基于我国《公路桥梁抗震设计细则》的桥墩抗震验算

5.4.1 E1 地震作用下抗震验算

《公路桥梁抗震设计细则》指出，桥梁顺桥向和横桥向 E1 地震作用和永久作用效应组合后，应验算桥墩强度。本例桥墩墩底组合内力列于表 5-10 中，桥墩墩底抗震验算结果列于表 5-11 中。表 5-11 显示本例⑧轴、⑨轴、⑩轴桥墩满足规范规定的强度验算要求。

表 5-10 ⑧轴、⑨轴、⑩轴桥墩墩底组合内力

单元	荷载	位置	轴向 (kN)	剪力 -y (kN)	剪力 -z (kN)	扭矩 (kN·m)	弯矩 -y (kN·m)	弯矩 -z (kN·m)
74	cLCB4	J[94]	-1 614.75	198.98	44.76	0.08	515.31	996.63
75	cLCB4	J[95]	-1 666.39	214.42	44.76	0.08	515.31	914.49
100	cLCB4	J[118]	-4 113.4	233	37.63	0	198.83	1 858.22
101	cLCB4	J[119]	-4 112.17	32.12	37.98	0	200.65	182.12
125	cLCB4	J[142]	-4 122.29	118.68	214.21	0	1 692.17	979.55
126	cLCB4	J[143]	-4 141.3	39.92	209.15	0	1 670.95	221.35
74	cLCB5	J[94]	-3 339.17	-214.96	-44.76	-0.08	-515.31	-929.42
75	cLCB5	J[95]	-3 390.81	-195.44	-44.76	-0.08	-515.31	-1 001.41
100	cLCB5	J[118]	-4 335.63	-235.06	-37.63	0	-198.83	-1 841.73
101	cLCB5	J[119]	-4 340.21	-32.12	-37.98	0	-200.65	-182.12
125	cLCB5	J[142]	-4 216.87	-124.26	-213	0	-1 701.79	-934.88
126	cLCB5	J[143]	-4 233.92	-39.92	-210.35	0	-1 661.34	-221.35

表 5-11 ⑧轴、⑨轴、⑩轴桥墩墩底抗震验算

单元	位置	组合名称	类型	验算	x (m)	N_d(kN)	e (m)	e' (m)	N_n(kN)
74	J[94]	cLCB4	偏心 - Fxmin(My)	OK	0	1 614.753	1.084 8	-0.295 2	17 048.69
74	J[94]	cLCB4	偏心 - Mymax	OK	0	1 614.753	1.084 8	-0.295 2	17 048.69
74	J[94]	cLCB5	偏心 - Mymin	OK	0	3 339.173	0.890 7	-0.489 3	23 902.29
74	J[94]	cLCB4	轴心 - Fxmin	OK	0	1 614.753	0	0	28 552.53
75	J[95]	cLCB4	偏心 - Fxmin(My)	OK	0	1 666.392	1.073 2	-0.306 8	17 477.09

续表

单元	位置	组合名称	类型	验算	x (m)	N_d(kN)	e (m)	e' (m)	N_n(kN)
75	J[95]	cLCB4	偏心 - Mymax	OK	0	1 666.392	1.073 2	-0.306 8	17 477.09
75	J[95]	cLCB5	偏心 - Mymin	OK	0	3 390.813	0.887 9	-0.492 1	23 800.86
75	J[95]	cLCB4	轴心 - Fxmin	OK	0	1 666.392	0	0	28 552.53
100	J[118]	cLCB4	偏心 - Fxmin(My)	OK	0	4 113.396	0.738 3	-0.641 7	29 821.73
100	J[118]	cLCB4	偏心 - Mymax	OK	0	4 113.396	0.738 3	-0.641 7	29 821.73
100	J[118]	cLCB5	偏心 - Mymin	OK	0	4 335.634	0.735 9	-0.644 1	31 104.26
100	J[118]	cLCB4	轴心 - Fxmin	OK	0	4 113.396	0	0	30 055.3
101	J[119]	cLCB4	偏心 - Fxmin(My)	OK	0	4 112.172	0.738 8	-0.641 2	30 912.84
101	J[119]	cLCB4	偏心 - Mymax	OK	0	4 112.172	0.738 8	-0.641 2	30 912.84
101	J[119]	cLCB5	偏心 - Mymin	OK	0	4 340.214	0.736 2	-0.643 8	31 104.26
101	J[119]	cLCB4	轴心 - Fxmin	OK	0	4 112.172	0	0	30 055.3
125	J[142]	cLCB4	偏心 - Fxmin(My)	OK	0	4 122.294	1.100 5	-0.279 5	16 613.8
125	J[142]	cLCB4	偏心 - Mymax	OK	0	4 122.294	1.100 5	-0.279 5	16 613.8
125	J[142]	cLCB5	偏心 - Mymin	OK	0	4 216.872	1.093 6	-0.286 4	16 963.55
125	J[142]	cLCB4	轴心 - Fxmin	OK	0	4 122.294	0	0	30 055.3
126	J[143]	cLCB4	偏心 - Fxmin(My)	OK	0	4 141.298	1.093 5	-0.286 5	16 966.95
126	J[143]	cLCB4	偏心 - Mymax	OK	0	4 141.298	1.093 5	-0.286 5	16 966.95
126	J[143]	cLCB5	偏心 - Mymin	OK	0	4 233.919	1.082 4	-0.297 6	17 182.78
126	J[143]	cLCB4	轴心 - Fxmin	OK	0	4 141.298	0	0	30 055.3

5.4.2　E2 地震作用下抗震验算

1. 弹塑性材料模型定义

定义构件的弯矩—曲率曲线是为了表示构件截面的弹塑性特性，因此首先需要分别定义约束混凝土、无约束混凝土以及钢筋的特性。

1) 约束混凝土本构

在【特性/塑性材料/弹塑性材料】命令中，定义混凝土材料的弹塑性本构模型，如图5 - 23 所示。

我国使用立方体抗压强度标准值来定义混凝土强度，国际上采用圆柱体抗压强度标准值定义混凝土强度，上述二者之间存在 0.85 倍换算关系，因此在 MIDAS/Civil 中使用 Mander 模型定义混凝土本构关系时，需要修改图 5 - 23 中无约束混凝土抗压强度 f'_{c0}。

2) 钢筋弹塑性本构

在【特性/塑性材料/弹塑性材料】命令中，定义钢筋的弹塑性本构关系，如图 5 - 24 所示。

2. 弯矩—曲率曲线定义

在【特性/塑性材料/弯矩曲率】命令中，定义桥墩截面的弯矩—曲率曲线，如图 5 - 25 所示。

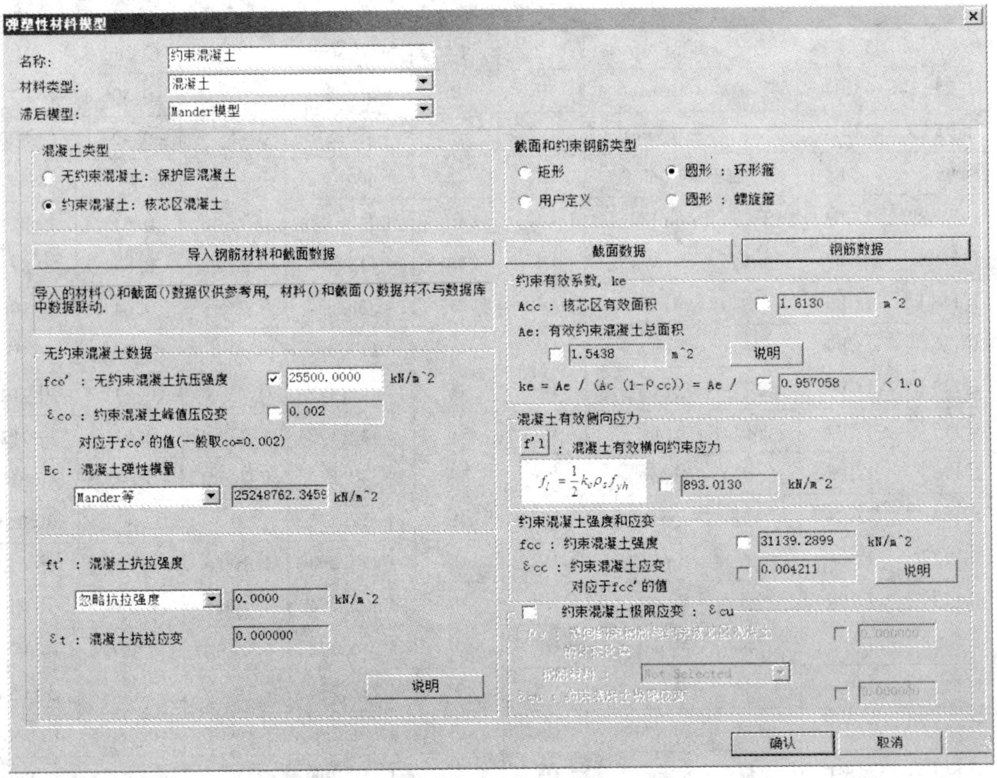

图 5-23 Mander 模型定义约束混凝土 C30 桥墩

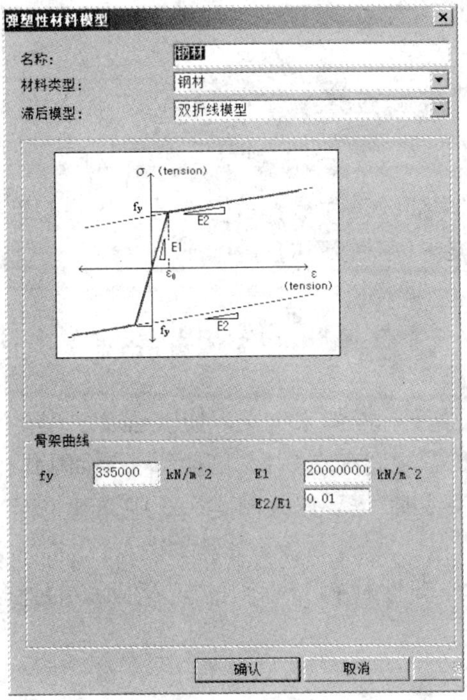

图 5-24 钢筋双折线模型

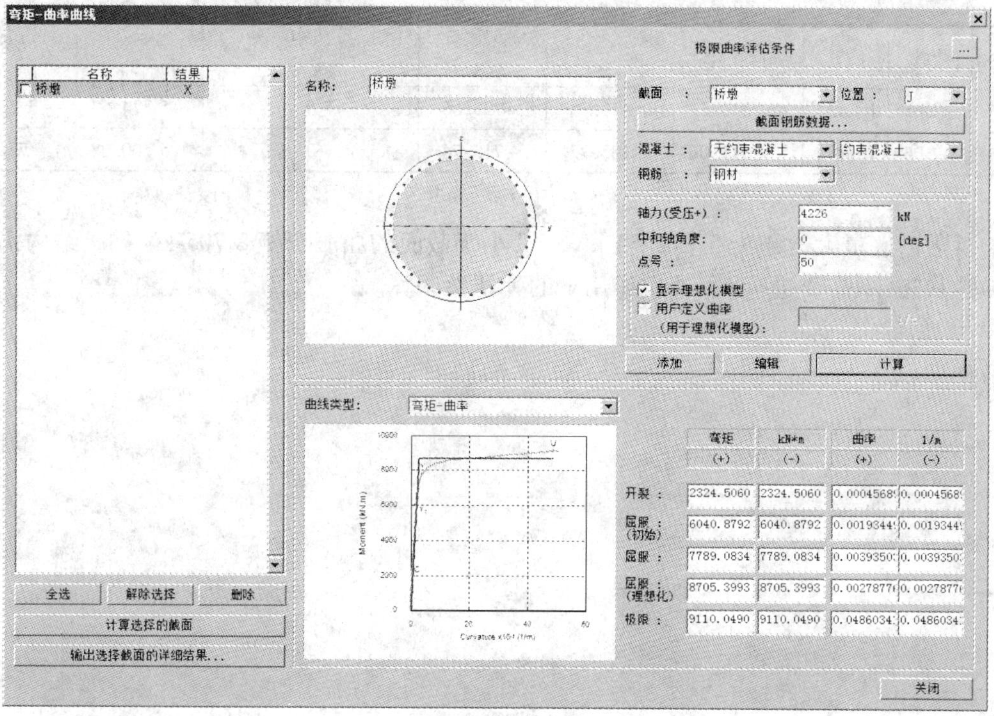

图 5－25　桥墩截面弯矩—曲率曲线

3. 抗震验算

E2 地震作用下抗震验算分两步进行，如果在地震作用下桥墩仍处于弹性状态，则首先进行 E2 地震作用下的弹性验算；验算完成查看结果，如果结果出现 NG，表明 E2 地震作用下桥墩内力突破承载能力极限状态，进入弹塑性阶段，则应进行 E2 地震作用下的弹塑性验算。

本例首先进行 E2 地震作用下的弹性验算，墩底计算结果列入表 5－12 中。

表 5－12　⑧轴、⑨轴、⑩轴桥墩墩底组合内力

单元	荷载	位置	轴向（kN）	剪力－y（kN）	剪力－z（kN）	扭矩（kN·m）	弯矩－y（kN·m）	弯矩－z（kN·m）
74	cLCB4	J[94]	454.55	695.71	152.17	0.28	1 752.06	3 307.9
75	cLCB4	J[95]	402.91	706.25	152.17	0.28	1 752.06	3 213.58
100	cLCB4	J[118]	－3 846.71	794.67	127.94	0	676.03	6 298.15
101	cLCB4	J[119]	－3 838.52	109.22	129.14	0	682.21	619.21
125	cLCB4	J[142]	－4 008.8	410.2	726.86	0	5 764.92	3 276.87
126	cLCB4	J[143]	－4 030.15	135.72	712.54	0	5 669.7	752.6
74	cLCB5	J[94]	－5 408.48	－711.68	－152.17	－0.28	－1 752.06	－3 240.69
75	cLCB5	J[95]	－5 460.12	－687.28	－152.17	－0.28	－1 752.06	－3 300.5
100	cLCB5	J[118]	－4 602.32	－796.73	－127.94	0	－676.03	－6 281.66
101	cLCB5	J[119]	－4 613.86	－109.22	－129.14	0	－682.21	－619.21

续表

单元	荷载	位置	轴向（kN）	剪力 - y （kN）	剪力 - z （kN）	扭矩 （kN·m）	弯矩 - y （kN·m）	弯矩 - z （kN·m）
125	cLCB5	J[142]	-4 330.37	-415.78	-725.66	0	-5 774.53	-3 232.2
126	cLCB5	J[143]	-4 345.06	-135.72	-713.74	0	-5 660.08	-752.6

桥墩墩底最大弯矩为 5 774.53 kN · m，小于截面的屈服弯矩 8 705 kN · m，结构仍然处于弹性状态，不需要进行 E2 地震作用下的弹塑性验算。

第6章 桥梁减隔震设计

对于地震作用,传统的结构设计采用的对策是“抗震”,依靠结构的变形来吸收并消耗地震能量。一般来说,结构遭遇到中、小地震时,依靠结构和结构构件来吸收并消耗地震能量,可以保证结构的安全,防止结构的倒塌,而结构构件的损伤是不可避免的。但是当结构物遭遇到大地震或特大地震时,完全依靠结构及其构件难以吸收并消耗巨大的地震能量。因此,虽然采用了严格的设计,在遇到超过规范设计要求的大地震或特大地震时仍无法确保结构的安全,传统的抗震对策难以确保这些工程结构在地震中的安全性,因此就需要寻求更为有效的抗震手段。

工程结构减震控制包括被动控制、主动控制及混合控制。减隔震技术是一种简便、经济、先进的工程抗震手段。减震是利用特制减震构件或装置,使之在强震时率先进入塑性区,产生大阻尼,大量消耗进入结构体系的能量。隔震技术作为工程结构减震控制的一个重要分支,不需要外加能源,安全、经济,受到了工程和学术界的广泛关注,并在国内外建筑、桥梁等工程结构抗震中得到了广泛应用。隔震结构体系通过设置隔震层,将结构分为上部结构、隔震层和下部结构三部分,地震能量经由下部结构传到隔震层,由隔震层的隔震装置吸收并消耗主要地震能量后,仅有少部分能量传到上部结构。实践中,常常把这两种体系合二为一。通过选择适当的减隔震装置与设置位置,可以达到控制结构内力分布与大小的目的。

6.1 桥梁减隔震技术的基本原理

6.1.1 工作机理

传统的结构抗震设计是将地震作用作为一种外加荷载,与作用在结构上的其他荷载进行组合,计算和验算结构是否满足设计和使用要求。而桥梁减隔震结构设计是通过引入隔震装置来延长结构的周期,达到改变结构动力特性的目的,以避开地震能量相对集中的频段,并利用耗能装置来抑制结构的位移,从而达到全面降低结构动力响应的目的。

由此可见,隔震的本质目的就是将结构的自振周期与可能引起破坏的地面运动的主周期尽可能分离开来。要达到这个目的,可通过延长结构的基本周期,避开地震能量集中的范围,从而降低结构的地震荷载,如图6-1所示。但是通过延长结构周期以折减地震作用,必然伴随着图6-2所示结构位移的增大,从而可能造成设计上的困难。而且由于结构较柔,在正常使用荷载下结构可能发生有害振动。为了控制过大的变形,可以通过引入阻尼装置,以增加结构的阻尼、减低结构的位移和降低结构的加速度反应。

6.1.2 功能要求

桥梁的减隔震系统应满足以下四个基本功能。

1. 柔性支承

柔性支承应当具有一定的柔度,用来延长结构体系的自振周期,把地面振动隔离开来,

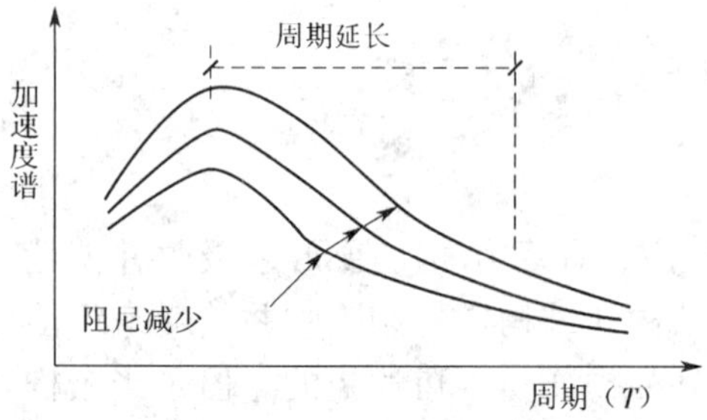

图 6-1　加速度反应谱

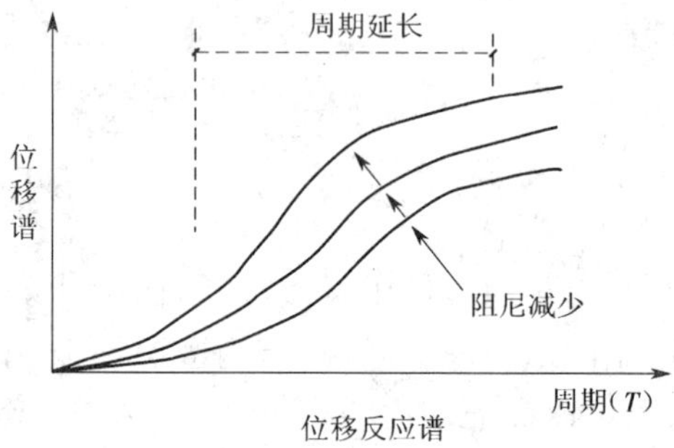

图 6-2　位移反应谱

有效地降低结构的加速度反应。

2. 阻尼、耗能装置

阻尼、耗能装置应当具有一定的耗能能力，减小支承面处的相对变形，以便使位移控制在设计允许的范围内。

3. 一定的刚度、屈服力

在正常使用荷载(如风荷载、制动力等)或者微地震作用下，体系有足够的弹性刚度，结构不发生屈服和有害振动，以满足正常使用要求。

4. 迅速复位能力

使隔震结构体系在地震中具有瞬时自动“复位”功能，地震后上部结构回复至初始状态，满足正常使用要求。

6.1.3　布置位置

目前桥梁减隔震装置的布置位置有以下两种情况。

1. 布置在桥墩顶部

减隔震装置布置在桥墩顶部，起降低上部结构惯性力的作用。通常在地震作用下，桥梁结构的惯性力主要集中在上部结构，桥梁构型类似于一个倒摆结构，这时通过在上、下部结构间引入减隔震装置，可以有效地降低上部结构的惯性力，达到保护桥墩、基础等下部结构的目的。采用墩顶隔震并没有隔绝地面运动，这时的桥墩就像一个顶部受到附加某种约束的独立结构振动一样对地震产生响应。因此，有时计算桥墩地震力时，必须考虑桥墩的质量和它自身的振动模态。从目前已建成的隔震桥梁来看，隔震装置大多数设置在桥墩顶部，这主要是由于普通桥梁也要使用支座，采用桥墩顶部隔震，只需用隔震支座代替普通支座即可，因而比较经济可行。

2. 布置在桥墩底部

减隔震装置布置在桥墩底部，这种布置类似于建筑结构基础隔震，可以较大幅度地降低整个结构的动力响应。对于桥墩较高且质量比较大、自身振动特性控制其设计的情况，当场地条件等允许时，可以考虑在桥墩底部引入隔震装置。在墩底进行隔震的方式通常较少采用，国外也只有几座桥采用了墩底隔震技术。

综上所述，减隔震结构虽然在设计方法上与传统抗震结构相似，采用设定的地震动输入计算结构地震反应，但在结构耗能原理和耗能构件方面有本质区别。图 6-3 给出了结构抗震、隔震、减震及控制技术体系。

- 桥梁抗震对策
  - 传统抗震桥梁
    - 利用强度抗震（弹性设计法）
    - 利用滞回衰减抗震（弹塑性设计法）
  - 桥梁减隔震及控制技术
    - 抗制技术
      - 主动质量控制
      - 变刚度控制
      - 变阻尼控制
    - 减震消能
    - 隔震技术
      - 滑动摩擦型
        - 滑板支座
        - 盆式橡胶支座
      - 黏性体减震支座
      - 高阻尼橡胶支座
      - 铅芯橡胶支座

图6－3 桥梁结构抗震系统

6.2 桥梁减隔震技术的发展概况

人类在与地震灾害作斗争的过程中，为了降低建筑物所受地震的影响，通过设置柔性层有效地将地震能量隔离或消耗，减小结构地震反应。保护上部结构安全的减隔震思想产生已久，基于这一思想设计的建筑物在我国和世界其他一些国家都出现过，部分历经多次大地震后仍然保存至今。建于1 300多年前的隋代大业年间的赵州桥（公元605—618年），在建造过程中利用石砌结构消能减震原理，经历多次强烈地震依然完好无损，1966年里氏7.2级的邢台地震时，震中离赵州桥距离不超过40 km，赵州桥又一次经受了地震的考验。

新西兰是世界上最早进行全面的减隔震技术研究并广泛应用于实际工程的国家。经过30多年的努力，创造了大量的减隔震技术，并编制了专门的规范。第一座减隔震桥 Moto Bridge 建于1973年，上部结构采用滑动支承隔震，阻尼由U形钢弯曲梁提供。到20世纪末，新西兰至少已有48座公路桥和1座铁路桥采用了减隔震技术，其中4座是用减隔震技术进行抗震加固的。在这些桥梁中，大部分采用了铅芯橡胶支座，也有一些应用了钢悬臂梁耗能器等其他的减隔震装置。

美国在1984年第一次将隔震技术用于桥梁抗震，对 Sierra Point Bridge 进行抗震加固，解决方案是用铅芯橡胶支座代替刚性球支座进行隔震。美国第一座采用隔震技术新建的隔震桥是 Sexton Bridge。目前，美国已有100多座桥梁采用了减隔震技术，其中包括对既有桥梁的加固。在这些隔震桥梁中，大部分减隔震装置为铅芯橡胶支座。

日本第一座隔震桥梁是1990年建成的横跨日本 Kete 河的宫川大桥，采用了铅芯橡胶支座。在阪神地震以后，采用减隔震技术修建的桥梁日益增多，大部分隔震桥梁采用铅芯橡胶支座和高阻尼橡胶支座。

减隔震技术在我国桥梁工程中的应用还很少，只有一些经过设计的减隔震支座在少数的几座铁路桥梁、公路桥梁上使用。在北疆铁路的9度地震区，1990年建成的苇子沟预应力混凝土梁式桥梁和1991年建成的陇海铁路的千河大桥采用了聚四氟乙烯滑板支座隔震；1999年建成的南疆铁路9度地震区的布谷孜大桥采用了铅芯橡胶支座隔震，2003年新疆伽师M6.8级地震，布谷孜大桥距震中约50 km，震后全桥安全无损；建于2001年的石家庄石津渠中公路桥是我国首次设计的铅芯橡胶支座隔震桥梁。

我国桥梁中广泛采用橡胶支座，主要有板式橡胶支座、盆式橡胶支座、聚四氟乙烯板支座等。国内关于橡胶支座的研究大多是针对运营荷载的要求进行的。这些支座的设计、刚度和剪切应变仅符合传统设计要求,设计剪应变常在100%以内,试验研究也都是在这个范围内。但是这样设计的支座通常不能达到满意的减震目的。对于这些支座,要想取得理想的减隔震效果,需要改进两点:一是支座的刚度要比较柔;二是支座的剪切变形必须很大,国外减隔震橡胶支座的设计剪应变常在100% ~300%范围内,而其极限破坏剪应变甚至可达到500%。

6.3 常用的减隔震装置

目前,桥梁上使用的典型减隔震装置主要有板式橡胶支座、铅芯橡胶支座、高阻尼橡胶支座、滑动摩擦摆减隔震支座、金属阻尼器、摩擦阻尼器、液体黏滞阻尼器。各种减隔震装置的力学特性和计算模型既有相似之处,又各有特点,以下分别介绍这几种典型减隔震装置。

6.3.1 板式橡胶支座

图6-4所示板式橡胶支座(Rubber Bearing, RB)是由薄橡胶层和薄钢板层交互叠合,经高温、加压并硫化制作而成,并且添加填充剂、补强剂和防老化剂等。支座上、下有翼缘板,平面形状多为圆形或矩形。由于钢板对橡胶板横向变形产生约束,使其具有较大的竖向刚度。同时,钢板又不影响橡胶层的剪切变形,保持了橡胶固有的柔韧性,使其具有比竖向刚度小得多的水平刚度。从而具备竖向支承与水平隔震机构的双重功能。由于它采用天然橡胶,本身无明显的阻尼性能,阻尼比很小。该支座能够增加桥梁结构的柔性,减小桥梁结构的地震反应,但不能很好地控制桥面位移,因此一般需与阻尼机构一起使用。

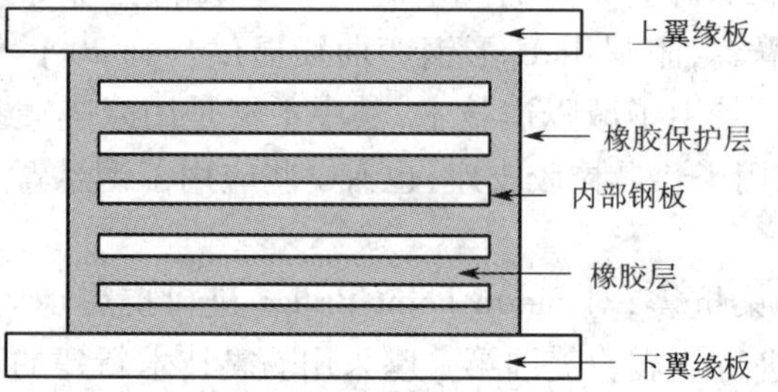

图6-4 板式橡胶支座的基本构造及实物

试验研究表明,板式橡胶支座的滞回曲线呈狭长形,可以近似做线性处理。抗震设计时最关心的是橡胶支座的水平(剪切)刚度,即上、下板面产生单位位移时所需施加的水平剪力。因此,在地震反应分析中,板式橡胶支座的恢复力模型可以取为直线,即

$$F(x)=kx \tag{6-1}$$

式中 x——上部结构与墩顶的相对位移(m);

k——支座的剪切刚度(kN/m)。

$$k=\frac{G_{\mathrm{d}}A_{\mathrm{r}}}{\sum t}$$

式中 G_{d}——支座的动剪切模量(kN/m²),一般取1.2 MPa;

A_{r}——支座的剪切面积(m²);

$\sum t$——支座橡胶层的总厚度(m)。

6.3.2 铅芯橡胶支座

铅芯橡胶支座(Lead Rubber Bearing,LRB)是在板式橡胶支座的基础上插入铅芯而制成的,如图6-5所示。铅芯的屈服剪切强度较低(约10 MPa)、初始剪切刚度高(约130 MPa),在剪切作用下基本呈现弹塑性特性,并在塑性循环下具有很好的疲劳特性。铅芯具有良好的力学特性,可以与板式橡胶支座较好地结合,从而得到一个紧凑的隔震装置。铅芯能够耗散结构地震响应的能量和增加静载下的支座刚度,因此铅芯橡胶支座在桥梁中得到广泛的应用。

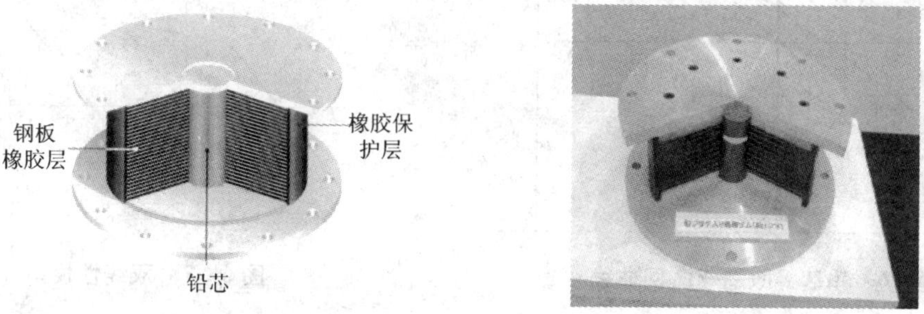

图6-5 铅芯橡胶支座的基本构造及实物

铅芯橡胶支座的分析模型可分为两大类:等效线性化模型和非线性分析模型。等效线性化模型就是将实际非线性模型用一个近似的线性模型来描述,进而可以将线性模型的特性用于结构的地震响应分析。它主要用于弹性反应谱分析法中,力学参数有两个,即等效线性刚度和等效阻尼比。非线性分析模型主要用于非线性静力分析或非线性时程反应分析。两种分析模型中所涉及的设计参数均是通过试验研究来建立的。

1. 铅芯橡胶支座的等效线性化模型

铅芯橡胶支座的滞回曲线如图6-6所示。美国国家公路与运输协会AASHTO—1999规范建议的铅芯橡胶支座的等效线性刚度和等效阻尼比的计算公式为

$$K_{eff}=\frac{F_{max}^{+}-F_{max}^{-}}{S_{d}^{+}-S_{d}^{-}}=\frac{1+\alpha(\mu-1)}{\mu}k_{u} \tag{6-2}$$

$$\zeta_{eff}=\frac{\Delta W}{2\pi W}=\frac{2(1-\alpha)(\mu-1)}{\pi\mu[1+\alpha(\mu-1)]} \tag{6-3}$$

式中 F_{max}^{+}——铅芯橡胶支座最大正向水平剪力;

F_{max}^{-}——铅芯橡胶支座最大反向水平剪力;

S_{d}^{+}——铅芯橡胶支座最大正向水平变形;

S_{d}^{-}——铅芯橡胶支座最大反向水平变形;

k_u——铅芯橡胶支座的初始剪切刚度;

α——铅芯橡胶支座屈服后刚度与初始剪切刚度之比;

μ——延性,铅芯橡胶支座的极限位移与屈服位移之比;

W——支座的弹性能,即最大水平力与最大位移的乘积;

ΔW——支座吸收的总能量,即滞回曲线所包围的面积。

从式(6－2)可以看出,如果铅芯橡胶支座的力—位移滞回曲线是双线性的,那么其等效线性刚度就是滞回曲线上最大位移点与原点连线的斜率。从式(6－3)可以看出,根据功的原理计算出来的铅芯橡胶支座的等效阻尼比表现为面积的比值,与滞回环的面积成正比。

2. 铅芯橡胶支座的非线性分析模型

试验研究表明,铅芯橡胶支座的力—位移滞回曲线可以用图 6－7 所示双线性模型来近似描述,非线性分析模型的主要特征参数包括初始剪切刚度、屈服强度和屈服后刚度。

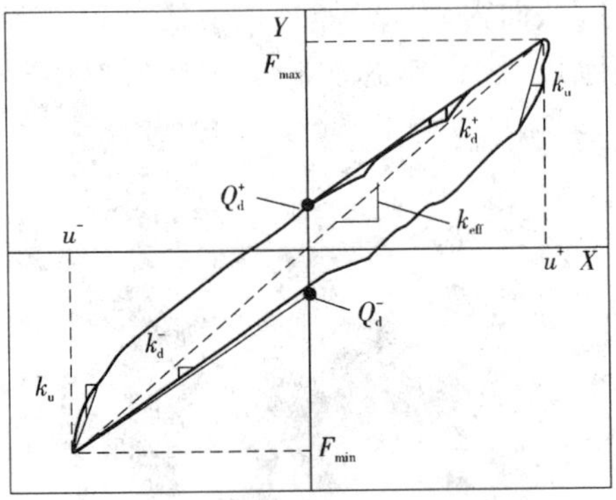

图 6－6 铅芯橡胶支座滞回曲线

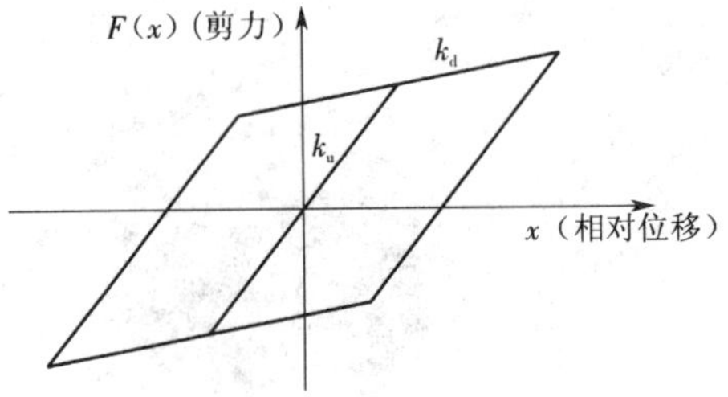

图 6－7 双线性模型

1)初始剪切刚度

初始剪切刚度 k_u 与屈服后刚度 k_d 的比值大部分介于 4～10,日本桥梁抗震设计条例和新西兰规范规定 $k_u = 6.5k_d$。

2)屈服强度

屈服强度的取值范围为 $F_y = (5\% \sim 10\%)N$,N 代表铅芯橡胶支座承受的竖向力,铅芯的直径越大或者数量越多,则屈服强度的取值越大,其滞回曲线所包围面积也越大,在大震作用下耗能作用越强。

3)屈服后刚度

屈服后刚度可取不设铅芯时普通橡胶支座的水平刚度。

3. 铅芯橡胶支座的静力性能

图 6－8 是铅芯橡胶支座在地震作用和正常运营条件下由温度、制动力等产生的支座抗力的比较示意图。从图中可知,尽管因铅芯的存在,支座的初始刚度很大,但对于由温度、徐变等蠕变变形引起支座的抗力仍是比较低的,这为铅芯橡胶支座在长跨连续梁桥中的应用提供了条件。

为了保证铅芯橡胶支座正常的力学性能,对铅芯橡胶支座中铅芯的构造尺寸有要求,即

$$1.25 \leqslant \frac{H_p}{d_p} \leqslant 5 \tag{6-4}$$

式中 H_p——铅芯有效高度;

d_p——铅芯直径。

这是因为如果铅芯高度过大,分层橡胶对铅芯的约束就弱;如果铅芯的高度太小,铅芯的变形周边像球面。在这两种情况下,铅芯橡胶支座的恢复力特性不稳定。如果不能满足上面的方程,可以使用多个铅芯。此外,虽然铅芯的直径大有利于增加滞回曲线面积和耗能能力,但是直径的增加是有限度的,铅芯橡胶支座中的橡胶层不仅承受压力、约束铅芯的变

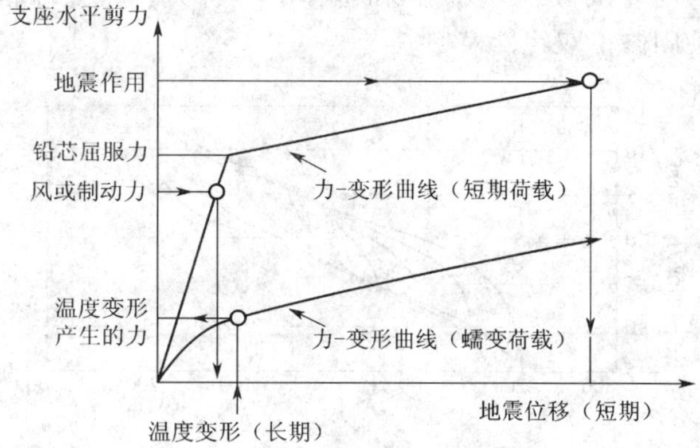

图6－8　铅芯橡胶支座在不同荷载作用下的抗力比较

形，还给铅芯提供剪切变形后的恢复力。

6.3.3　高阻尼橡胶支座

图6－9所示高阻尼橡胶支座（High Damping Rubber Bearing，HRB）是采用特殊配制的橡胶材料制成的，其形状及构造与天然橡胶支座相同，区别在于这种橡胶材料的黏性大，自身可以吸收能量。由于其与耗能功能集成在一起，可以节省使用空间，施工也比较方便。

图6－9　高阻尼橡胶支座

1. 静力性能

由于收缩、徐变、温度变化引起的水平剪力为

$$F_s = k_s u_s \tag{6-5}$$

式中　F_s——静力变形引起的水平剪力；

u_s——收缩、徐变、温度变化引起的位移；

k_s——等效刚度。

$$k_s = A_R G_s / \sum t \tag{6-6}$$

式中　A_R——橡胶支座受压面积；

G_s——静荷载下高阻尼橡胶的剪切模量。

2. 滞回曲线

高阻尼橡胶支座的滞回曲线如图6－10所示，图中滞回环包围的面积较大，表明高阻尼橡胶支座具有较大的耗能能力。从滞回曲线可以看出，高阻尼橡胶支座在变形较小的时候就呈现非线性，而且与反复次数、变形大小和位移历程有关。在进行非线性地震响应分析时，恢复力模型可以采用修正双线性模型。

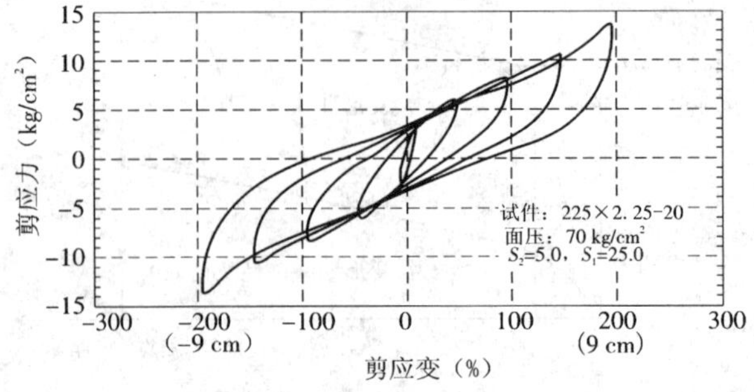

图 6－10　高阻尼橡胶支座的滞回曲线

目前，我国对高阻尼橡胶支座的开发研究还比较少，很难得到可靠的设计参数，有待进一步研究。

6.3.4　滑动摩擦摆减隔震支座

滑动摩擦摆减隔震支座（Friction Pendulum Isolation，FPI）是将滑动支座和钟摆的概念相结合构成的一种新的隔震装置，其滑动面是曲面，利用一个简单的钟摆机理延长结构的自振周期，通过结构自重提供所需的自复位能力，帮助上部结构回到原来的位置。

1. 构造简图

图 6－11 是滑动摩擦摆减隔震支座的构造示意图。它包括一个具有球形曲面的滑块和球形铸钢滑动曲面。铸钢曲面与滑块曲面具有相同的曲率半径，可以很好地相切，因此在竖向荷载作用下，曲面压应力均匀。FPI 可以在任何方向滑动，其尺寸主要由最大设计位移控制。

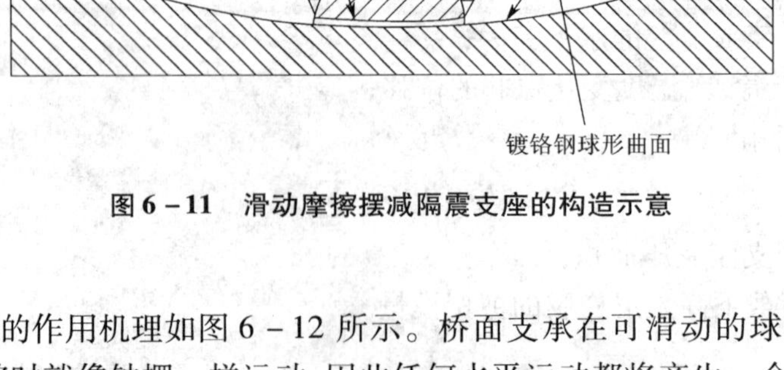

图 6－11　滑动摩擦摆减隔震支座的构造示意

2. 作用机理

FPI 隔震装置的作用机理如图 6－12 所示。桥面支承在可滑动的球形曲面上，当桥面相对桥墩发生位移时就像钟摆一样运动，因此任何水平运动都将产生一个重力的竖向提升。如果忽略摩擦力，那么体系的运动方程就近似于一个质量相等的钟摆运动，钟摆长度为球面的曲率半径。

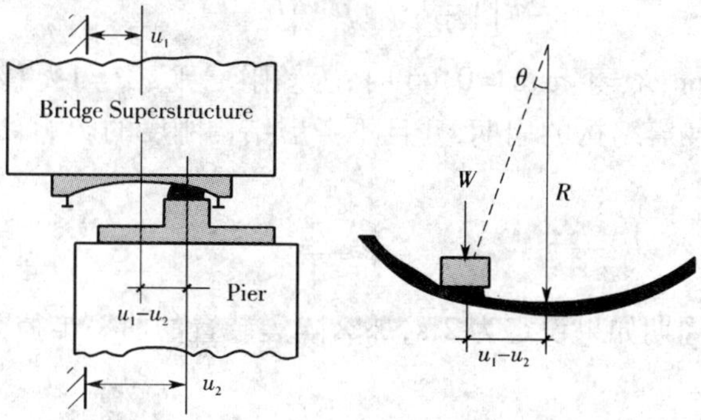

图 6-12　FPI 隔震装置的作用机理

如果 FPI 隔震支座承受的荷载为 W，水平位移为 D，摩擦系数为 μ，滑动曲面的曲率半径为 R，那么水平力

$$F=\frac{W}{R}D+\mu W(\operatorname{sgn} D) \tag{6-7}$$

式(6-7)等号右边第一项是因承受质量沿曲面滑动上升所产生的水平向恢复力，由此可知其水平刚度

$$k_{\mathrm{h}}=\frac{W}{R}D \tag{6-8}$$

从而隔震结构的周期

$$T=2\pi\sqrt{\frac{R}{g}} \tag{6-9}$$

由式(6-9)可知，FPI 隔震支座的周期与承受的质量无关。

式(6-7)等号右边第二项是滑块与滑动曲面相对滑动时产生的摩擦力。

3. 滞回曲线

图 6-13 是由振动台试验得到的 FPI 隔震装置的一个典型滞回曲线。从图中可知，滑动前隔震装置具有很高的初始刚度。

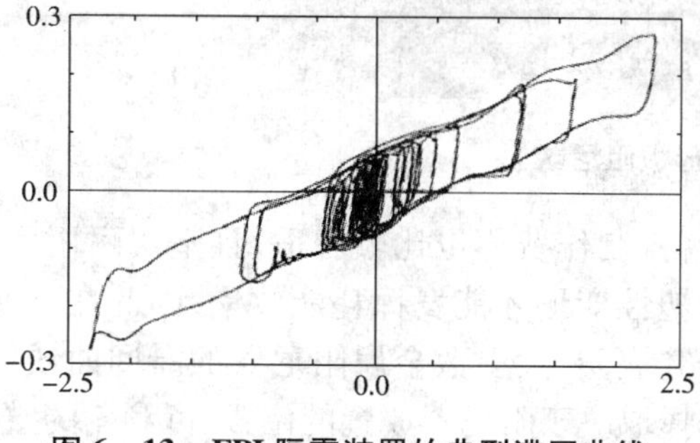

图 6-13　FPI 隔震装置的典型滞回曲线

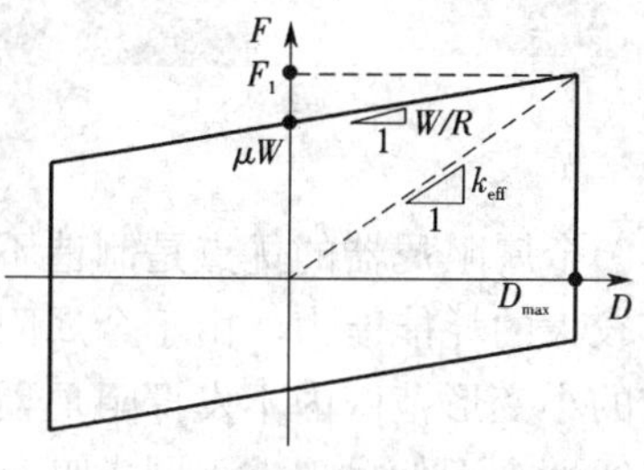

图 6-14　等效线性化模型

关于这类隔震支座的等效线性化分析模型(图 6-14)，其等效刚度

$$k_{\mathrm{eff}}=\frac{W}{R}+\mu\frac{W}{D} \tag{6-10}$$

等效阻尼比

$$\zeta_{\mathrm{eff}}=\frac{4\mu WD}{2\pi\left[\left(\frac{W}{R}\right)D+\mu W\right]D}=\frac{2}{\pi}\frac{\mu}{D/R+\mu} \tag{6-11}$$

例如当 $D=254\ \mathrm{mm}$, $R=1\ \mathrm{m}$, $\mu=0.06$ 时，等效阻尼比 $\zeta_{\mathrm{eff}}=14.7\%$。

如果事先确定了隔震结构的周期，并且不考虑结构刚度的影响，那么这类隔震装置的初步曲率半径

$$R\approx\frac{T^2}{4} \tag{6-12}$$

例如隔震结构的周期如果设定为 2 s，那么隔震装置的曲率半径大约是 1 m。

6.3.5 金属阻尼器

金属阻尼器(Metallic Damper，MD)是利用软钢或其他软金属材料的塑性变形来耗能。它通过金属的屈服滞回来消耗地震能量并控制地震引起结构产生的位移，同时提供满足正常使用荷载下的一些性能要求。20 世纪 70 年代初，Kelly 等美国学者开始研究利用金属的这种性能来控制结构的动力反应，并提出了扭转梁、弯曲梁和 U 形条耗能器等金属阻尼器。后来其他学者又相继提出多种形式各异的金属阻尼器，比较典型的有 X 形板和三角形板阻尼器，如图 6-15 所示。

图 6-15 X 形板阻尼器

金属阻尼器的优点是制造不需要特殊的设备，制作费用也比较合适，且坚实耐用，又具有较大的耗能能力。由于金属阻尼器只有利用塑性变形才能发挥耗能效果，因此在屈服以前的小变形范围内不发挥阻尼器作用。试验研究表明，大多数金属阻尼器的滞回曲线可用双线性来近似模拟。不同类型金属阻尼器的选择取决于阻尼器放置的位置、可利用的空间、连接的结构以及力和位移的大小。在桥梁中使用钢阻尼器的一种方案是将阻尼器与橡胶隔震支座一起使用。

6.3.6 摩擦阻尼器

摩擦阻尼器(Friction Damper，FD)的发展始于 20 世纪 70 年代后期，如图 6-16 所示。

摩擦阻尼器由受预紧力的金属或其他固体元件构成，这些元件之间能够相互滑动并且产生摩擦力，通过摩擦耗能消耗结构的振动能量。摩擦阻尼器一般安装在结构支承上，形成摩擦耗能支承。

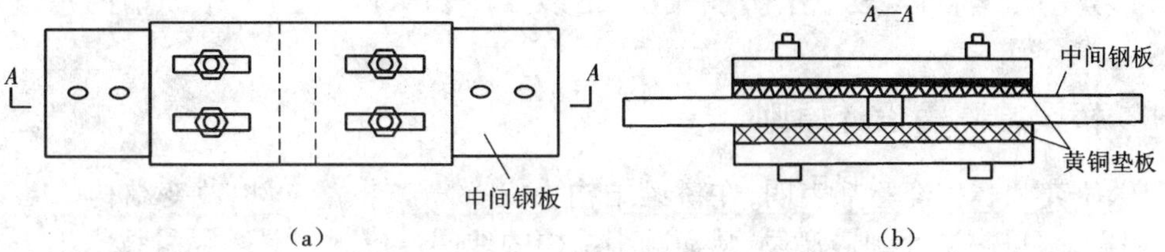

图6-16　普通摩擦阻尼器的构造简图

(a)摩擦阻尼器平面　(b)A—A 视图

6.3.7　液体黏滞阻尼器

液体黏滞阻尼器(Fluid Viscous Damper，FVD)一般由缸体、活塞和黏性液体组成，如图6-17所示。缸体内装有黏性液体，这种黏性液体是一种高分子材料，而且这种材料有很好的耐燃、耐寒和耐久性，可以经受反复的剪切而不会降低黏度，并能始终保持稳定的阻尼力。活塞上开有小孔，当活塞在缸体内做往复运动时，液体从活塞的小孔流过，对活塞和缸体的相对运动产生阻尼，从而消耗振动能量。

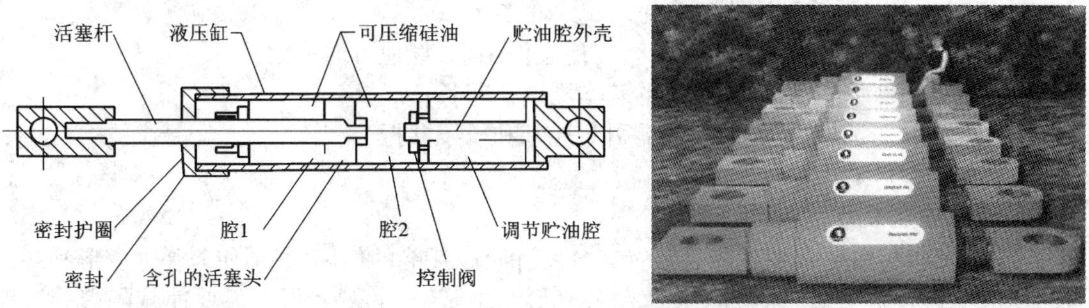

图6-17　液体黏滞阻尼器的构造与实物示意

试验研究表明，液体黏滞阻尼器提供的阻尼力取决于活塞相对于容器的运动速度，而不是取决于活塞的位移。在温度、收缩和徐变作用下，黏滞阻尼器的阻尼力很小；在动力反应(如地震力和制动力)下，阻尼力随着活塞的运动速度增大而增大。

液体黏滞阻尼器可以起到减震耗能的作用，但是没有自复位能力，因此除非结构自身具有复位功能，液体黏滞阻尼器多与能提供恢复力的减隔震装置一起使用，如黏滞阻尼器与板式橡胶支座的组合、黏滞阻尼器与铅芯橡胶支座的组合等。在减隔震桥梁上使用黏滞阻尼器时，速度与位移之间的相位差使得黏滞阻尼器提供的阻尼力与弹性支座提供的恢复力之间也存在相位差。因此，如果黏滞阻尼器与板式橡胶支座组合使用，当阻尼系数在一定范围内时，在地震作用下：当位移最大时，速度最小，恢复力最大，阻尼力最小，有利于上部结构复位；当位移最小时，速度最大，恢复力最小，阻尼力最大，阻止上部结构偏离平衡位置。理论上，黏滞阻尼器提供的阻尼力不会增加结构的总弹性力，因为当出现最大弹性力时黏滞阻尼器提供的阻尼力很小。实际上，阻尼力和弹性力存在一定程度上的耦合，在隔震桥梁上使用液体黏滞阻尼器后,一方面位移减小,弹性力减小;另一方面阻尼力会对总的水平力有所贡献,两种作用下也有可能会使总力增加。

6.4 基于我国《公路桥梁抗震设计细则》的桥梁减隔震设计

6.4.1 桥梁减隔震设计原则

科学研究和震害经验都表明,在桥梁结构中安置隔震装置,可以改变结构的动力特性(固有周期、阻尼),减小地震激励,从而减小结构的地震反应。但是减隔震技术不是在任何情况下都有效,而是有其一定的适用条件。因此,首先要分析是否适合进行减隔震设计,然后才是正确选择、合理布置减隔震装置,最后还要重视其他构件和细部构造的合理设计,以确保减隔震设计的效果。

1. 减隔震技术的适用条件

研究表明,最适宜进行减隔震设计的情况主要有以下三种:

(1)桥梁上部结构为连续形式,下部结构刚度较大,整个桥的基本振动周期比较短;

(2)桥梁下部结构高度变化不规则、刚度不均匀,引入减隔震装置可调节各桥墩刚度,因而可以避免刚度较大桥墩承担很大惯性力的情况;

(3)场地条件较好,预期地面运动具有较高的卓越频率,长周期范围所含能量较少等情况。

2. 不宜采用减隔震设计的条件

(1)基础土层不稳定,易发生液化,在地震作用下,场地可能失效;

(2)桥梁下部结构刚度小,桥梁的基本周期比较长;

(3)位于软弱场地,延长周期可能引起地基和桥梁共振;

(4)支座中可能出现负反力。

3. 细部构造设计

在减隔震设计中,要使减隔震装置充分发挥减震耗能的作用,必须使非弹性变形和耗能主要集中在减隔震装置上。为了使大部分变形集中于减隔震装置,不仅要使减隔震装置的水平刚度远低于桥墩、桥台、基础的刚度,还要避免桥墩屈服先于减隔震装置屈服。《公路桥梁抗震设计细则》规定减隔震结构的周期至少应为非减隔震结构的 2 倍以上,就是为了确保减隔震装置的柔性。另外,通常选择将减隔震装置布置在刚度较大的桥墩、桥台处。而为了避免桥墩屈服先于减隔震装置屈服,应将桥墩的屈服强度设计得稍高于减隔震装置的设计变形所对应的抗力。此外,还应通过提供足够的强度避免在桥台、基础以及其他连接装置中发生不希望的破坏。

震害调查表明,构造措施对减隔震桥梁的动力特性和抗震性能有重要影响。因此,在减隔震设计中,还应充分注意一些构造细节的设计,并对施工质量给予明确规定。如应尽可能使上部结构具有较强的连续性;当上部结构不连续时,应限制各段之间的最大相对位移;要提供缓冲挡块和连接件等来限制上部结构与支座之间的最大相对位移;在对伸缩缝施工时,应避免伸缩缝被阻塞;并且在设计中还需要考虑到对减隔震装置定期维护和更换的要求。

6.4.2 减隔震装置的选择

进行减隔震设计时,应将重点放在提高耗能能力和分散地震力上,不可过分追求加长周期。而且应选用作用机构简单的减隔震装置,并在其力学性能明确的范围内使用。另外,减隔震装置不仅要能减震耗能,还应满足正常运营荷载的承载要求。因此,选择减隔震装置时,还应注意以下要求:

(1)在不同水准地震作用下,减隔震支座都应保持良好的竖向荷载支承能力;

(2)减隔震装置应具有较高的初始水平刚度,使得桥梁在风荷载、制动力等作用下不发生过大的变形和有害的振动;

(3)当温度、徐变等引起上部结构缓慢的伸缩变形时,减隔震支座产生的抗力应比较低;

(4)减隔震装置应具有较好的自复位能力,使震后桥梁上部结构能够基本恢复到原来位置。

《公路桥梁抗震设计细则》规定,常用的减隔震装置有整体型和分离型两类。整体型减隔震装置包括铅芯橡胶支座、高阻尼橡胶支座和滑动摩擦摆减隔震支座;分离型减隔震装置包括板式橡胶支座+金属阻尼器、板式橡胶支座+摩擦阻尼器和板式橡胶支座+黏性材料阻尼器。

6.4.3　性能要求与抗震验算

1. 性能要求

在E2地震作用下,减隔震装置进入弹塑性工作,桥梁结构其他部件基本在弹性范围工作。

2. 抗震验算

(1)对于橡胶型减隔震装置,在E1地震作用下产生的剪切应变应小于100%,在E2地震作用下产生的剪切应变应小于250%,并验算稳定性。

(2)非橡胶型减隔震装置,应根据具体的产品指标进行验算。

(3)应对减隔震装置在正常使用条件下的性能进行验算。

第7章　桥梁抗风设计

7.1　引言

7.1.1　桥梁结构风损、风毁事故

桥梁是交通运输的咽喉，在国民经济中占有极重要的地位，应能经受各种自然灾害而不轻易使交通中断。风作为一种发生频率很高的自然灾害，每年都给人民的生命财产带来巨大损失，作为重要交通设施的桥梁也经常受到风的威胁甚至危害。

历史资料显示，桥梁的风毁事故最早可以追溯到1818年，苏格兰的Dryburgh Abbey悬索桥在风的作用下毁坏。由于在当时及以后的一百多年里，桥梁界对桥梁的风致振动和气动弹性现象机理及其重要性认识严重不足，相继又有表7－1所列的11座桥因风的作用而受到不同程度的破坏。其中，在1879年12月28日发生于英国苏格兰Tay Bridge（多跨桁梁桥）的倒塌事故中，单跨74 m、总长近1 km的13跨桁架以及高27 m的12个铁制桥墩被暴风吹垮，致使正在通过该桥的一列7辆成编的列车落入海湾中，造成75名乘客和驶乘人员遇难。

表7－1　桥梁风毁事故一览

桥梁名称	所在地	跨径/m	毁坏年份
Dryburgh Abbey Bridge（干镇修道院桥）	苏格兰	79	1818
Union Bridge（联合桥）	德国	140	1821
Nassau Bridge（纳索桥）	英格兰	75	1834
Brighton Chain Pier Bridge（布兰登桥）	英格兰	80	1836
Montrose Bridge（蒙特罗斯桥）	苏格兰	130	1838
Menai Straits Bridge（梅奈海峡桥）	威尔士	180	1839
Roche-Bernard Bridge（罗奇－伯纳德桥）	法国	195	1852
Wheeling Bridge（威灵桥）	美国	310	1854
Niagara-Lewiston Bridge（尼亚加拉－利文斯顿桥）	美国	320	1864
Firth of Tay Bridge（泰河湾桥）	苏格兰	74	1879
Niagara-Clifton Bridge（尼亚加拉－克立夫顿桥）	美国	380	1889
Tacoma Narrows Bridge（塔科马海峡桥）	美国	853	1940

一系列的桥梁风毁事故，使人们开始重视风的作用，但是很长时间内人们仅把风对桥梁结构的作用看成是一种由风压所形成的静力作用，在设计中仅考虑静力风荷载的作用。直到1940年美国发生的Tacoma Narrows Bridge的风毁事故，才使工程界注意到桥梁风致振动

的重要性。

1. 旧塔科马悬索桥风毁事故

塔科马海湾（Tacoma Narrows）位于美国西海岸的华盛顿州，1940 年在这里建成了一座悬索桥，史称旧塔科马悬索桥（Old Tacoma Narrows Bridge）。该桥为三跨连续加劲梁悬索桥，主跨 853 m，桥宽 11.9 m，加劲梁为 H 形板梁（图 7－1），梁高 2.45 m。该桥的宽跨比为 1/71.7，高跨比为 1/348，是当时最细长的桥梁，并且该桥的 H 形板梁的抗扭刚度几乎等于零。

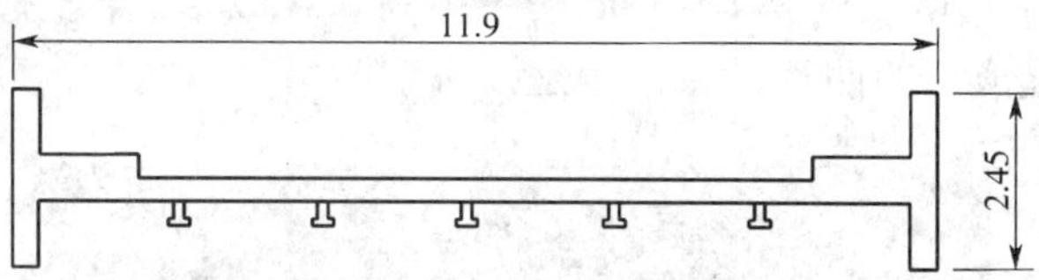

图 7－1　旧塔科马悬索桥加劲梁横截面（单位：m）

旧塔科马悬索桥刚通车运营，就表现出了在风作用下发生强烈振动的倾向。运营初期发生的振动是竖向振动，振幅达 1.5 m，但达到最大振幅后尚可以衰减下来。4 个月后，情况发生了灾难性的转变。随着中跨用于阻止加劲梁与主缆之间相对位移的斜拉索断裂，振型突然改变，变成以一阶反对称扭转振型为主。在风速约 19 m/s 的八级大风作用下，扭转振动越来越激烈，主跨 1/4 截面以 ±45°的幅度反复翻转。这种自激发散振动持续了 3～7 小时，最后吊索疲劳断裂，大部分加劲梁坠入河中。图 7－2 是临近坍塌时的照片，可以看到主梁发生了明显的反对称扭转变形。

（a）　　（b）

图 7－2　旧塔科马悬索桥的风毁事故

（a）风致扭转振动　（b）桥面折断坠落

旧塔科马悬索桥这一可怕的风毁事故强烈地震惊了当时的桥梁工程界，使桥梁工程师们开始认识到风的作用不仅仅是静力作用，从而开启了全面研究大跨度桥梁风致振动和气动弹性理论的序幕。经过各国学者多年的努力，目前对各种桥梁风致振动的机理有了基本的认识，桥梁风致振动理论也得到了很大的发展，使得像旧塔科马悬索桥那样的严重风毁事故没有重现。

2. 日本东京湾通道桥的涡激共振灾害

自旧塔科马悬索桥的风毁事故以后，大跨度桥梁设计中普遍加强了桥梁空气动力稳定性的研究,以确保桥梁在运营期间不会发生颤振毁桥事故。但是,其他形式的风致灾害还时有发生,其中钢主梁的涡激共振就是一种典型灾害,英国 Kossock 斜拉桥、日本东京湾通道桥等都发生过这种灾害。

1993—1996 年间,日本东京湾通道建设工程中的桥梁部分在设计之初就预料到会发生涡激共振,因此观测研究资料最为完整。东京湾通道横跨日本东京湾,全长 11 km,由桥梁与隧道两部分组成。桥梁部分全长 4 384 m,其中主桥为 10 跨一联的钢箱梁连续梁桥,由 3 号桥墩至 13 号桥墩,全长 1 630 m,最大跨径为 240 m,由 6 号桥墩至 8 号桥墩共两跨。钢箱梁为单箱三室结构,主跨墩顶梁高 10.5 m,跨中梁高 6.0 m。桥梁设计为四车道,桥宽 22.9 m。图 7-3 是该桥建成后的照片,图 7-4 是该桥钢箱梁截面图。

图 7-3 东京湾通道桥远景

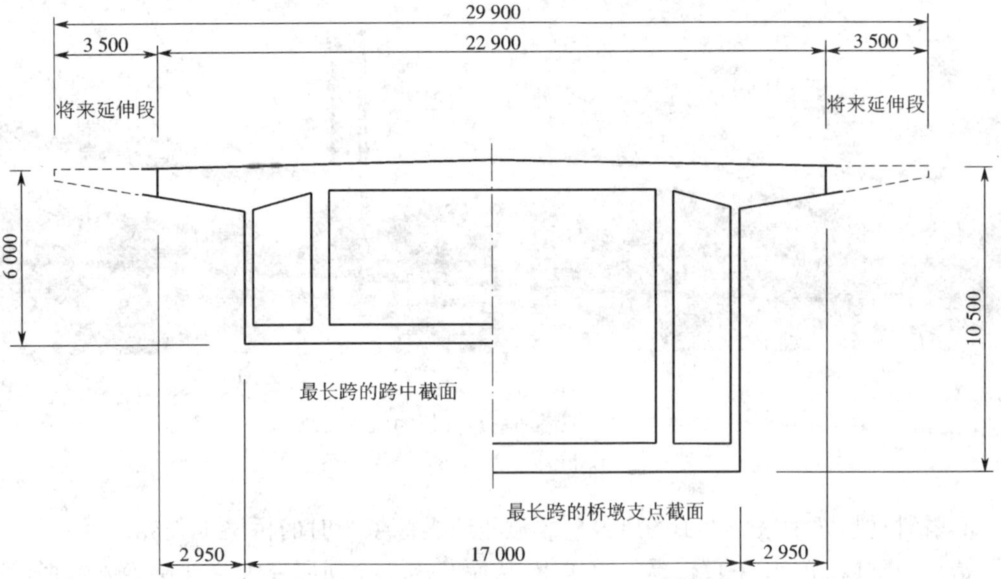

图 7-4 东京湾通道桥钢箱梁横截面(单位:mm)

由于桥址处的设计风速要求高达 66.7 m/s,因此从设计开始就对该桥的抗风研究给予了足够的重视。风洞研究表明,该桥容易发生竖直面内的涡激共振。当风流过钝体的箱梁后,会在梁的下游一侧发生旋涡脱落,并对桥梁产生上、下交替作用力。随着风速增加,旋涡脱落的频率也增加，当脱落频率接近主梁的某阶自振频率时，就会发生共振现象，这就是风致涡激共振。这种振动常在低风速下发生，且为限幅振动，一般不会导致桥梁的损毁。

该桥于1994年10月完成了主梁架设任务，1995年2月即观测到了明显的涡激振动现象。当风向与桥轴线接近垂直（±20°偏角以内），风速达到16～17 m/s时，桥面就发生明显的以一阶竖向模态为主的涡激振动，跨中单边振动峰值达50 cm。图7－5是从实桥振动实况录像中截取的两个画面，分别对应跨中的波峰与波谷状态，由画面上景象的变化可以看出振动是非常大的。

图7－5　竖向涡激振动

东京湾通道桥涡激共振的实例说明，并非只有悬索桥和斜拉桥才会发生风致振动。对于大跨度连续钢箱梁桥，当桥梁截面为明显的钝体，梁高又大，钢箱梁本身质量和阻尼相对混凝土梁要轻且小时，就有可能发生明显的涡激共振现象。

3. 斜拉桥的拉索风雨振

随着斜拉桥跨径的不断增大，斜拉桥的拉索是斜拉桥中最为细长的柔性构件，极易在风中发生振动。1985年日本最早发现了拉索的一种特殊振动形式——拉索风雨振。它的特点是在风雨共存的气候条件下才能发生，并且振动的严重程度远远超过了其他形式的拉索振动，成为影响最大的一种斜拉桥灾害。

近年来随着我国大跨度桥梁的建设，桥梁风害也时有发生，如广东南海九江公路斜拉桥施工中吊机被大风吹倒，砸坏主梁；江西九江长江公路铁路两用钢拱桥吊杆的涡激共振；上海杨浦大桥拉索的涡振和雨振损坏索套等。虽然截至目前还没有发生大的毁桥事故，但应该从世界各国的毁桥事故中吸取教训，认识桥梁抗风设计的重要性，真正做到防患于未然。

7.1.2　桥梁风工程简介

风工程就是研究风对结构作用和结构对风的响应以及减小结构风致响应和风损风毁事故措施的一门多领域交叉学科，涉及的范围很广，包括大气科学、空气动力学、结构力学、实验力学等。图7－6是由加拿大学者达文波特（Davenport）提出的一个风荷载链（Wind Load Chain），该风荷载链包括了风气候、地形效应、空气动力效应、结构力学效应、设计标准等五环。

为了求得结构对风荷载的响应，该荷载链上的每一环都是不可或缺的。

第一环“风气候”要确定不同地理区域气候意义上的平均风的一般特性。

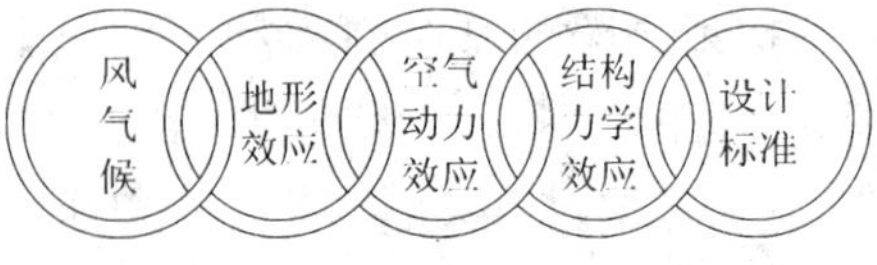

图7-6 达文波特风荷载链

第二环“地形效应”要确定受到地表不同地形影响的低层大气的局部风特性,对于低层大气中的风,由于空气运动受地表摩擦阻滞的影响,不仅其平均风速随高度的降低而降低,而且还表现出较强的紊流特性和随机性,因此对它的描述或处理显得更加困难。通常只能比较粗略地对不同地区的地形进行分类,并用一个统计意义上的被称为“粗糙长度”的参数来表征。在一个结构的寿命期内,其周边地形环境或条件常会因为兴建或拆除其他建筑物等因素而发生变化,从而会影响到该结构的风环境和作用在其上的风荷载。

第三环“空气动力效应”要确定的是由风产生的作用在结构上的荷载,包括静力荷载和动力荷载。作用在一个结构上的风荷载不仅与风的特性有关,而且在很大程度上受到结构本身的几何外形和相邻建筑物的影响,而这种影响一般可以通过风洞试验来确定。风荷载一般随时间和结构物表面的空间位置而变化。对于一个振动结构,风荷载还会受结构的运动的影响。

第四环“结构力学效应”要确定由风荷载引起的结构响应,包括静力响应和动力响应。确定结构的静力响应相对较简单,而确定结构的动力响应要复杂得多,结构的风致振动包括平均风作用下的由旋涡脱落引起的横风向涡激共振、由与结构运动相关的自激力引起的分散性自激振动(如颤振、驰振)、由自然风的紊流特性和结构所致特征紊流(气流绕过结构时产生的不同尺度旋涡脱落所造成)引起的顺风向随机抖振以及在上游结构产生的尾流区中风速的横风向尾流驰振等。不同的风致振动响应需要采用不同理论和方法来确定。

第五环“设计标准”要解决的问题是如何把前四个环节中的研究成果总结成尽可能简洁、准确的标准条文,再应用到实际结构的抗风设计上。

达文波特的风荷载链的五个环节环环相扣、相互影响,形象地描述了风工程研究者和结构工程师在进行结构抗风设计时所要面对的任务。

桥梁风工程学科的任务是认识风对桥梁结构的作用机理及其危害性,在此基础上提出有效的预防和减轻桥梁风致灾害的方法。

1. 桥梁风工程的研究内容

桥梁风工程研究在桥址处各种可能的风场条件下,桥梁结构的静力响应与动力响应,为新建桥梁的设计、施工提供解决方案。大跨柔性桥梁,如悬索桥、斜拉桥、刚性桥梁中的柔性构件以及拱桥的吊杆等,都必须进行桥梁风工程的研究。

桥梁结构风致效应属于流体与固体相互作用的范畴。因此,风效应研究自然包括三个要素:风环境、风荷载与结构响应。

1)风环境

风环境包括从气象学、微气象学与气候学中导出的一些基本内容。气象学提供对大气流动基本特征的描述和解释。那些对桥梁结构的响应影响很大的特征自然是桥梁设计者应当了解的。微气象学与桥梁风工程关系更大一些,如平均风速随高度而增加的关系、脉动风的紊流强度与积分尺度以及它们与地面粗糙度的关系等,都是必不可少的风环境资料。气候学指对特定桥址处风况的预测,如百年一遇的极值风速和风向的预测、桥址处风速风向玫瑰图等。自然风场在时间和空间上都是典型的随机过程,研究风环境需要随机过程的一些基本概念与方法,如数学期望、方差、功率谱、相关性等。

2)风荷载

风荷载就是风对结构的作用力,这种作用力实质是风与结构相互作用的结果。随机变化的风流过本身也在微振动的桥梁,使得围绕桥梁表面的大气压力形成一种特定的分布状态,并且在不断变化之中。通常将这种压力分布效应合成为竖直向上的升力、顺来流方向的阻力以及使桥梁产生扭转效应的扭矩作用,统称为气动三分力。

3)结构响应

一旦能用无量纲参数的某种数学表达式描述风荷载,相应的响应问题就可以应用结构动力学知识来分析。视荷载的表达方式不同,风致振动问题的分析有频域分析和时域分析两种。

2. 桥梁风工程的主要研究方法

桥梁风工程的研究方法主要有三种:现场测试、理论计算和风洞试验。

1)现场测试

现场测试是一种最直接的研究方法,比较直观和真实。但是现场测试需要花费大量的人力、物力和时间,而且试验的气象、地形等条件难以人为地控制和改变,结构本身的特性也很难准确掌握。因此,现场测试方法不适用于对风工程现象的规律性和机理的研究,也无法在工程建设实施前解决相关的实际问题。现场测试方法常被作为一种有效的验证理论计算和风洞试验方法的手段。

2)理论计算

Ⅰ.解析计算

解析计算一般仅对一些流线型结构的简单空气动力学问题有效。由于风工程研究对象多半是钝体空气动力学问题,因此要实现完全的数学解析分析几乎是不可能的。

Ⅱ.数值计算

数值计算又可以分为一般的基于风洞试验所得气动参数的半经验半理论数值分析方法和基于计算流体动力学(Computational Fluid Dynamics,CFD)的纯数值方法。与风洞试验方法相比,基于试验参数的理论分析方法可以考虑更接近实际的结构参数和特性,弥补试验中的相似模拟的不足。CFD方法则可以考虑实际结构的大尺度、高雷诺数等一些风洞试验方法无法解决的问题,而且在进行变参数影响研究、不同结构设计方案的气动性能比选等方面具有更大的灵活性和经济性。

3)风洞试验

风洞试验研究既是空气动力效应研究的一个重要内容,也是一个最重要的手段。与现场测试方法相比,既保留了直观性的优点,又比较节约人力、物力和时间,而且在风洞试验中可以在很大程度上人为地控制、调节和重复一些试验条件,因此是一种很好的研究风工程现象的变参数影响和机理的手段。当然,风洞试验也有其局限性,如容易受到设备模拟能力的限制和一般无法做到完全相似模拟等,从而导致试验结果具有一定的近似性。

美国R. H. Scanlan在研究桥梁气动稳定性问题时指出:风洞试验方法是不可缺少的,它可以深入认识桥梁的动态响应和响应机制,但要描述产生的机制则需要做深入的基础理论研究,并通过有特定目的的风洞试验来求得机制产生的原因。

可以看出,以上三种研究方法各有所长,也各有所短,需要相互结合以取长补短。在风洞试验规划和试验数据的合理解释和使用等方面都需要应用空气动力学理论甚至计算流体动力学方法作为指导;而理论分析和数值计算往往又需要试验数据的支持;风洞试验结果和理论分析结果的可靠性和合理性都应通过现场测试来验证。因此,在空气动力效应的研究中,理论分析和数值计算方法、风洞试验方法和现场测试方法并不是相互孤立和排斥的,而是各有特长、相辅相成的。

7.2 空气动力学基础

空气动力学是研究空气运动规律和空气在其所流经的物体上的作用力的科学,它是现代流体力学的一个分支,是介于基础科学和应用科学之间的技术科学。空气动力学在土木工程中的应用,主要涉及自然风与结构物的相互作用,一般属于低速不可压缩流体的流动问题。除边界层现象外,自然风还可近似处理为理想流体,这样只需考虑流体压力在物体表面的分布。桥梁截面形式多样,有些接近流线体或薄平板,有些是纯粹的钝体,因此流线型的空气动力学规律与钝体空气动力学的规律都可能适用于桥梁风工程。本节主要介绍桥梁风工程必需的空气动力学知识。

7.2.1 流体的宏观模型和物理属性

1. 流体的连续介质假设

流体同固体相比,分子间引力较小,分子运动比较剧烈,分子间排列比较松散,因此流体不能保持一定的形态,具有一定的流动性。

虽然流体的真实结构是由分子构成,但是流体力学研究的不是个别分子的微观运动,而是研究大量分子组成的宏观流体在外力作用下所引起的机械运动。因此,在流体力学中引入连续介质假设,即认为真实流体所占据的空间可近似看作由“流体质点”连续地无空隙地充满着。一个“流体质点”其实是微观上充分大(足以保持流体的物理化学性质)、宏观上充分小的分子团。

基于连续介质假设,反映宏观流体的各种物理量都是空间坐标的连续函数,因此都可以采用连续函数的解析方法来研究流体平衡和运动状态下的有关物理参数间的数量关系。除稀薄气体外,这一假设对大多数流体都是适用的。在连续介质假设的前提下,流体内某点的函数值可以用该点微团体积 dV 内的平均值表示。连续介质假设的简化实质是在极限的情况下,视平均值为该点的函数值。

2. 流体的主要物理性质

1)惯性

惯性是物体所具有的反抗改变原有运动状态的物理性质,它主要取决于质量。质量越大,惯性越大,运动状态越难改变。一切物质都具有质量,流体也不例外。质量是物质的基本属性之一,是物体惯性大小的量度。

单位体积流体的质量叫作流体密度,单位体积流体的重量叫作流体重度,由于流体介质是连续的,密度和重度之间通过重力加速度 g 来联系:

$$\gamma = \rho g \tag{7-1}$$

式中 γ——流体的重度;

ρ——流体的密度。

2）压缩性

对气体施加压强，气体的体积会发生变化。具有一定质量的气体的体积或密度随压强变化而改变的特性叫作压缩性。

气体压缩性的大小通常可以用体积弹性模数度量，其定义为产生单位相对体积变化所需要的压强增量，即

$$E_V = -\frac{\mathrm{d}p}{\mathrm{d}V/V} \tag{7-2}$$

式中　E_V——体积弹性模量；

V——一定质量气体的体积。

对于一定质量的气体，其体积与密度的关系成反比，即

$$\frac{\mathrm{d}\rho}{\rho} = -\frac{\mathrm{d}V}{V} \tag{7-3}$$

因此，气体的体积弹性模量可以写为

$$E_V = \rho\frac{\mathrm{d}p}{\mathrm{d}\rho} \tag{7-4}$$

在相同的压强增量作用下，这种密度（或体积）的相对变化的大小与体积弹性模量的值有关。在通常压强下，空气的体积弹性模量相当小，因此空气的密度很容易随压强的改变而变化，也就是说空气具有压缩性。对于具体的流动问题，是否考虑空气的压缩性，应该根据流动过程中所产生的压强变化是否引起密度的显著变化而定。一般情况下，当空气的流动速度较低时，压强变化引起的密度变化很小，可以不考虑空气的压缩性对流动特性的影响。

3）黏性

任何实际流体都有黏性，空气黏性不大，其作用在日常生活中不大为人所注意。下面请看一个能突出表现空气黏性的实验。

假设有一股直匀气流（气流是直线的，速度是均一的 v_∞），顺着气流放置一块无限薄的静止平板。用尺寸十分小的测量气体速度的仪器，沿平板法线方向测量平板附近气体速度的分布情况。速度分布如图7－6所示，可以看出气流在没有流到平板以前速度原是均一的，一流到平板上，直接贴着板面的那层气流，其速度就降为零；沿法线往外走，气流速度逐渐由零一点点变大起来，要到离平板相当远的地方，流速才与原来的 v_∞ 没有显著的差别。由此可见，在平板上方，离平板距离不同，其对应的气流速度也不同。也就是说，气流速度是离开平板表面的距离 y 的函数，即 $v=f(y)$，各层之间气流速度有差别。

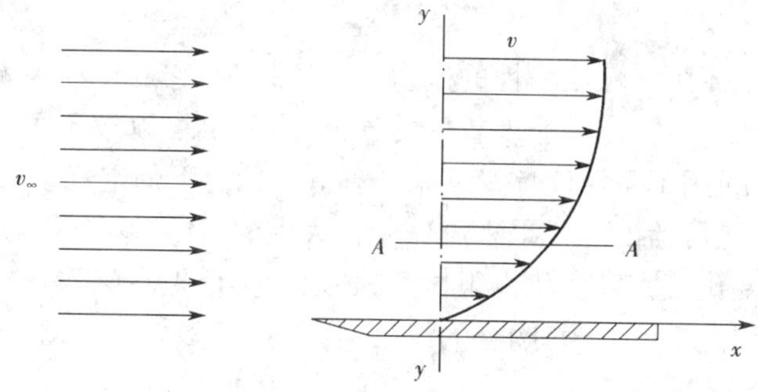

图7－6　空气黏性实验速度分布

气流速度之所以形成这样的变化，正是气体具有黏性的表现。由于气体黏性的作用，紧靠平板表面的那层气体被“粘”在平板上，并形成随着离平板距离增大气流速度逐渐增加这种变化特性。造成气体具有黏性的主要原因是气体分子的不规则热运动，它使得不同速度的相邻气体层之间发生质量交换和动量交换。上层流动速度较大的气体分子进入下层时，就会带动下层气体加速；同样，当下层气体分子进入上层时，也会阻滞上层气体，使之减速。也就是说，相邻的两个流动速度不同的气体层之间，存在着互相牵扯的作用，这种作用称为黏性力或内摩擦力。与摩擦力相仿，黏性力或内摩擦力的方向总是阻滞速度较大的气体层使其减速，或牵动速度较小的气体层使其加速。在图7-6所示的情况下，下层气体对上层气体的黏性力向左，而上层气体对下层气体的黏性力向右。显然，不同速度的气体层之间有内摩擦力，在紧靠平板表面的那层气体和平板表面之间也存在着这种摩擦力。

在空气动力学许多问题里，惯性力总是和黏性力同时并存，黏性系数和密度的比值起着重要作用。有时用它们的比值来表示气体的黏性更为方便，即

$$\nu=\frac{\mu}{\rho} \tag{7-5}$$

式中 μ——比例常数，称为流体的黏度（$\mathrm{N\cdot s/m^2}$）；

ν——运动黏性系数（$\mathrm{m^2/s}$）。

3. 流体的模型化

实际气体有着多方面的物理属性，按照对实际流体物理属性的不同情况的简化，可以得到不同的流体模型。

1）理想流体

这是一种不考虑气体黏性的模型。在这种模型中，流体微团不承受黏性力的作用。由于空气的黏度很小，在实际流动中，只有在紧贴物体表面的很薄的一层范围内，各层气体速度差异很大，因而速度梯度很大，黏性力比较大。在这一薄层以外的区域，由于各层气体之间速度变化很缓慢，速度梯度不大，因此黏性力也就很小，通常可以忽略黏性作用。

忽略黏性的气体称为理想气体。根据理想气体模型计算出来的绕流图画和物面压强分布，一般来说与实验证实的结果比较一致，由此得到的升力和力矩值比较可信。但是当流线型物体在大迎角情况，或对于非流线型物体的绕流情况下，实际流动中在物体表面将会形成一定程度的分离，忽略黏性用理想气体模型得出的结果将与实际情况差异甚大。当然，在研究流动阻力问题时，用理想气体模型得出的结果往往与实际情况相差较大，这是因为黏性阻力和紧贴物体表面的那一层气体的流动特性密切相关。

2）不可压流体

这是一种不考虑气体压缩性或弹性的模型。可以认为，它的体积弹性模量为无穷大或它的流体密度等于常数。对于流动速度较低的气体，是完全可以按不可压流体来处理流动问题的。实际应用表明，用不可压流体模型来处理低速情况下的空气动力学问题，所得结果与实际情况基本一致，是可信的。如果来流速度较大，绕物体流场中各点的速度变化很大，速度变化引起的压强变化及密度变化也很显著，必须如实地把空气看作密度可变的可压缩流体来处理，才能获得与实际情况相吻合的结果。

7.2.2 流场及其描述方法

流体运动所进行的空间，称为流场。如果运动是在平面中进行的，称为二维流；而在空

间中进行的流动，则称为三维流。流体是连续介质，要研究它的运动情况以及与之直接关联的压强、密度、温度等物理参数的变化情况，首先有一个怎样选取用于分析的客体以及怎样进行描述的问题。一个办法是沿用描述刚体运动的办法来描述流体运动，这种描述法称为拉格朗日法。也就是着眼于流体质点，设法描述出每个质点自始至终的运动过程，即流体质点的位置随时间变化的规律。设(a,b,c)表示一个质点，$\boldsymbol{r}$表示质点在任意时间的位置，则

$$\boldsymbol{r}=\boldsymbol{r}(a,b,c)$$

拉格朗日法的目的就是确定上式所代表的质点运动规律。这个方法虽然源自刚体力学，却不好用，一般是不用的。

1. 欧拉描述法

欧拉法的观点与拉格朗日法完全不同。它不是着眼于流体质点，而是着眼于流体经过的空间点。它设法在空间每一点上都描述出流体运动随时间的变化状况，最自然的选择就是描述流体经过空间点时的速度，即描写出流体占据的空间各点的速度分布，称之为速度场。用$\boldsymbol{V}$表示空间点的速度，速度场可以表示为

$$\boldsymbol{V}=\boldsymbol{V}(x,y,z,t)$$

因为我们通常关心的是流体经过特定空间时的性质，如风吹过桥面时的风速，并不关心气流质点从哪里来、到哪里去，因此欧拉法描述流体运动比拉格朗日法来得直接。欧拉法的未知量是速度场，因而可广泛应用场论这一数学工具。

2. 流场的迹线、流线

分析由速度场$\boldsymbol{V}=\boldsymbol{V}(x,y,z,t)$给定的非定常流动，并取一个流过该流场的流体微团A。微团A经过点1，跟踪微团A的运动轨迹，如图7－7(a)中曲线所示。微团A的轨迹就定义为微团A的迹线。现在跟踪另外一个微团B，假设微团B也经过点1，但是与微团A不是同时经过，微团B的迹线如图7－7(b)中曲线所示。由于流动是非定常的，所以点1处(流场中其他的点也一样)的速度随时间变化。因此，微团A和B的迹线分别是图7－7(a)和(b)中不同的曲线。一般来说，对于非定常流动，通过流场中同一点的不同微团的迹线也不相同。

流线是流场中的这样一条曲线：同一时刻线上各点的几何切向和该点处的流体微团的速度方向相同，如图7－8所示。对于非定常流动，由于速度矢量的大小和方向随时间变化而变化，所以不同时刻的流线形状也不相同。

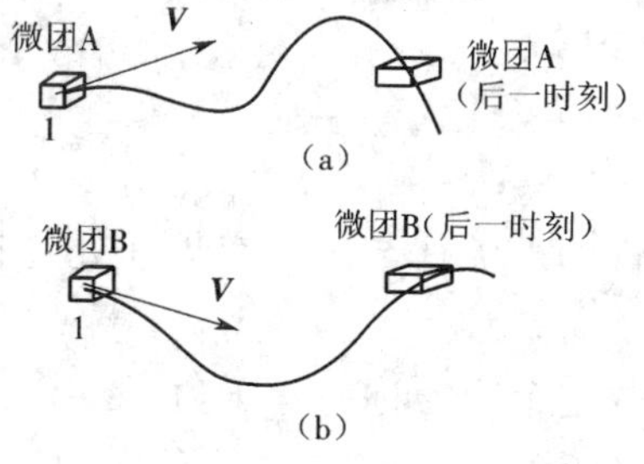

图7－7　迹线

(a)微团A　(b)微团B

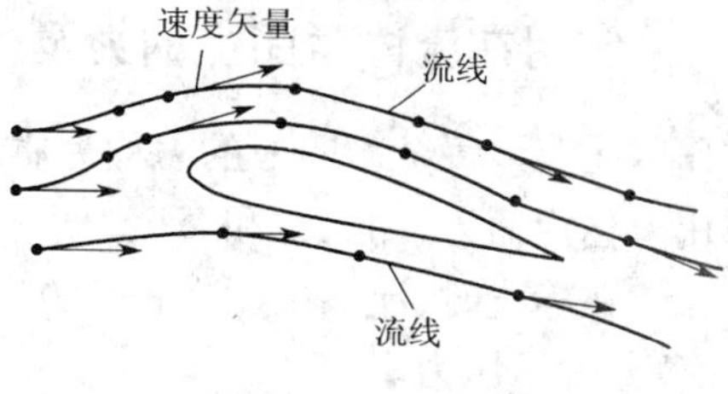

图7－8　流线

在通常情况下，流线和迹线不重合，然而对于定常流动，流场中给定点的速度矢量的大小和方向都不随时间变化，即经过流场中同一点的不同微团，其迹线相同，并且迹线和流线

也重合。因此,在定常流动中,流线和迹线没有区别,它们是相同的空间曲线,如图 7－9 所示。在图 7－9 中,给定微团经过点 1 形成一条迹线,显然后来经过点 1 的微团也跟随相同的迹线;又因为在任何时刻该迹线上所有点的速度矢量都与迹线相切,所以该迹线同时也是流线。

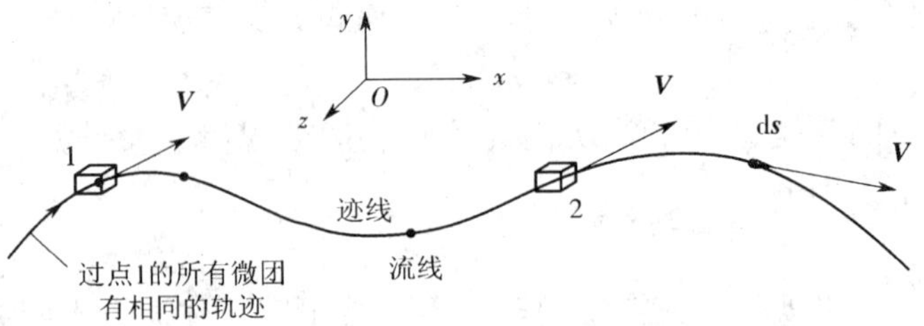

图 7－9　定常流动中迹线和流线相同

7.2.3　流体运动的速度分解和运动分类

流体运动比刚体运动复杂,它除了平动与转动之外,还要发生变形。对流体的任一速度场,运用场理论总可以将流体微团的速度分解为平动、转动和变形三部分之和。其中,描述平动的特征量是平动速度 V_0;描述转动的特征量是速度场的旋度,记为 rot $\boldsymbol{V}$,又称为涡旋矢量;描述变形的特征量是变形速度张量 $\boldsymbol{S}$。

流体运动较刚体运动复杂还体现在它的局部性上。上述速度分解只是对一个流体微团而言。一个刚体发生旋转,则刚体上各点都以同一角速度旋转,流体则必须指明是哪一点或哪个区域有涡旋。涡旋是常见的一种流体运动,涡旋中的流体微团的旋转角速度大小正好是其涡旋矢量的二分之一,瞬时旋转轴与涡旋矢量的方向重合。

依据流体运动的特征,通常按下列三种方式对流体运动进行分类。

(1)以运动形式为标准。如果在整个流场中处处都有 rot $\boldsymbol{V}=0$,则此运动称为无旋运动;反之称为有旋运动。流体运动总是伴有平动和变形,因此对这两个运动形式不加分类。

(2)以时间为标准。流场与时间无关而始终不变的称为定常运动,反之称为不定常运动。定常流动又称为层流或平滑流,非定常运动又称为湍流或紊流。

(3)以空间为标准。流场只依赖于一个空间坐标的称为一维运动或一维流场,如流体在管道中的均匀流动;依赖于两个空间坐标的称为二维运动;依赖于三个空间坐标的称为三维运动。

7.2.4　作用在流体微团上的力及性质

作用在流体每个微团上的力称为质量力,如重力和惯性力。流体与固体交界面处的相互作用力称为面力,如压力和摩擦力。

流体在静止时,流体微团在任意方向上的应力都相等。这个应力称为静压力,常用 $-P$ 表示,负号表示压力。

流体在流动时,由于黏性作用,会产生剪切应力 τ。理想流体是假定黏性为零的流体,因此理想流体即使在流动时也只有静压力。

一般而言,流体只能承受静压力和剪切应力,这是由流体的易流动性决定的。

7.2.5　流体力学基本方程

为简单起见，我们仅考虑不可压缩流体的二维流场，以避免复杂的三维偏微分方程组，因此本节公式全部适用于不可压缩流体。

1. 连续性方程

连续性方程的实质是质量守恒定律。对于不可压缩流体，流入和流出某一封闭空间的流体质量必然相等，由此可导出：

$$\frac{\partial v_x}{\partial x}+\frac{\partial v_y}{\partial y}=0 \tag{7-6}$$

这是微分形式的连续性方程。在一个封闭的流管内流动的流体，其连续性方程可以表示为

$$Sv=\text{常数} \tag{7-7}$$

式中　S——流管截面面积；

v——流体经过这一截面的平均速度。

式(7-7)的通俗解释是截面面积大的地方流速小，截面面积小的地方流速大。如回流式风洞的试验段部分截面面积最小，就是为了获得最大的试验风速。

2. 运动方程

运动方程基于牛顿第二定理，一般由动量方程导出。直角坐标系下运动方程的微分形式为

$$\left.\begin{aligned}\rho\frac{\mathrm{d}v_x}{\mathrm{d}t}&=\rho F_x+\frac{\partial\sigma_x}{\partial x}+\frac{\partial\tau}{\partial y}\\ \rho\frac{\mathrm{d}v_y}{\mathrm{d}t}&=\rho F_y+\frac{\partial\sigma_y}{\partial y}+\frac{\partial\tau}{\partial x}\end{aligned}\right\} \tag{7-8}$$

式中　ρ——流体密度；

F_x、F_y——流体所受的体积力；

σ_x、σ_y——流体正应力；

τ——流体剪应力；

$\mathrm{d}/\mathrm{d}t$——物质导数，有

$$\left.\begin{aligned}\frac{\mathrm{d}v_x}{\mathrm{d}t}&=\rho\frac{\partial v_x}{\partial t}+v_x\frac{\partial v_x}{\partial x}+v_y\frac{\partial v_x}{\partial y}\\ \frac{\mathrm{d}v_y}{\mathrm{d}t}&=\rho\frac{\partial v_y}{\partial t}+v_x\frac{\partial v_y}{\partial x}+v_y\frac{\partial v_y}{\partial y}\end{aligned}\right\} \tag{7-9}$$

3. 本构方程

黏性流体只能承受正压力 $-P$ 和黏性剪切力，于是

$$\sigma_x=\sigma_y=-P \tag{7-10}$$

$$\tau=\mu\left(\frac{\partial v_x}{\partial y}+\frac{\partial v_y}{\partial x}\right) \tag{7-11}$$

4. 纳维-斯托克斯(N-S)方程

将黏性流体的本构方程(7-11)代入连续介质流体运动方程(7-8)，并引用不可压缩条件式(7-6)，即得到著名的纳维-斯托克斯(N-S)方程：

$$\left.\begin{aligned}\rho\frac{\mathrm{d}v_x}{\mathrm{d}t}=\rho F_x-\frac{\partial P}{\partial x}+\mu\left(\frac{\partial^2 v_x}{\partial x^2}+\frac{\partial^2 v_x}{\partial y^2}\right)=0\\ \rho\frac{\mathrm{d}v_y}{\mathrm{d}t}=\rho F_y-\frac{\partial P}{\partial y}+\mu\left(\frac{\partial^2 v_y}{\partial x^2}+\frac{\partial^2 v_y}{\partial y^2}\right)=0\end{aligned}\right\}\tag{7-12}$$

5. 伯努利方程

如果流体不仅是不可压缩的，而且是无黏性的，即 $\mu=0$，并且质量力可以忽略，那么维纳-斯托克斯方程进一步简化为

$$\left.\begin{aligned}\rho\frac{\mathrm{d}v_x}{\mathrm{d}t}=\rho F_x\\ \rho\frac{\mathrm{d}v_y}{\mathrm{d}t}=\rho F_y\end{aligned}\right\}\tag{7-13}$$

这就是伯努利方程。如果选择坐标轴沿流线方向，且运动是定常的，那么由式(7-13)积分可得到伯努利定理的一种特殊形式，通常写成

$$\frac{1}{2}\rho v^2+P=\text{常数}\tag{7-14}$$

式中 v——沿某一流线的流速；

P——静压力。

由于$\frac{1}{2}\rho v^2$ 具有压力量纲，故称之为动压。这样式(7-14)可以叙述为：理想流体定常流动时，沿流线方向的动压与静压之和保持不变。我们常用伯努利定理来解释风洞气流中压力与速度的关系。

7.2.6 边界层

1. 物体表面的边界层

空气这类黏性很小的流体流过物体时，黏性影响显著的区域只限于物体表面邻近很薄的一层，这一层被称为边界层。紧贴物体表面的流体被粘附在物体表面上，其速度为零，外层流体的速度会逐渐增加，至一定距离后流体速度与主流场一致，这就是边界层的运动特征。边界层之外的流动，流体的黏性作用可以忽略不计，流动遵循理想流体的流动规律。地球表面的自然风就是典型的边界层流动，因此边界层的概念在结构风工程中十分重要。

2. 雷诺数

由于黏性效应，流体在靠近物体表面处形成边界层。在边界层内，气流速度从物体表面处等于零(无滑动)增大到对应于外层(相对于边界层而言)气流的速度值。因此，边界层是空气黏性效应的一个重要表现。

空气的另一重要效应是由其质量引起的惯性效应。黏性与惯性作用的相互关系决定了空气流动的特性。可以证明，雷诺数(Reynolds Number)代表了惯性力与黏性力之比。因为流体微团的惯性力与 $\rho U^2/L$ 成比例，而黏性力与 $\mu U/L^2$ 成比例，因此

$$\frac{\text{惯性力}}{\text{黏性力}}=\frac{\rho U^2/L}{\mu U/L^2}=\frac{\rho UL}{\mu}=Re=\frac{UL}{\nu}\tag{7-15}$$

式中，$\nu=\mu/\rho$，是空气的运动黏性系数，表征了由层流流体各层之间的分子运动所引起黏性力的大小。当雷诺数 Re 较大时，惯性效应起主要作用；Re 较小时，则黏性效应较强。当流体流动的雷诺数不断增大时，流体的流动将会出现一系列变化很大的流动现象。

黏性流体运动有两种形态，即层流和紊流，紊流又叫湍流。层流的特征是流体运动规则，各部分分层流动互不掺混，质点的轨线是光滑的，而且流场稳定。湍流的特征则完全相反，流体运动极不规则，各部分激烈掺混，质点的轨线杂乱无章，而且流场极不稳定。这两种截然不同的运动形态可以互相转化，雷诺数 Re 是层流向湍流过渡的决定参数。

对于空气，在一个大气压和 20 ℃气温的条件下，其分子运动黏性系数为 $\nu=1.5\times10^{-5}$ m²/s。这样对于一个大气压和 20 ℃气温条件下的流动，其雷诺数的近似计算公式为

$$Re\approx67\ 000UL \tag{7-16}$$

应当注意，雷诺数是一个局部性的概念，它与对流动产生影响的边界有关。也就是说，在计算雷诺数时，如何选择特征长度 L 要取决于我们所感兴趣的局部具体情况。所以，一个给定物体上的流动，可以具有较宽的雷诺数范围，它将由我们所要研究的具体区域而定。当我们作为一个整体讨论包围给定物体的流动时，L 一般可取为大约等于该物体的总体代表尺寸。

对于层流边界层，空气的黏性主要源于分子运动在各气层之间的动量交换，而对于紊流边界层，各气层之间的动量交换主要由紊流中的对流分量来完成。因此，紊流边界层和层流边界层的根本区别在于，前者的各气层之间的动量交换是在宏观尺度上进行，而后者则是在分子尺度上进行。因此，紊流的黏性系数或动黏性系数与层流的是有区别的，而由式(7-15)定义的雷诺数有时被更明确地称为分子雷诺数。对于紊流流动，会用到紊流雷诺数的概念，即用紊流黏性系数或涡动黏性系数 ν_{turb} 来代替公式(7-15)中的分子运动黏性系数 ν，有

$$Re_{\mathrm{turb}}=UL/\nu_{\mathrm{turb}} \tag{7-17}$$

涡动黏性系数 ν_{turb} 是反映由紊流引起的大尺度动量交换程度的一个指标，它远远大于分子运动黏性系数 ν。对于大气的紊流运动，ν_{turb} 可按下式近似估计：

$$\nu_{\mathrm{turb}}\approx u_*z_0 \tag{7-18}$$

式中　u_*——流体的摩擦风速；

　　z_0——地表的粗糙高度。

3. 圆柱体二维绕流

圆柱体的二维绕流与雷诺数有着密切的关系，如图 7-10 所示。在层流流场中，随着雷诺数从低逐渐变到高，圆柱体的二维绕流会依次出现许多的流动形态。

当雷诺数很低（$Re\approx1$）时，绕流将对称地附着在整个圆周上，如图 7-10(a)所示。

当 $Re\approx20$ 时，绕流形态仍是对称的，但在背风侧出现了流动分离，并形成一对始终停留在圆柱体背风侧表面附近的大尾流旋涡，如图 7-10(b)所示。

当 $30\leqslant Re\leqslant5\times10^3$ 时，旋涡将在圆柱体两侧交替脱落，并在下游形成一条清晰、稳定、交错排列的“涡迹”或“涡街”（图 7-10(c)），这些交错排列的旋涡以略低于周围流体的速度向下游移动。由于该现象最早是由冯·卡门（Von Karman）等人发现，因此常被称为冯·卡门涡迹或冯·卡门涡街。但关于这一现象的形成和发展的机理至今仍未被完全认识，因此仍然是大量理论和实验研究的焦点。在这一雷诺数范围内，除了旋涡本身外，圆柱体后的尾流是比较平滑而规则的，流动虽然是非定常的，但基本上可认为是层流。

当雷诺数继续升高达到 $5\times10^3<Re\leqslant2\times10^5$ 范围内时，有规则的冯·卡门涡迹消失，分离点上游的附着流仍是层流，在分离点处可观察到三维流动。尾流由层流向紊流过渡，随着雷诺数的升高，分离点也逐步向上游移动，尾流的宽度逐步增加，尾流中层流向紊流过渡的

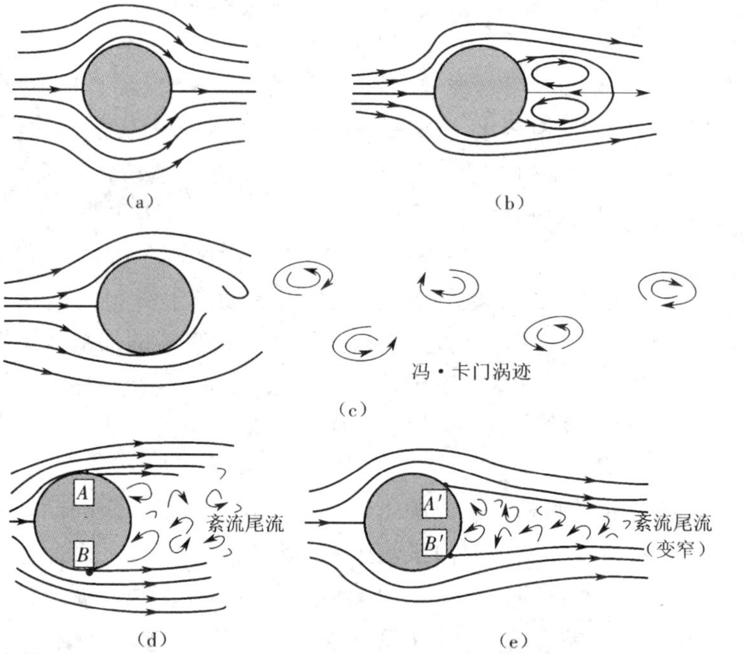

图 7－10 不同雷诺数下圆柱体绕流

(a) $Re\approx1$ (b) $Re\approx20$ (c) $30\leqslant Re\leqslant5\times10^3$ (d) $5\times10^3<Re\leqslant2\times10^5$ (e) $5\times10^5<Re\leqslant4\times10^6$

部位从离圆柱较远的下游处逐步靠近圆柱体表面，尾流的紊乱程度也逐步增加。当雷诺数接近临界点(约 2×10^5)时，分离点的位置在圆柱两侧的边缘(图 7－10(d)中的 A 和 B 两点)，此时尾流宽度相当大，超过了圆柱体的直径，而旋涡的脱落仍是颇有规律的。

当雷诺数超过临界点(约 2×10^5)时，流动的分离点突然迁移到下游(从图 7－10(d)中的 A 和 B 两点分别迁移到图 7－10(e)中的 A' 和 B' 两点)，使得尾流变窄，同时旋涡的脱落也变得相当随机而无规律。其中，$2\times10^5\sim5\times10^5$ 雷诺数范围对应了圆柱表面上所形成的边界层(附着流)内发生层流向紊流过渡的状态。当雷诺数超过约 4×10^6 后，虽然尾流仍然十分紊乱，但圆柱体上的旋涡脱落又变得颇有规律。一些实验已经发现，这一有规律旋涡脱落现象出现的最高雷诺数约为 10^8。

根据圆柱体的绕流、表面边界层和旋涡脱落的特点，可把雷诺数的范围分成亚临界($Re=30\sim2\times10^5$，旋涡有规律脱落，边界层为层流)、临界($Re=2\times10^5\sim5\times10^5$，旋涡随机脱落，边界层从层流过渡到紊流)、超临界($Re=5\times10^5\sim4\times10^6$，旋涡随机脱落，边界层为紊流)和高超临界($Re>4\times10^6$，旋涡有规律脱落)四个独特的区域。

当尾流中有明显的涡迹时，就存在垂直于来流方向的横向流动分量。如果此时在该物体尾流区中央顺来流方向放置一块“隔裂板”，就可以阻止尾流区中的横向流动，从而就有可能避免涡迹的形成，使整个尾流流动变得平稳，如图 7－11 所示。定性地说，隔裂板起到了延长该物体沿来流方向深度的作用，使它近似于一个对称的翼型。由此也可以看出，当一个物体沿来流方向的深度较大时，其尾流就会很窄，因而不会产生显著的旋涡。

4. 旋涡脱落频率和斯托拉哈数

发生在圆柱体上的有规律的旋涡脱落现象在其他的钝体，如三角形、方形、矩形和其他不规则的棱柱体等上也会发生。斯托拉哈(Strouhal)最先指出这种尾流效应的显著规律可

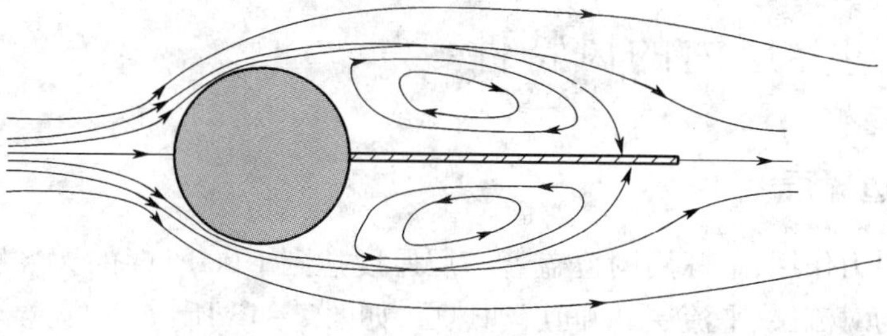

图7－11　圆柱体后方隔裂板的作用示意

以用下述无量纲数来描述：

$$S_t = n_s D/U \tag{7-19}$$

式中　U——来流层流的平均流速；

D——物体特征尺寸，一般取物体在垂直于平均流速的平面上的投影特征尺寸，也可取物体顺流向的特征尺寸；

n_s——旋涡脱落完整周期的频率，完整周期是指物体周围某一瞬时流动结构和下一次出现相同流动结构之间的过程；

S_t——斯托拉哈数(Strouhal Number)，取决于被流体所包围的柱体形状，不同的钝体截面可具有不同的斯托拉哈数值，可通过风洞试验获得。

知道了一个截面的斯托拉哈数后，就可以根据式(7－20)计算其不同风速下的旋涡脱落频率：

$$n_s = S_t U/D \tag{7-20}$$

由于物体的绕流性质、流动分离、旋涡脱落等与雷诺数有关，因此斯托拉哈数除了与物体的形状有关外，还与雷诺数有关。图7－12显示了均匀流场中圆柱体的斯托拉哈数随雷诺数的变化规律：

(1)在亚临界区($30 < Re < 2 \times 10^5$)，$S_t \approx 0.21$；

(2)在临界区($Re = 2 \times 10^5 \sim 5 \times 10^5$)和超临界区($Re = 5 \times 10^5 \sim 4 \times 10^6$)，旋涡脱落没有明显规律，呈现出强烈的随机性，斯托拉哈数在0.21～0.5变化，表现出强烈的不稳定性；

(3)当雷诺数超过4×10^6进入高超临界区后，旋涡的脱落又变得有规律，斯托拉哈数重新变稳定，约为0.25。

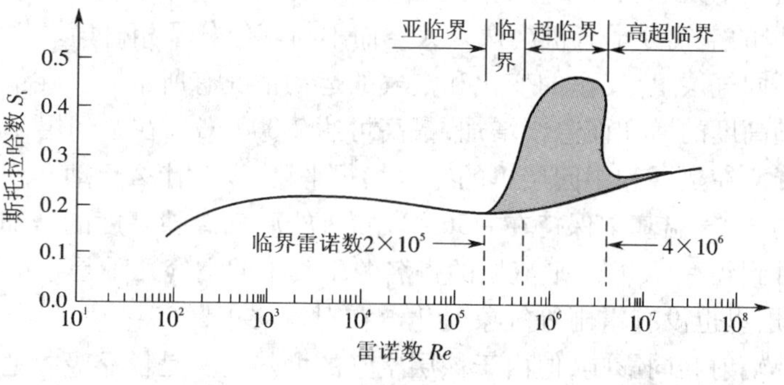

图7－12　均匀流场中圆柱体的斯托拉哈数随雷诺数的变化曲线

7.3 大气边界层内的风特性

7.3.1 大气边界层

由于地球引力作用,地球周围覆盖着一层厚度达到1 000 km的大气层,这一环绕地球的大气层可分为对流层、平流层、中间层和热层,如图7-13所示。

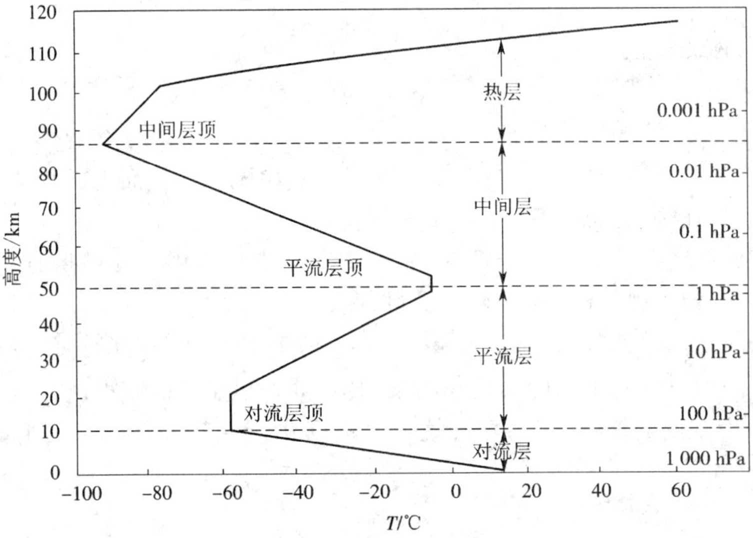

图7-13 大气层结构示意

对流层为靠近地表的那一层大气,其厚度在赤道上空介于16 km~18 km,在中纬度和高纬度上空介于8 km~12 km。对流层在这个大气层中所占的厚度不大,但由于它处于大气的最底层,压力和密度最大,所包含的空气质量几乎占这个大气层质量的3/4。平流层为对流层顶至离地表约50 km范围内的大气,平流层的大气质量占这个大气层质量的比例接近1/4。中间层为平流层顶至离地表约85 km范围内的大气。热层为中间层顶以上的大气,有时也把其400 km以下的部分称为高温层,把400 km以上部分称为外层大气。热层中的大气质量只占整个大气层总质量的约1/3 000。外层大气非常稀薄,质量仅为整大气层质量的$1/10^{11}$,那里的空气分子有机会逸入太空而不与其他分子相碰撞。

在大气的不同气层里,气温的变化和空气的运动情况有所不同。在最外的热层中,炽热的阳光使气温随高度的增加而急剧增加,最高可达2 000 ℃。在中间层,气温却随着高度的增加而急剧下降。在热层和中间层里的空气均很平稳,没有什么运动和变化。在平流层里,到高度20 km为止,气温基本保持在-56 ℃左右,然后气温随高度的增加而增加,到50 km高度附近温度升到约-10 ℃。平流层的得名源于其中的空气几乎是水平流动的,没有竖向流动,因此平流层里也没有雷雨等气象变化。在对流层中,气温受太阳光辐射、地表热辐射和空气之间的热辐射共同影响,但由于该层空气的增热主要是依靠吸收地面长波辐射,因此气层越靠近地面,吸收的地面长波辐射就越多,温度也越高;反之,离地面越远,温度就越低。因此,在正常情况下,对流层的气温是随高度的增加而降低,垂直递减率随高度和时间的变化均有所变化,平均为0.65 ℃/100 m。

按照大气运动的动力学性质可以将对流层中的大气沿垂直方向粗略地分为上部自由大气层和下部大气边界层。受粗糙地表的摩擦而引起的阻滞作用的影响,大气边界层中的气流在近地表处的速度明显减慢,并在地表处降为零。而由于相邻气层之间的紊流掺混使得这种地表阻滞或摩擦的影响可扩展到整个大气边界层,并在沿高度方向各气层之间产生剪切应力。严格地讲,大气边界层的高度可达 1 km ~ 1.5 km,在此范围内风速是随高度的变化而变化。再往上就是自由大气层,地表摩擦力对大气运动(即风)的影响可以忽略,气层之间的剪切应力基本等于零。在自由大气层中,无加速的空气相对于地表的水平运动可以通过气压梯度力、地转偏向力和离心力之间的平衡来确定,风向与等压线保持一致,风速与高度无关。大气流体动力学中,把气压梯度力、地转偏向力和离心力到达平衡的、与高度无关的定常风速称为梯度风速,常用 U_G 表示,边界层高度也因此而常被称为梯度风高度。当所关心的区域远离气象系统中的低压或高压区时,等压线的半径很大,曲率很小,可近似为直线,此时可忽略作用在空气微团的离心力,与高度无关的定常风速由气压梯度力和地转偏向力的平衡条件确定,称为地转风速。

从风工程的研究观点看,图 7－14 所示大气边界层可以划分为三个区域:离地面 2 m 以内的区域称为底层;2 ~100 m 的区域称为下部摩擦层;100 m ~1.5 km 的区域称为上部摩擦层,又称埃克曼层。底层和下部摩擦层总称为近地面层。在近地面层中,大气与地面之间存在着非常强烈的相互作用,地面的地形地貌条件和摩擦的变化会较直接地影响该层大气的运动特性。在近地面层之上的上部摩擦层中,大气运动受地面的地形地貌条件和摩擦的影响减弱。

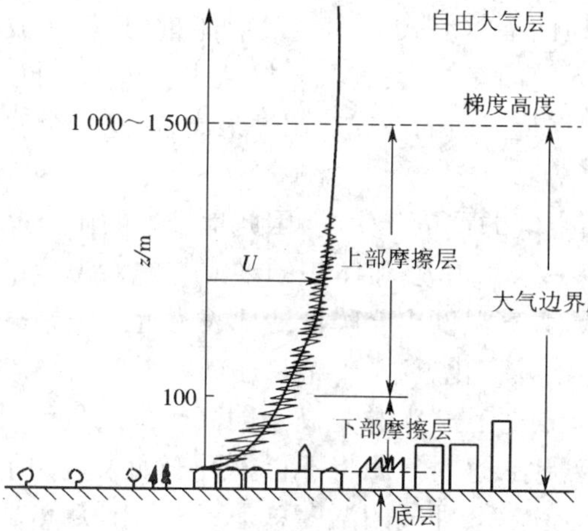

图 7－14　大气边界层

在大气边界层中,由于粗糙地表产生的摩擦力的影响,风向与等压线成一定的夹角。随着高度的增加,地面摩擦效应的影响逐渐降低,这种夹角也越来越小,在梯度风高度处,夹角降为零,风向与等压线一致。大气边界层内风速风向随高度的这种变化规律可用如图7－15 所示的螺线来描绘,从地面至边界层高度顶,风向角的变化约为 20°。由于土木工程结构均建在大气边界层中,因此大气边界层内的风特性是土木工程结构设计者最为关心的。

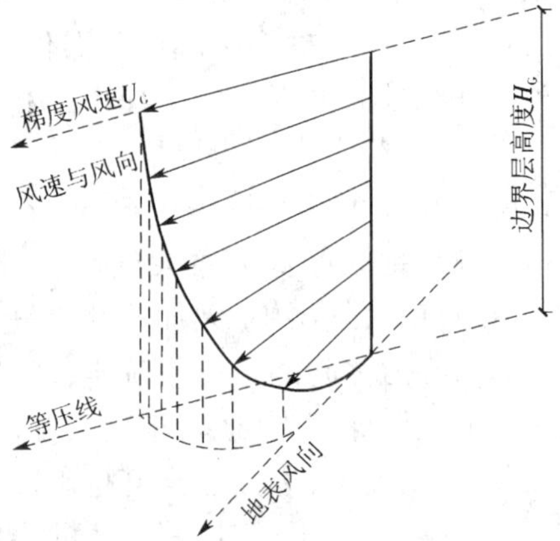

图 7－15 大气边界层中的风速螺线

7.3.2 风的成因、分类和等级

1. 风的成因

风产生的根本原因是太阳对地球大气的加热不均匀，导致大气中热力与动力现象的时空不均匀性，使相同高度上两点之间产生压差，从而迫使空气流动形成了风。

风的形成主要受下列因素影响。

1）大气的吸热性能

虽然阳光是大气温度的直接能源，但影响大气能源最直接的还是来自地球表面。大气不易接收阳光辐射，它对阳光在很大程度上是透明的，太阳热辐射可以全部投射到地球。地球被阳光辐射加热后，以地面辐射形式向大气发射能量，其特征波长（10 μm 左右）比太阳光长，很容易被大气吸收。简而言之，大气不直接从来自外层空间的阳光吸收热量，而是从地表辐射吸收热量。夏天靠近路面的空气层温度最高，就是一个实例证明。

2）大气的压强与温度分布

大气压强本质上是由空气的重量产生的，因此地表处的压强最大，压强随高度增加而递减。另外，根据热力学第一定律，压强和体积的乘积与绝对温度的比值 pV/T 是一个常量，因此随着高空压力的降低，大气温度也会降低。地表附近一个热空气团在快速上升时，其压强与温度变化过程可视为绝热变化过程，干绝热递减率为 1 ℃/100 m，即每上升 100 m 气温降低 1 ℃，如果热空气团上升过程气温总是高于同高度大气气温，则会一直上升，称为不稳定层结；反之，则称为稳定层结，这时气团将不再上升。如果气团上升的绝热递减率正好等于大气气温沿高度分布的递减率，即气团温度总是等于周围大气温度，则称为中性层结。

总之，大气压强与温度沿高度递减的规律是造成气流垂直运动的重要原因。

3）气压的水平梯度力

地球表面各处的气压不相同，从而在同一水平面上产生水平气压梯度，这是空气水平运动的驱动力。如亚洲大陆最为辽阔，与海洋上空气压相比，冬天为高气压，夏天为低气压，于是形成了亚洲最为明显的季风。

4）边界层效应

由于流体具有黏性，流体在物体表面上方一定高度内将形成边界层，空气也是如此。地球表面对空气运动的水平阻力使气流速度减慢，当高度超过大气边界高度后，这种摩擦力效应可以忽略。大气中水汽也会影响气流运动,饱和暖湿气流含有水汽凝结的能量,其运动比干气流剧烈一些,台风就是一种暖湿气流。

2. 风的分类

1)热带气旋、台风(飓风)

发生在低纬度热带洋面上的低气压或空气涡旋统称为热带气旋。按世界气象组织规定,热带气旋按其中心附近 2 min 平均最大风力等级区分为不同的强度。从 1989 年起,采用国际标准将热带气旋分为以下四类。

(1)热带低压:中心附近最大平均风力 6 级到 7 级。

(2)热带风暴:中心附近最大平均风力 8 级到 9 级。

(3)强热带风暴:中心附近最大平均风力 10 级到 11 级。

(4)台风即飓风:中心附近最大平均风力 12 级以上。

根据亚太经社理事会和世界气象组织下设的台风委员会的决定,从 2000 年 1 月起,西北太平洋和南海的台风采用具有亚洲风格的名字,其命名简短、通俗、易记,将有助于公众传递台风信息,提高警觉和增加警报效果。它的名字共有 140 个,分别由亚太地区的柬埔寨、中国、朝鲜、中国香港、日本、老挝、中国澳门、马来西亚、菲律宾、韩国、泰国和越南等 14 个国家和地区提供,每个成员国和地区分别征集提供 10 个名字,命名表按顺序排列,循环使用。我国提供的名字大多是人们熟悉的各种神话传说中的主角,如龙王、玉兔、悟空等;日本提供的是星座名称;中国香港提供的有启德、姗姗等女性化名字;中国澳门则大多是花鸟虫鱼的名字等。

在北半球,热带旋风的风向是逆时针方向旋转;而在南半球,则为顺时针方向旋转。

热带气旋的形成随地区不同而异,它主要是由太阳辐射在海洋面所产生的大量热能转变为动能(风能和海浪能)而产生的。海洋水面受日照影响,往往在离赤道 10°纬度地区生成热而湿的水汽向上升起,形成庞大的水汽柱。热低压区和稳定的高压区气压之差产生空气流动,由于平衡产生相互补充的力使之成螺旋状流动,气压高低相差越大,旋转流动的速度越大。

西北太平洋是全球生成热带气旋最多的海区,全球约有 30% 的热带气旋生成于西北太平洋,而这些热带气旋中约有 80% 会发展成台风。在我国登陆的台风占整个西北太平洋台风总数的 35%,海南、广西、广东等省市遭遇热带气旋的次数最多;沿东海岸向北,台湾、福建、浙江、上海、江苏、山东、辽宁等省市遭遇热带气旋的次数依次减少;由沿海向内陆,遭遇热带气旋的次数也是减少的。我国仅青海、甘肃、西藏、新疆四个省(自治区)没有热带气旋影响。

2)季风

季风是由于海洋与陆地的热力差异、季节变化、高原地形的作用和南北半球气流的相互作用而形成的以半年为周期改变盛行风向的风。在夏季,陆地温度高于海洋,陆地气压低于海洋,风从海洋吹向陆地,称夏季风。冬季则相反,风从陆地吹向海洋,称冬季风。另外,青藏高原热力作用和地形动力作用也会形成季风。

我国是季风气候的国家,既受东亚季风的影响,也受南亚季风的影响,其中影响我国东部的东亚季风,冬季风较夏季风强,而南亚季风则相反。

3)地方性风

局部地形与气候特点也可能产生十分强烈的风暴,美国经常发生龙卷风,我国新疆等地的山口峡谷风以及雷阵雨等都是地方性风。

3. 风的等级

气象预报中将风力分成0～12共13个等级，通常采用英国人蒲福(Beaufod)拟定的等级，它是按照陆上地物征象、海面和渔船征象以及10 m高处的风速、海面波高等划分的。蒲福风力等级的划分详见表7－2。

表7－2 蒲福风力等级划分

风力等级	名称	相当于平地10 m高处的风速(m/s)		陆上地物征象	海面和渔船征象
		范围	中数		
0	静风	0～0.2	0	静，烟直上	海面平静
1	软风	0.3～1.5	1	烟能表示风向，树叶略有摇动	微波如鱼鳞状，没有浪花，一般渔船正好能使舵
2	轻风	1.6～3.3	2	人面感觉有风，树叶有微响，旗子开始飘动，高的草开始摇动	小波，波长尚短，但波形显著，波峰光亮但不破裂； 渔船张帆时，可随风移行1～2 nmile/h
3	微风	3.4～5.4	4	树叶及小枝摇动不息，旗子展开，高的草摇动不息	小波加大，波峰开始破裂；浪沫光亮，有时可有散见的白浪花； 渔船开始簸动，张帆随风移行3～4 nmile/h
4	和风	5.5～7.9	7	能吹起地面灰尘和纸张，树枝动摇，高的草呈波浪起伏	小浪，波长变长，白浪成群出现； 渔船满帆时，可使船身倾于一侧
5	清劲风	8.0～10.7	9	有叶的小树摇摆，内陆的水面有小波，高的草波浪起伏明显	中浪，具有较显著的长波形状，许多白浪形成(偶有飞沫)； 渔船需缩帆一部分
6	强风	10.8～13.8	12	大树枝摇动，电线呼呼有声，撑伞困难，高的草不时倾伏于地	轻度大浪开始形成，到处都有更大的白沫峰(有时有些飞沫)； 渔船缩帆大部分
7	疾风	13.9～17.1	16	全树摇动，大树枝弯下来，迎风步行感觉不便	轻度大浪、碎浪而成白沫，沿风向呈条状； 渔船不再出港，在海者下锚
8	大风	17.2～20.7	18	可折毁小树枝，人迎风前行感觉阻力甚大	有中度的大浪，波长较长，波峰边缘开始破碎成飞沫片，白沫沿风向呈明显的条带； 所有近海渔船都要靠港，停留不出
9	烈风	20.8～24.4	23	草房遭受破坏，屋瓦被掀起，大树枝可折断	狂浪，沿风向白沫呈浓密的条带状，波峰开始翻滚，飞沫可影响能见度；机帆船航行困难
10	狂风	24.5～28.4	26	树木可被吹倒，一般建筑物遭破坏	狂涛，波峰长而翻卷；白沫成片出现，沿风向呈白色浓密条带；整个海面呈白色；海面颠簸加大有震动感，能见度受影响，机帆船航行颇危险

续表

风力等级	名称	相当于平地10 m高处的风速(m/s)		陆上地物征象	海面和渔船征象
		范围	中数		
11	暴风	28.5~32.6	31	大树可被吹倒,一般建筑物遭严重破坏	异常狂涛(中、小船只可一时隐没在浪后),海面完全被沿风向吹出的白沫片掩盖;波浪到处破成泡沫;能见度受影响,机帆船遇之极危险
12	飓风	>32.6	>33	陆上少见,摧毁力极大	空中充满了白色的浪花和飞沫;海面完全变白,能见度严重受到影响

7.3.3　近地风特性

由于粗糙地表引起的摩擦效应使得大气边界层中的自然风具有紊流特性。大量的实测资料表明,在瞬时风速的时程中主要包含了长周期和短周期两种成分。其中,长周期在10 min左右或以上,而短周期只有几秒至几十秒甚至更小。由于长周期成分的周期远远大于工程结构的固有周期,因此其对结构的作用基本是不随时间变化,或变化十分缓慢,可认为其作用性质是静力的。而短周期成分是由风的不规则脉动引起的,其强度是随时间呈随机变化的,因此其对结构既有静力作用也有动力作用,需要按随机问题来分析。因此,在工程实践中,紊流的瞬时风速可以看成是平均风速 U 和脉动风速 u 的叠加,如图7－16所示。对结构的作用也可按平均风的静力作用和脉动风的动力作用分开来处理。

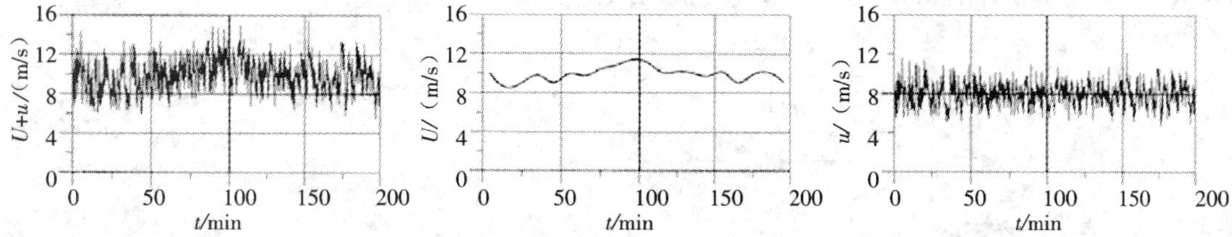

(a)　(b)　(c)

图7－16　实测瞬时风速的分解

(a)瞬时风速　(b)平均风速　(c)规格化脉动风速

脉动风速总是三维的,因此可用三个相互正交的分量 $u(t)$、$v(t)$、$w(t)$ 来表示。其中,$u(t)$ 被定义为风速脉动沿平均风方向(顺风向)的分量,简称为顺风向脉动风速,可与 U 进行代数叠加;而 $v(t)$ 和 $w(t)$ 分别被定义为风速脉动沿与平均风方向垂直的水平方向和竖向分量,简称为水平横风向脉动风速和竖向脉动风速;脉动风速的均值都为零。紊动的自然风以复杂的和随机的方式随空间和时间变化,因此必须以统计的方法来处理。

1. 平均风特性

1)平均风速

图7－17是范德豪芬(Van Der Hoven)在美国布鲁克海文(Brookhaven)国家实验室125 m高塔上100 m左右高度处测量的一个典型的水平风速的功率谱曲线。

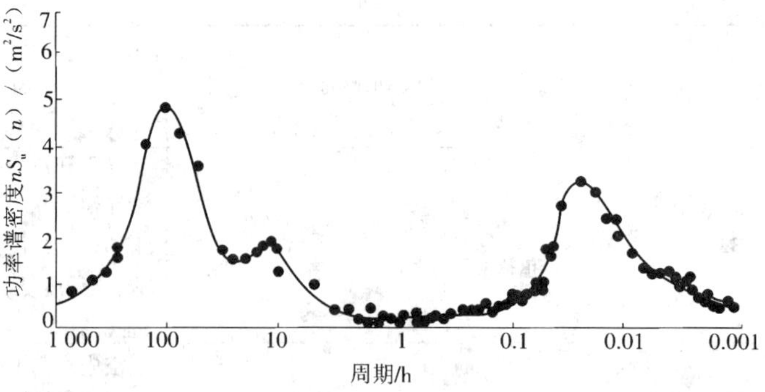

图 7-17 水平风速功率谱曲线

由图可知，在低频带有两个明显的峰值，其变化主要是由于大尺度大气运动产生的，周期为 1 年和 4 天；在高频带有一个明显的峰值，其变化主要是由于微尺度大气运动产生的，周期为 1 min。在低频带与高频带之间，即周期在 10 min ~ 1 h 范围内功率谱曲线比较平坦，如果将平均风速的时距取在这个范围时，可以忽略湍流引起的天气变化，平均风速基本上是一个稳定值。因此，各国都在这个范围内取平均风速的时距，我国规范规定的时距为 10 min。

2）平均风剖面

平均风剖面也称平均风廓线，用来描述大气边界层中平均风速沿高度的变化规律。在大气边界层中，随着离地表高度的增加不仅平均风速要增大，而且平均风的风向也要发生变化。然而，实测资料表明直至 180 m 高度，平均风方向的改变仍只有几度量级。因此，除非是特别高的结构或者对风向较敏感的结构，在风工程实践中一般都忽略平均风方向沿高度的变化，所以一般采用如图 7-18 所示的平均风剖面。

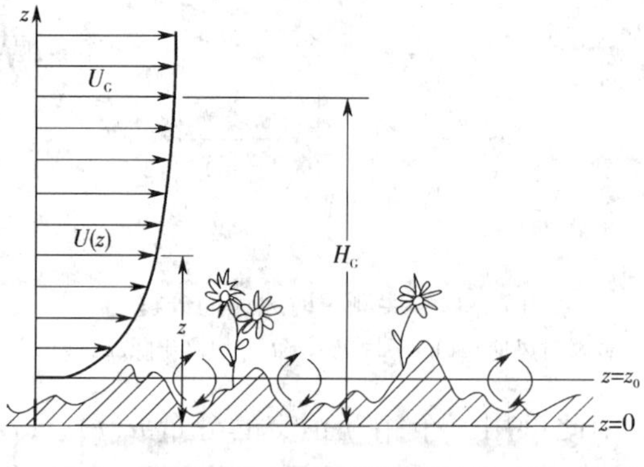

图 7-18 平均风剖面示意

Ⅰ. 地貌类别和大气边界层特征高度参数

地球的表面布满了山川、丘陵、森林、沙砾以及各式各样的人工构筑物等障碍物，还有在江、湖、海等的水面由风本身引起的波浪，因此地表是粗糙的，会对风产生摩擦阻滞作用。在这种摩擦阻滞作用的影响下，梯度风高度往下，气流平均风速逐步下降，紊乱程度越来越大，瞬时风速的随机性越来越强。这种影响对近地边界层中风特性的影响尤为显著。显然，在地表的不同区域，地貌状况和粗糙程度可能是不同的，因此不同区域的近地边界层的风特性也可能会存在较大的区别。

由于地表障碍物分布的复杂性和随机性，通常只能比较粗略地对不同地区的地貌状况（或地表粗糙程度）进行分类，并用一个统计意义上的被称为“粗糙高度”（也称“粗糙长度”）的特征高度参数来表征不同类别地表的粗糙程度。粗糙高度一般用 z_0 表示，是影响近地边界层风特性的最主要参数，反映了地表上的旋涡尺度，与地表粗糙元的性质、高度和分布有关。粗糙高度的实测值离散性很大，一般由经验确定取值范围，以便于工程应用。

不同的地表粗糙度也会导致不同的梯度风高度（即大气边界层高度），在此高度以上是自由大气层，其风速不再受地面摩擦阻滞作用。梯度风高度一般用 H_G 表示，它也是描述大气边界层风特性的一个重要的特征高度参数，特别是对大气边界层的上层气流有较大影响。

我国的《公路桥梁抗风设计规范》（JTG/T D60－01—2004）把地貌和地表的粗糙度大致分为 A、B、C、D 四类，如表 7－3 所示，并对相应的粗糙高度和梯度风高度进行规定，其中 B 类地貌为标准地貌。需要指出的是，规范所采用的梯度风高度比实际要小，主要是因为在此高度以上，地面摩擦的影响已很小，风速随高度的变化已不明显；描述平均风剖面常用的对数律和幂函数律只适用于低层大气，如推广到高层大气，将得到偏大的风速。

表 7－3　地表分类

类别	地貌状况	粗糙高度 z_0/m	梯度风高度 H_G/m	粗糙度指数 a
A	近海海面、海岛、海岸及沙漠地区	0.01	300	0.12
B	田野、乡村、丛林、平坦开阔地及低层建筑物稀少地区	0.05	350	0.16
C	树木及低层建筑等密集地区、中高层建筑稀疏地区、平缓地、丘陵地	0.3	400	0.22
D	中高层建筑密集地区、起伏较大的丘陵地	1.0	450	0.30

Ⅱ. 对数律分布

一个场地的风速廓线的具体形状与该场地的地表粗糙度有很大关系，不少研究者用理论推导加经验修正的方式，提出了各种风速廓线的函数表达式，主要有对数型和指数型两种，它们都只在离地面一般不超过 200 m 高度的一定范围内近似成立。气象学家认为用对数律表示强风风速廓线比较理想，在 100 m 高度内可以满意地模拟实际风速分布，强风时适用范围可以达到 200 m。

大气边界层平均风剖面可以用如下对数函数形式表示：

$$\bar{U}(z') = \frac{u_*}{K}\ln\left(\frac{z'}{z_0}\right) \tag{7-21}$$

式中　$\bar{U}(z')$——大气底层内 z' 高度处的平均风速；

u_*——摩擦速度，也可称为流动剪切速度；

K——卡门（Karman）常数，一般近似取 0.4；

z_0——地面粗糙高度（m），不同地表状态下的 z_0 值查表 7－3；

z'——有效高度（m）。

$$z' = z - z_d$$

式中　z——离地高度（m）；

z_d——零平面位移（m），是地表粗糙元的性质、高度和分布的函数。

粗糙的地表对空气运动的摩擦阻滞作用通过相邻气层之间紊流掺混而向上扩散，直至梯度风高度，而这种紊流掺混正是相邻气层之间产生剪切应力的主要原因。摩擦速度 u_* 是一个与这种近地大气层剪切应力有关的大气边界层特征参数，定义为

$$u_* = \sqrt{\tau_0/\rho} \tag{7-22}$$

式中 τ_0——地标处气流的剪切应力。

对于城市地貌，如设 $\bar{H}$ 为建筑物的平均高度，则图 7－19 所示零平面位移 z_d 可用下式估算：

$$z_d = \bar{H} - z_0/k_d \tag{7-23}$$

式中 k_d——地面阻力系数，有

$$k_d = \left[\frac{K}{\ln(10/z_0)}\right]^2 \tag{7-24}$$

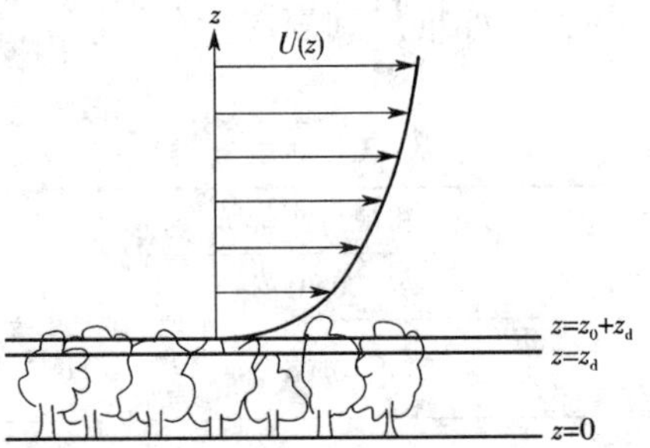

图 7－19 零平面位移概念示意

在城市中心，由于建筑群增多、增密、增高，导致下垫面粗糙度增大，其阻障效应消耗了空气水平运动的动能，使局部风速减小，所以在城市中一定高度以下风速随高度的变化比较紊乱，不一定符合对数规律和其他变化规律。除城市中心之外，其余不同地面粗糙度近地面的一定高度内也存在类似情况，因此在土木工程的实际应用中，常将这一高度内的风速近似取为常数计算。

对不同地面粗糙度，其下垫面高度不一致，则 $z_b = z_0 + z_d$ 的取值不同：

(1) 当下垫面平坦时，可取零平面位移 $z_d = 0$；

(2) 若下垫面粗糙度比较大，如大城市中心、密集的市区范围内，z_d 可取 20 m 和 $0.75\bar{H}$ 中较小的值；

(3) 当 $z_0 + z_d < 10$ m 时，取 $z_b = 10$ m；

(4) 当 $z_0 + z_d \geqslant 10$ m 时，取 $z_b = z_0 + z_d$。

这里，z_b 为考虑地面粗糙度和零平面位移因素时风剖面为对数规律的起点高度，或称标准参考高度。

Ⅲ. 幂函数律分布

用幂函数律分布计算风速廓线时比较简便，因此目前多数国家采用经验的幂函数律分布来描述近地层中平均风速随高度的变化，我国《公路桥梁抗风设计规范》采用的就是幂函数律，假定大气边界层内风速沿铅直高度的分布服从幂函数律。风速廓线的幂函数律分布可表示为

$$\frac{\bar{U}(z)}{\bar{U}_b}=\left(\frac{z}{z_b}\right)^{\alpha} \tag{7-25}$$

式中　z_b、$\bar{U}_b$——标准参考高度和标准参考高度处的平均风速；

z、$\bar{U}(z)$——任一高度和任一高度处的平均风速；

α——地面粗糙度指数，规范规定的地面粗糙度指数查表 7－3。

2. 脉动风特性

大气运动是一种湍流运动，湍流运动是一种随机过程，可以用数理统计的方法来研究脉动风的特性。脉动风中的物理量随时间和空间的变化是一种随机变量，当大气是中性稳定时，大气运动可以看成是平稳的随机过程，这时脉动风的物理量可以用时间平均值来代替统计平均值，即可以用某一空间点上长时间观测的样本进行平均来代表整个脉动风的统计特性。脉动风的统计特性包括湍流强度、湍流积分尺度、阵风系数以及脉动风的功率谱密度和空间相关函数。

1）湍流强度

湍流强度是描述风速随时间和空间变化的程度，反映脉动风速的相对强度，是描述大气湍流运动特征的最重要的特征量。绝对的湍流强度实际上就是风速脉动的标准差，而相对的湍流强度定义为脉动风速的标准差与平均风速的比值，即

$$I_u=\frac{\sigma_u}{\bar{U}},I_v=\frac{\sigma_v}{\bar{U}},I_w=\frac{\sigma_w}{\bar{U}} \tag{7-26}$$

式中　I_u、I_v、I_w——高度 z 处的顺风向、水平横风向和竖向的相对湍流强度；

σ_u、σ_v、σ_w——高度 z 处的顺风向、水平横风向和竖向脉动风速的标准差。

由于在实践中人们较为广泛使用的是相对湍流强度，因此为了简化，“相对”两字常被省略，简称为湍流强度。也就是说，所谓湍流强度一般均指相对湍流强度。

按照式(7－26)的定义，我们可以由桥址处风速风向的实测值计算出桥址处的湍流强度。当缺少桥址处湍流风观测数据时，我国《公路桥梁抗风设计规范》建议顺风向的湍流强度的平均值按表 7－4 选取。显然，湍流强度与地面粗糙度和测点高度有很大关系，测点愈高，湍流强度愈小，地面越粗糙，湍流强度也越大，表 7－4 的湍流强度的建议值就体现了这一规律。另外，我们从经验中也可感受到顺风向的湍流强度一般大于水平横风向的湍流强度和竖平面方向的湍流强度，因此《公路桥梁抗风设计规范》建议无实测资料时，可取 $I_v=0.88I_u$，$I_w=0.50I_u$。

表 7－4　顺风向的湍流强度 I_u

地面粗糙度类别 / 高度/m	A	B	C	D
$10<z\leqslant20$	0.14	0.17	0.25	0.29
$20<z\leqslant30$	0.13	0.16	0.23	0.29
$30<z\leqslant40$	0.12	0.15	0.21	0.28
$40<z\leqslant50$	0.12	0.15	0.20	0.26
$50<z\leqslant70$	0.11	0.14	0.18	0.24
$70<z\leqslant100$	0.11	0.13	0.17	0.22

续表

高度/m \ 地面粗糙度类别	A	B	C	D
$100<z\leqslant 150$	0.10	0.12	0.16	0.19
$150<z\leqslant 200$	0.10	0.12	0.15	0.18

2)湍流积分尺度

空间某点速度脉动的原因,可以认为是平均风输送一列理想的涡旋,每一个涡旋都在那一点引起了周围脉动,脉动频率为 n。我们可以定义涡旋的波长为 $\lambda=\bar{U}/n$,这个波长就是涡旋大小的量度。湍流积分尺度是气流中湍流涡旋平均尺寸的量度,对应于纵向(顺风向)、横向和垂直方向脉动速度分量 u、v、w 的涡旋,每个涡旋又有三个方向的尺度,因此一共有 9 个湍流积分尺度,如 L_u^x、L_u^y、L_u^z 分别表示与纵向脉动速度 u 有关的涡旋在 x、y、z 三个方向上的平均尺寸。应用平稳随机过程理论,可以定义:

$$L_u^x=\frac{1}{\sigma_u^2}\int_0^x R_{u_1u_2}(x)\,\mathrm{d}x \tag{7-27}$$

式中,$R_{u_1u_2}(x)$ 表示 (x_1,y_1,z_1,t) 与 (x_1+x,y_1,z_1,t) 两点间脉动分量 u 的互相关函数,类似地可以定义其余 8 个湍流积分尺度。

相隔距离远远超过积分尺度的两点间的脉动速度是不相关的,因此它们在结构上的作用一般将互相抵消。如当 L_u^y、L_u^z 小于一块垂直于平均风方向放置的平板尺寸时,纵向脉动对总的风载影响很小,但是如果 L_u^y、L_u^z 很大时,意味着涡旋包围了整块平板,其影响就十分明显。

3)阵风系数

自然风是由随机脉动的风速表征的湍流,其瞬时风速可以看成是平均风速和脉动风速叠加。不同的平均风时距可以导致不同的平均风速和脉动风速,对于工程设计中使用的年最大平均风速,原则上平均的时距越长,所得的平均风速就越小。当平均时距小于 3 s 时所得的平均风速一般均被认为是瞬时风速,也叫阵风风速,记为 U_g。阵风风速和平均风速 $\bar{U}$ 之比称为阵风系数,记为 G_v,即

$$G_v=U_g/\bar{U} \tag{7-28}$$

实测研究结果表明,阵风的卓越周期约为 1 min,而我国规范规定平均风时距为 10 min,包含了约 10 个卓越周期,可反映记录数据中较大风速的实际作用。

4)脉动风功率谱密度

在湍流场中存在着由各种原因产生的许许多多大小不一、相互牵连的旋涡,流场中的运动能量通过惯性从“大尺度涡”向“中尺度涡”再向“小尺度涡”和“微尺度涡”传递,最终被空气的黏性所耗散。影响湍流能量耗散的主要是那些频率很高的微尺度旋涡,其剪切变形和黏性应力较大。当没有能量来源时,黏性引起的动能损失将使湍流运动衰减,黏性越大衰减越快,反之亦然。风速的脉动就是由于包含在气流中这些数不尽的大大小小的旋涡产生的,这些旋涡以各自的圆频率 $\omega=2\pi n$(或波数 $K=2\pi/\lambda$,其中 n 是脉动风的频率,λ 为波长)作周期运动。这样,湍流运动的总动能可以认为是气流中每一旋涡贡献的总和。较小的旋涡引起频率较高的风速脉动,能量相对较小;较大的旋涡引起频率较低的风速脉动,能

量相对较高,因此风速脉动可以看成是由许多频率和幅值不同的速度波组成。脉动风功率谱密度是脉动风脉动动能在频率或周波数空间上的分布密度,用来描述风速脉动中不同尺寸旋涡的动能对风速脉动的贡献程度。在工程结构随机风振响应的研究中,风谱是一个不可缺少的重要参数。

脉动风功率谱密度一般都被表示为规则化形式,即 $nS_a(n)/u_*^2$ 或 $nS_a(n)/\sigma_a^2$,因为如此规则化的谱曲线至少有一个与湍流典型尺度相对应的峰值。根据科尔莫格洛夫(Kolmogorov)假说,得到的各向同性湍流的规则化脉动风功率谱可表示为

$$nS_a(z,n)/u_*^2 = A_a f_z^{-5/3} \tag{7-29}$$

式中　f_z——一种无量纲的规则化频率,称为莫宁(Monin)坐标或相似律坐标,$f_z = nz/\bar{U}(z)$;

下标 $a = u, v, w$,且 A_u、A_v、A_w 分别近似等于 0.27、0.36 和 0.36。

Kolmogorov 风谱只适用于频率高于惯性子区下限的脉动成分,而且风谱是频率的 $-5/3$ 次方。实测结果表明,在 $f_z \geqslant 0.2$ 的高频范围内,Kolmogorov 风谱可以较好地表示均匀平滑地貌上的风谱平均值;在 $0 < f_z < 0.01$ 的低频范围内,实测的规则化风谱与 f_z 近似呈线性关系,因此在该频带内,Kolmogorov 风谱是不适用的。

脉动风功率谱密度函数可以由建立在一定假设的基础上经理论推导得到,也可由风速仪记录的数据通过低通滤波器测出功率谱曲线。有许多风工程专家对脉动风功率谱进行研究,得到不同形式的风速谱表达式。

Ⅰ. 顺风向脉动风谱

目前我国《公路桥梁抗风设计规范》建议的功率谱表达式是采用卡曼(Kaimal)1972 年提出的表达式,卡曼谱考虑了大气湍流运动中风速谱随高度的变化规律,其顺风向脉动风谱的表达式为

$$\frac{nS_u(z,n)}{u_*^2} = \frac{200f_z}{(1+50f_z)^{5/3}} \tag{7-30}$$

式中　f_z——莫宁坐标;

$\bar{U}(z)$——高度 z 处的平均风速。

Ⅱ. 竖向脉动风谱

竖向脉动风谱的经验公式也有很多,我国《公路桥梁抗风设计规范》采用的是帕诺夫斯基(Panofsky)谱,其竖向脉动风谱的表达式为

$$\frac{nS_w(z,n)}{u_*^2} = \frac{6f_z}{(1+4f_z)^2} \tag{7-31}$$

5)脉动风空间相关函数

强风观测资料表明,各点的风速、风向并不是完全同步的,有时甚至可以是完全无关的。桥梁结构在水平方向有一定的长度,当水平风力作用时,它们一般较少同时达到最大值。当结构上某点 L 的脉动风速达到最大值时,与该点相距 r 的 K 点的脉动风速一般不会同时达到最大值。在一定范围内,离开 L 点越远,脉动风速同时达到最大值的可能性越小,这种性质称为脉动风的空间相关性。

于是在 j 方向($j = x, y, z$),相距 r_j 的两点的脉动风速 i 分量($i = u, v, w$)的频率 f 的空间相关系数 $Coh_{ij}(f)$ 的近似表达式为

$$Coh_{ij}(f) = \exp\left(\lambda_{ij}\frac{fr_j}{\bar{U}}\right) \tag{7-32}$$

式中 f——脉动风速的频率；

r_j——结构上两点脉动风速之间的距离；

$\bar{U}$——高度 z 处的平均风速；

λ_{ij}——无量纲衰减因子，在 7～20 范围内，抗风设计中一般取保守值 $\lambda_{ij}=7$。

3. 极端风特性

1）极端风

极端风是指通常很少出现的风。极端风会对建筑物产生严重的毁坏，因此在风工程研究中必须考虑极端风的影响。极端风主要有以下三种。

Ⅰ. 热带气旋

热带气旋是在热带海洋大气中产生的中心高温、低压的强烈气旋性涡旋，每年 6 月至 9 月我国沿海地区，特别是在东南沿海的广东、海南、台湾、浙江、香港、澳门等省区常常受到发生在北太平洋西部和中国南海的台风的袭击，台风的水平尺度为 100 km～2 000 km，垂直尺度可从海平面直达平流层底层，台风中心附近海面风速一般为 30～50 m/s，最大可以达到 110 m/s。

Ⅱ. 寒潮大风

寒潮大风是我国冬季和早春晚秋时出现的灾害性天气。极地或寒带的冷空气大规模地向中、低纬度地区侵袭时，一般称为一次冷空气活动。在一次冷空气活动中，当一地最低气温达 5 ℃以下时，或在 48 h 内日平均气温最大降温达 10 ℃时，称为一次寒潮。寒潮是大范围的冷空气侵入过程，在剧烈降温下伴有大风。寒潮大风的风力在陆地可达 5 级至 7 级，海上可达 6 级至 8 级，瞬时最大风力可达 12 级。

Ⅲ. 龙卷风

龙卷风是一种从积雨云底部下垂的漏斗状云的小范围的强烈涡旋。龙卷风在靠近地面处的直径从几米至几百米，在空中的直径可达 3 km～4 km，持续时间从几分钟至几十分钟，移动距离从几百米至上千米，最大可达数千米。龙卷风中心附近的风速最大可达 100～200 m/s，垂直气流速度最大可达每秒几十米至每秒几百米。

2）重现期

工程结构设计时，从安全性和经济性综合考虑，需要合理确定一个设计最大风速。由于各年的年最大风速不尽相同，不能取各年最大风速的平均值作为设计最大风速，因为大于该平均值的年数必然很多，而应该取大于该平均值很多的某个值作为设计最大风速。这个值是要间隔相当的时期才出现，这个间隔时期称为重现期，重现期以年为单位，相应的最大风速也应以年的资料来计算。

设重现期为 N，则超过设计最大风速的概率为 $1/N$，即不超过该设计最大风速的概率或保证率为

$$p=1-1/N \tag{7-33}$$

重现期越长，保证率也就越高。在世界各国规范中规定的重现期不尽相同，根据我国建筑结构荷载规范的有关规定：对于一般的建筑物和结构物，重现期可取 50 年；对于重要的高层建筑物和高耸结构物以及大跨度桥梁等，重现期可取 100 年。

3）最大风速概率分布

最大风速分布是指年最大风速的分布，其规律可以采用极值 Ⅰ 型累积分布函数来表

示,即

$$F_1(x)=\exp\left[-\exp\left(-\frac{x-\mu}{\sigma}\right)\right] \tag{7-34}$$

式中 μ——位置参数;

σ——尺度参数。

根据概率论的知识可以确定μ和σ,由下面两式获得:

$$E(x)=\mu+0.5572\sigma \tag{7-35a}$$

$$\sigma_x=\frac{\pi}{\sqrt{6}}\sigma \tag{7-35b}$$

式中 $E(x)$和σ_x——风速样本数学期望和均方差,是已知的。

实际上风速资料的数学期望就是年最大风速x_i的数学平均值,用$\bar{x}$表示,这样就可以由风速资料得到风速的平均值和均方差:

$$E(x)=\bar{x}=\frac{1}{n}\sum_{i=1}^{n}x_i \tag{7-36a}$$

$$\sigma_x=\sqrt{\frac{\sum_{i=1}^{n}(x_i-\bar{x})^2}{n-1}} \tag{7-36b}$$

将$E(x)$和σ_x代回式(7-34),可以求得参数μ和σ,则极值Ⅰ型的概率分布函数$F_1(x)$就确定了。

7.4 结构上的静力风荷载与风致静力失稳

7.4.1 基本风速和基本风压

1.基本风速

基本风速是反映结构物所在地的气候特点的一个参数。定义基本风速涉及地面粗糙度标准、高度标准、时距标准与重现期4个因素的选取,我国《公路桥梁抗风设计规范》规定:当桥梁所在地区的气象台站具有足够的连续风速观测数据时,可采用当地气象台站年最大风速的概率分布类型,由10 min平均年最大风速推算100年重现期的数学期望值作为基本风速。当桥梁所在地区缺乏风速观测资料时,可利用《公路桥涵设计通用规范》(JTG D60—2004)中的全国基本风压分布图,将桥梁所在地区的基本风压换算为基本风速。

1)标准地面粗糙度类别

前已述及,近地风在其流程中必然会遇到各种障碍物,风速将会减小,其减小的程度与障碍物的尺度、密集度和几何布置密切相关。一般地,如果风吹过地面上的障碍物大且密集,则该地面是粗糙的;如果地面上的障碍物小且稀疏,或没有障碍物,则地面是光滑的。风吹过粗糙的地表面,能量损失多,风速减小快;相反,风吹过光滑的地表面,则风速减小慢。我国规范规定标准地面粗糙度类别为比较空旷平坦的地面,意指田野、乡村、丛林、平坦开阔地及低层建筑物稀少地区,即B类地面粗糙度类别。

2)标准高度

在同一地点,越靠近地面,近地风遇到障碍物越多,能量损失越大;但离地面越高,地面障碍物对风的影响越小,相应风速随着高度的增加而变大。我国规范规定离地 10 m 高为标准高度。

3)平均时距

平均风速的数值与平均时距的取值有很大关系,不同的平均时距取值可以得到不同的平均风速。如果取极短的时距(如 1 s),则在较小的时距内集中反映了较大波峰的影响,而较小的波峰未能得到反映,因而一般数值偏高、真实性较差。如果取较短的时距(如 1 min),虽然比前面真实性有所提高,但是在各个所取的同一时距区段中平均风速亦可以根本不同,因而也难以定出统一、合适的标准。一般而言,时距越长,平均风速越小。一般地,对于风速记录,取平均时距为 10 min ~ 1 h 较为稳定,并且在这个范围内也较少受到起始点选择的影响。我国规范就规定以 10 min 为标准平均时距。

4)标准重现期的规定

必须做详细抗风研究的桥梁一般是大跨度桥梁,设计使用寿命长,因此取 100 年的重现期。即在 100 年内,10 min 平均时距的年最大风速超过设计风速的概率只有 1%;或者反过来说,风速小于或等于基本风速的保证率为 99%。

5)用极值 I 型分布求基本风速

由式(7-34),经过取对数变换可得

$$x_{\mathrm{I}} = x = \mu - \sigma \ln(-\ln F_{\mathrm{I}}) \tag{7-37}$$

式中 x_{I}——对应于极值 I 型分布的设计最大风速,也就是基本风速;

F_{I}——对应的不超过该设计最大风速 x_{I} 的保证率。

F_{I} 与重现期 N 的关系为

$$F_{\mathrm{I}} = 1 - 1/N \tag{7-38}$$

将式(7-35)得到的 μ 和 σ 代入式(7-37)中,得

$$x_{\mathrm{I}} = \bar{x} + \psi \sigma_x \tag{7-39}$$

式中 ψ——保证系数,有

$$\psi = -\frac{\sqrt{6}}{\pi}[0.577\,2 + \ln(-\ln F_{\mathrm{I}})] \tag{7-40}$$

保证系数的含义可以用图 7-20 来表示,其中横坐标 x 为设计风速,纵坐标 $p(x)$ 为极值 I 型分布对应的概率密度函数。

2. 基本风压

一般实测记录得到的是风速,但工程设计中通常采用风压进行计算,这就涉及如何将风

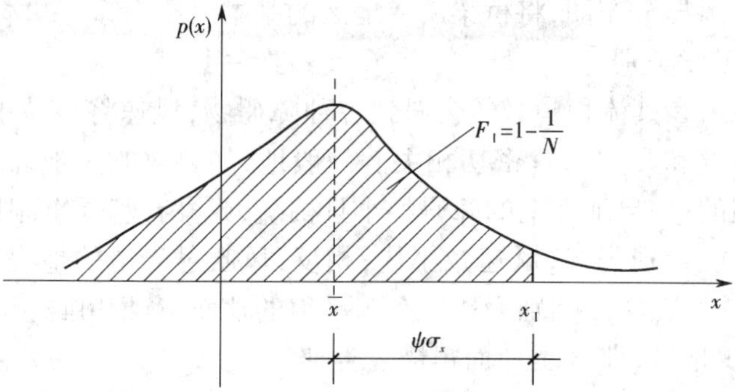

图 7-20 极值 I 型分布的保证系数与概率密度函数

速转换为风压的问题。

根据式(7-14),用符号 w_1 表示静压 P,则式(7-14)可以写为

$$\frac{1}{2}\rho v^2 + w_1 = C_1 \tag{7-41}$$

在该式中,当风速 $v=0$ 时,$C_1 = w_1$ 是最大静风压力。

$$w = w_2 - w_1 \tag{7-42}$$

式中　w——净压力,即所要计算的风压力。

由式(7-41)和式(7-42)得到风速与风压的关系式:

$$w = \frac{1}{2}\rho v^2 = \frac{\gamma}{2g}v^2 \tag{7-43}$$

式中　γ——空气容重(kN/m^3)。

综上所述,可知基本风压是以当地比较空旷平坦地面上离地10 m高统计所得的100年一遇10 min平均时距最大风速 U_{10} 为标准,按照 $w_0 = \frac{\gamma}{2g}U_{10}^2$ 确定的风压。

我国不同城市和地区的基本风压可直接查《公路桥涵设计通用规范》的全国基本风压分布图。当城市或建设地点的基本风压不能查用时,基本风压值可根据当地年最大风速资料,按基本风压定义,通过统计分析确定。

【例】　表7-5是某沿海城市1989—1998年10年间的风速记录,试计算基本风速和基本风压。

表7-5　1989—1998年10年间最大平均风速数据

年份	1989	1990	1991	1992	1993	1994	1995	1996	1997	1998
年最大风速/(m/s)	15.0	22.7	15.3	14.0	12.3	17.0	18.3	16.3	19.0	14.0

解　(1)平均值、均方差计算。平均值按照式(7-36a)计算:

$$\bar{x} = \frac{1}{10}\sum_{i=1}^{10} x_i = 16.39\ \text{m/s}$$

均方差按照式(7-36b)计算:

$$\sigma_x = \sqrt{\frac{\sum_{i=1}^{n}(x_i - \bar{x})^2}{n-1}} = \sqrt{\frac{\sum_{i=1}^{10}(x_i - 16.39)^2}{10-1}} = 3.02\ \text{m/s}$$

(2)保证系数。根据式(7-38),重现期为100年的保证率为

$$F_1 = 1 - 1/N = 0.99$$

则保证系数为

$$\psi = -\frac{\sqrt{6}}{\pi}[0.5772 + \ln(-\ln 0.99)] = 3.14$$

(3)基本风速(设计基本风速)。

$$U_{10} = x_1 = \bar{x} + \psi\sigma_x = 16.39 + 3.14 \times 3.02 = 25.87\ m/s$$

(4)基本风压(设计风压)。在标准大气压情况下,设 $\gamma = 0.012018\ kN/m^3$,$g = 9.81\ m/s^2$,则

$$w_0 = \frac{\gamma}{2g}U_{10}^2 = \frac{0.012\ 018}{2 \times 9.81} \times 25.87^2 = 0.41\ \text{kN/m}^2$$

3. **非标计算**

基本风速和基本风压都是根据规定标准条件求出的,实际上有很多条件客观上并不满足。规定的标准高度为 10 m,但某些气象台站风速仪的高度并非 10 m,所以应用时必须换算到 10 m 高度才能进行上述计算,且建设地点也不一定是空旷平坦地区。其他条件都有类似情况,因此应当了解一般的非标准情况的计算和换算关系。

1)年最大平均风速样本数量

当城市或建设地点的基本风压值在全国基本风压表或分布图中没有给出时,基本风速和基本风压可根据当地年最大风速资料,按照定义并且经统计分析确定,分析时应考虑样本数量的影响。

年最大风速资料需有足够年份的样本,才具有一定的可信度。国外一般取 30 ~ 50 年,考虑到我国情况,取 30 年左右的资料,即可认为具有一定的可信度。当样本数量不足时,应根据有限数量的资料,经分析推算后确定。

2)地貌的分类和确定

基本风速和基本风压的计算均取自标准地貌,即比较空旷平坦的地面。但实际上建设地点并不一定处于标准地貌之中。我国《公路桥涵设计通用规范》和《公路桥梁抗风设计规范》将地表分成四类(表 7 - 3),其中 B 类为标准地貌。地貌的近似确定有下述原则:

(1)当所考虑范围内存在两种粗糙度相差较大的地表类别时,地表粗糙度系数可取两者的平均值;

(2)当所考虑范围内存在两种相近的地表类别时,可按较小者取用;

(3)当桥梁上、下游地表类别不同时,可按较小一侧取值。

确定地貌的地表粗糙度系数时场地的影响范围如图 7 - 21 所示。

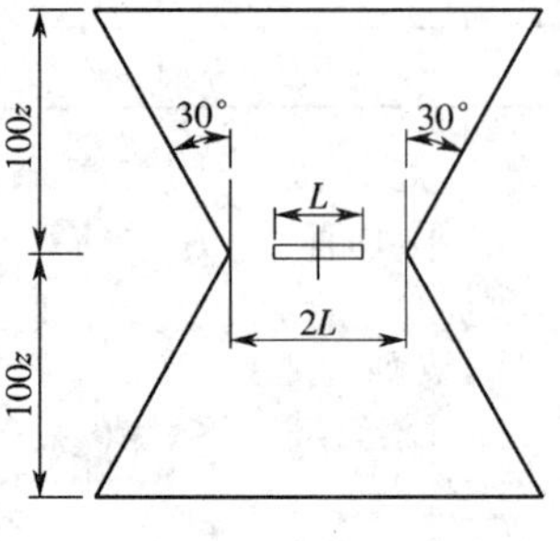

图 7 - 21 确定地表粗糙度系数的影响范围

3)高度换算

高度不同,风速自然不同,因此高度换算应根据风速沿高度变化的规律进行。平均风速沿高度的变化规律也常称为风剖面,它是风的重要特性之一。我国规范采用指数型风剖面来描述风速跟高度的变化规律,此幂函数律假定地面粗糙度指数在梯度风高度内为常数,并且梯度风高度 H_G 仅为指数 α 的函数。

根据式(7 - 25),风速沿竖直高度方向上的分布可以按下述公式计算:

$$\bar{U}_z = \bar{U}_{10}\left(\frac{z}{10}\right)^{\alpha} \tag{7-44}$$

式中 $\left(\frac{z}{10}\right)^{\alpha}$——高度为 z 时的基本风速换算系数。

4)非标准地貌的换算

非标准地貌的风速与标准地貌的风速不同,可以通过风工程的理论进行换算。

Ⅰ. A、B、C、D 地貌

不同的地貌,有不同的梯度风高度,在梯度风高度以上,由于不受地表的影响,不同地貌

的梯度风速均相等,即

$$\bar{U}_{300A}=\bar{U}_{350B}=\bar{U}_{400C}=\bar{U}_{450D}$$

而

$$\bar{U}_{300A}=\bar{U}_{10}\left(\frac{300}{10}\right)^{0.12},\bar{U}_{350B}=\bar{U}_{10}\left(\frac{350}{10}\right)^{0.16},\bar{U}_{400C}=\bar{U}_{10}\left(\frac{400}{10}\right)^{0.22},\bar{U}_{450D}=\bar{U}_{10}\left(\frac{450}{10}\right)^{0.3}$$

则

$$\bar{U}_{350B}=\bar{U}_{300A}\frac{35^{0.16}}{30^{0.12}}=1.174\bar{U}_{300A}$$

$$\bar{U}_{350B}=\bar{U}_{400C}\frac{35^{0.16}}{40^{0.22}}=0.785\bar{U}_{400C}$$

$$\bar{U}_{350B}=\bar{U}_{450D}\frac{35^{0.16}}{45^{0.3}}=0.564\bar{U}_{450D}$$

因此,考虑不同地貌影响的风速高度变化系数为

$$K_{1A}=1.174\left(\frac{z}{10}\right)^{0.12};K_{1B}=1.0\left(\frac{z}{10}\right)^{0.16};K_{1C}=0.785\left(\frac{z}{10}\right)^{0.22};K_{1D}=0.564\left(\frac{z}{10}\right)^{0.3}$$

我国《公路桥涵设计通用规范》和《公路桥梁抗风设计规范》将风速高度变化系数制成数值表(表7-6),以方便设计时取用。

表7-6 风速高度变化修正系数 K_1

离地面或水面高度/m	地表类别			
	A	B	C	D
5	1.08	1.00	0.86	0.79
10	1.17	1.00	0.86	0.79
15	1.23	1.07	0.86	0.79
20	1.28	1.12	0.92	0.79
30	1.34	1.19	1.00	0.85
40	1.39	1.25	1.06	0.85
50	1.42	1.29	1.12	0.91
60	1.46	1.33	1.16	0.96
70	1.48	1.36	1.20	1.01
80	1.51	1.40	1.24	1.05
90	1.53	1.42	1.27	1.09
100	1.55	1.45	1.30	1.13
150	1.62	1.54	1.42	1.27
200	1.73	1.62	1.52	1.39
250	1.73	1.67	1.59	1.48
300	1.77	1.72	1.66	1.57
350	1.77	1.77	1.71	1.64
400	1.77	1.77	1.77	1.71

续表

离地面或水面高度/m	地表类别			
	A	B	C	D
≥450	1.77	1.77	1.77	1.77

Ⅱ.海面、海岛和山区

由于海风通常由海面吹向海岸,海面的粗糙度系数较低,因而在近海一定距离以内均以A类地貌来考虑。但是离海岸越远,海风越大,因此对远距离海面和海岛还要再乘以大于1.0的调整系数。

气流在运行中,由于遇到局部地形的影响,将使流速在一些地方减小、另一些地方增大。山区附近属于B类地貌,由于山区复杂地形的影响,使风压有所变化。对于山间盆地、谷地等闭塞地形,由于气流运动受到四周地形屏障阻塞的影响,风速大大减弱,或者由于气流进入谷内前,大量消耗了能量,风速也较平地小些,因此应将设计基准风压乘以小于1.0的调整系数。对于与大风方向一致的峡谷口、山口,当气流流入时,即从开敞区流入狭窄区,流区压缩,按照伯努利定律和连续性定理,在单位时间内流过同一流管任何一个横截面的空气量应当相等,这样在气流流过狭窄的峡谷口或山口时,其风速必然突增,这种现象称为狭管效应,这种风称为峡谷风,因此对峡谷口和山口的设计基准风压应乘以大于1.0的调整系数。

具体地形、地理条件调整系数列入表7-7中。

表7-7 具体地形、地理条件调整系数K_3

地形、地理条件		调整系数K_3
海面、海岛	离海岸距离<40 km	1.0
	40 km≤离海岸距离<60 km	1.0~1.1
	60 km≤离海岸距离<100 km	1.1~1.2
一般地区		1.0
山间盆地、谷地		0.75~0.85
峡谷口、山口		1.2~1.4

5)不同重现期的换算

重现期不同,保证率也就不同,进而影响到所取最大风速的统计数值。由于结构的重要性不同,对重现期有不同的规定,因此了解不同重现期对风速的影响是十分必要的。我国《公路桥梁抗风设计规范》指出,对于施工阶段的桥梁,应当采用不同的重现期系数,以体现不同的结构安全度标准。风速的重现期系数可以按照表7-8选取。

表7-8 风速的重现期系数

重现期/年	5	10	20	30	50	100
重现期系数η	0.78	0.84	0.88	0.92	0.95	1

7.4.2 三分力系数

空气的运动将在其所包围的物体表面上产生风压,沿物体表面对风压进行积分,可以得到如图7－22所示作用在物体上的净风力和力矩。顺风向的净风力被称为气动阻力，一般用F_D表示；横风向的净风力被称为升力，一般用F_L表示；力矩一般用M表示。阻力、升力和力矩通常被称为风轴系下的气动静力三分力。

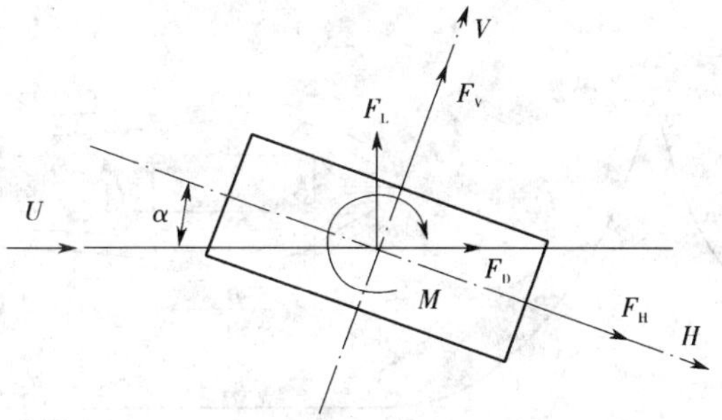

图7－22　作用在结构上的气动三分力

在工程应用中，有时为了方便也采用风轴系下的气动静力三分力，即用图7－22中的F_H、F_V和M来表示，其中两个参考坐标系中的力矩相同，力之间可按下式转换：

$$F_H = F_D\cos\alpha - F_L\sin\alpha \tag{7-45a}$$

$$F_V = F_D\sin\alpha + F_L\cos\alpha \tag{7-45b}$$

式中　α——风攻角，当物体下表面迎风时为正，当$\alpha=0°$时风轴和体轴一致。

如果假定桥梁结构足够长而且是平直的，那么任一桥梁截面的风荷载就可以代表其他截面的风荷载。根据这一假定就可以用二维平面流场理论来研究风荷载问题，此时只需研究作用在单位长度上的气动力。为了便于应用，一般都是通过考察与风速和结构尺寸无关的无量纲气动力系数来研究结构的气动力性能。定义体轴坐标系下无量纲气动阻力系数C_H、气动升力系数C_V和气动力矩系数C_M如下：

$$C_H = \frac{F_H}{\rho U^2 D/2} \tag{7-46a}$$

$$C_V = \frac{F_V}{\rho U^2 B/2} \tag{7-46b}$$

$$C_M = \frac{M}{\rho U^2 B^2/2} \tag{7-46c}$$

式中　U——离桥梁结构截面足够远的上游来流平均风速；

D、B——桥梁结构截面的高度和宽度。

在风轴坐标系下，可以相仿地定义气动阻力系数C_D、气动升力系数C_L和气动力矩系数C_M，一般均用桥宽B作为特征长度。可以这样来理解三分力系数的意义：$\rho U^2/2$是远方来流的动压，以阻力为例，$\rho U^2/2$与无量纲的C_H的乘积是因截面阻碍而造成的动压损失，它转换成了截面的静压变化，这个静压与截面高度的乘积就是单位长度的阻力。

矩形柱体的尾流特性与其顺风向的宽度和迎风面的高度之比B/D有很大的关系，因此其阻力系数C_H也是B/D的函数，如图7－23所示。对于中等大小的雷诺数，当B/D较小时，流动在前缘分离后不会再附到矩形柱体上，尾流的宽度要比物体的迎风高度大得多，从而产生较大的C_H，而且C_H随B/D的增加而增加，在B/D为0.5～1.0时达到最大值。之后，随着B/D的增加，分离的流动开始再附到矩形柱体上，C_H值开始下降。当$B/D>4$后，尾流趋于稳定，其高度近似等于 D，此时 C_H 值也基本保持在 0.8 左右。图 7－23 中的阴影区是唯一临界区，在这一 B/D 范围（2～4）内，绕流伴随出现湍流，呈现不稳定状态，对应 C_H 值也表现出不稳定。

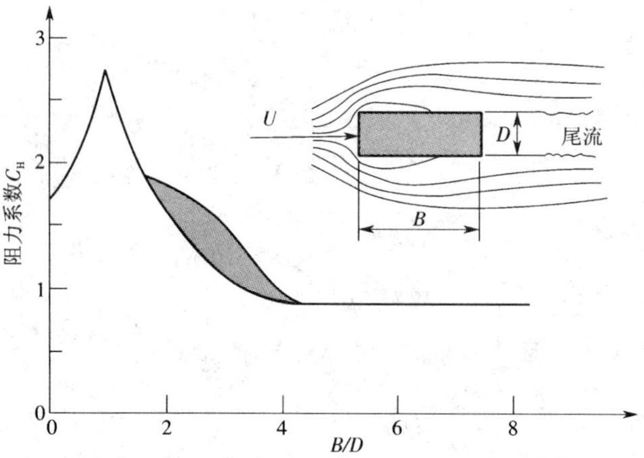

图 7－23 矩形截面宽高比对阻力系数的影响

静力风荷载与风攻角 α 有关，因此三分力系数是风攻角 α 的函数。自然风的攻角大多小于 ±5°，因此一般要求测定三分力系数在 ±5°区间的变化曲线。图 7－24 给出了由风洞试验获得的两种典型桥梁截面的三分力系数随风攻角的变化曲线。一般来说，在负攻角区域阻力系数曲线具有负斜率，而在正攻角区域阻力系数曲线具有正斜率，对应最小阻力系数的零斜率出现在较小的正攻角处，如 1°附近。升力系数和扭矩系数随着风攻角的增加而增加，即曲线具有正斜率，但对于较钝的截面，升力系数和扭矩系数也有可能出现负斜率，在这种情况下，结构容易发生自激发散振动。

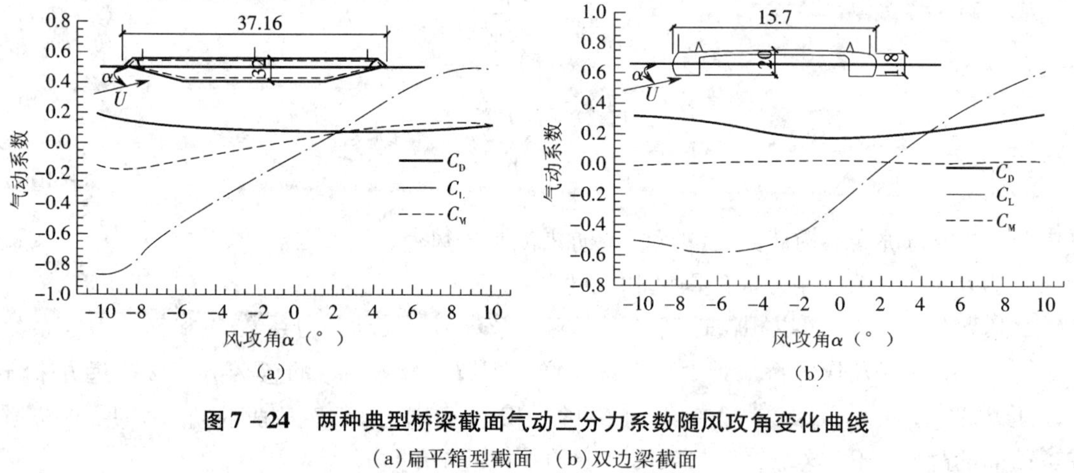

图 7－24 两种典型桥梁截面气动三分力系数随风攻角变化曲线

（a）扁平箱型截面 （b）双边梁截面

7.4.3 静力风荷载计算

我国《公路桥梁抗风设计规范》指出：在进行桥梁的静力风荷载计算时，桥梁的横桥向风荷载和顺桥向风荷载只需按照静阵风荷载计算。

1. 设计基准风速

桥梁构件基准高度 z 处的设计基准风速 U_d 按照下式计算：

$$U_d = K_1 U_{10} \tag{7-47}$$

式中　U_{10}——基本风速，当地比较空旷平坦地面上离地 10 m 高统计所得的 100 年一遇 10 min 平均年最大风速；

K_1——考虑不同地貌影响的风速高度变化系数，按照表 7-6 取值。

桥梁各构件的基准高度可以按照表 7-9 取用。

表 7-9　桥梁各构件的基准高度

基准高度/m \ 桥型		悬索桥、斜拉桥	其他桥型
z	主梁	主跨桥面距水面或地表面或海面的平均高度（河流以平均水位即一年中有半年不低于该水位的水面为基准面，海面以平均海面或平均潮位为基准面）	取下列两条中的较大值： ①支点平均高度＋（桥面最大标高－支点平均标高）×0.8； ②桥梁设计高度
	吊杆、索、缆	跨中主梁底面到塔顶的平均高度处	
	桥塔（墩）	水面或地面以上塔（墩）高 65% 高度处	

2. 静阵风风速

阵风风速一般指平均时距为 1～3 s 时的风速。当缺乏阵风风速数据时，可以在设计基准风速 U_d 的基础上，考虑平均风速因时距缩小而提高的阵风系数 G_v，G_v 考虑了风的空间相关性、不同地表粗糙度以及不同桥梁基准高度的影响，可以按照表 7-10 取值。

表 7-10　静阵风系数 G_v

地表类别 \ 水平加载长度/m	<20	60	100	200	300	400	500	650	800	1 000	1 200	>1 500
A	1.29	1.28	1.26	1.24	1.23	1.22	1.21	1.20	1.19	1.18	1.17	1.16
B	1.35	1.33	1.31	1.29	1.27	1.26	1.25	1.24	1.23	1.22	1.21	1.20
C	1.49	1.48	1.45	1.41	1.39	1.37	1.36	1.34	1.33	1.31	1.30	1.29
D	1.56	1.54	1.51	1.47	1.44	1.42	1.41	1.39	1.37	1.35	1.34	1.32

注：1. 成桥状态下，水平加载长度为主桥全长。
2. 桥塔自立阶段的静阵风系数按水平加载长度小于 20 m 选取。
3. 悬臂施工中的桥梁的静阵风系数按水平加载长度为该施工状态已拼装主梁的长度选取。

静阵风风速 U_g 可以按照下式计算：

$$U_g = G_v U_d \tag{7-48}$$

3. 主梁上的静阵风荷载

桥梁的横桥向风荷载是指风垂直于桥轴线方向作用时的风荷载，顺桥向风荷载是指风沿桥轴线方向作用时的风荷载。

1）横桥向静阵风荷载

在横桥向风作用下主梁单位长度上的横桥向静阵风荷载

$$F_H = \frac{1}{2}\rho U_g^2 C_H H \tag{7-49}$$

式中 ρ——空气密度(kg/m^3);

H——主梁投影高度(m),应计入栏杆或防撞护栏以及其他桥梁附属物的实体高度;

C_H——主梁的阻力系数。

对于"工"形、"Π"形或箱形截面,主梁的阻力系数 C_H 按照下式计算:

$$C_H = \begin{cases} 2.1 - 0.1\left(\frac{B}{H}\right) & 1 \leqslant \frac{B}{H} < 8 \\ 1.3 & \frac{B}{H} \geqslant 8 \end{cases} \tag{7-50}$$

式中 B——主梁截面全宽(m)。

当桥梁的主梁截面带有斜腹板时,式(7-50)中的阻力系数 C_H 以竖直方向为基准,每倾斜1°折减0.5%,最多可以折减30%。斜腹板的倾斜角计算如图7-25所示。

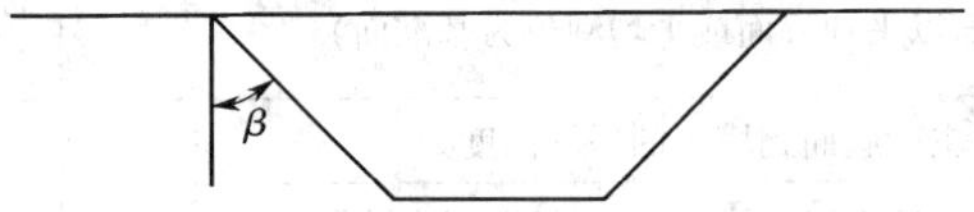

图7-25 斜腹板的倾斜角计算

桁架桥上部结构的风载阻力系数 C_H 可以按表7-11取值。当上部结构为两片或者两片以上的桁架时,所有迎风桁架的风载阻力系数均取 ηC_H,η 为遮挡系数,按照表7-12取值。桥面系构造的风载阻力系数取 $C_H = 1.3$。

表7-11 桁架桥的风载阻力系数 C_H

实面积比	矩形与H形截面构件	圆柱形构件(D为圆柱直径)	
		$DU_{10} < 6\ m^2/s$	$DU_{10} \geqslant 6\ m^2/s$
0.1	1.9	1.2	0.7
0.2	1.8	1.2	0.8
0.3	1.7	1.2	0.8
0.4	1.7	1.1	0.8
0.5	1.6	1.1	0.8

注:实面积比=桁架净面积/桁架轮廓面积。

表7-12 桁架的遮挡系数 η

间距比	实面积比				
	0.1	0.2	0.3	0.4	0.5
≤1	1.0	0.90	0.80	0.60	0.45
2	1.0	0.90	0.80	0.65	0.50
3	1.0	0.95	0.80	0.70	0.55
4	1.0	0.95	0.80	0.70	0.60
5	1.0	0.95	0.85	0.75	0.65

续表

间距比	实面积比				
	0.1	0.2	0.3	0.4	0.5
6	1.0	0.95	0.90	0.80	0.70

注：间距比 = 两桁架中心距/迎风桁架高度。

2）顺桥向风荷载

对于跨径小于 200 m 的桥梁，其主梁上顺桥向单位长度的风荷载可以按照下面两种情况分别计算：

（1）对于实体桥梁截面，取其横桥向风荷载的 1/4；

（2）对于桁架桥梁截面，取其横桥向风荷载的 1/2。

对于跨径大于或等于 200 m 的桥梁，当主梁为非桁架截面时，其顺桥向单位长度的风荷载可以按照风和主梁上、下表面之间的摩擦力计算，即

$$F_{fr}=\frac{1}{2}\rho U_g^2 c_f s \tag{7-51}$$

式中　s——主梁周长（m）；

c_f——摩擦系数，按照表 7－13 取值。

表 7－13　摩擦系数 c_f

桥梁主梁上、下表面情况	摩擦系数
光滑表面（光滑混凝土、钢）	0.01
粗糙表面（混凝土表面）	0.02
非常粗糙表面（加肋）	0.04

4. 墩、塔、吊杆、斜拉索和主缆上的风荷载

横桥向风荷载作用下的桥墩、桥塔、吊杆、斜拉索和主缆上的静力风荷载

$$F_H=\frac{1}{2}\rho U_g^2 C_H A_n \tag{7-52}$$

式中　A_n——桥梁各构件顺风向投影面积（m^2），对吊杆、斜拉索和主缆取其直径与投影高度的乘积；

C_H——桥梁各构件的阻力系数，对于桥墩和桥塔可参照表 7－14 取值，对于截面形状复杂的桥墩、桥塔可以通过风洞试验或者数值模拟的方法计算阻力系数。

表 7－14　桥墩或桥塔的阻力系数 C_H

截面形状	$\frac{t}{b}$	桥墩或桥塔的高宽比						
		1	2	4	6	10	20	40
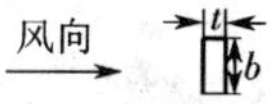	$\leq\frac{1}{4}$	1.3	1.4	1.5	1.6	1.7	1.9	2.1

续表

截面形状	$\frac{t}{b}$	桥墩或桥塔的高宽比						
		1	2	4	6	10	20	40
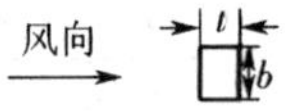	$\frac{1}{3}$，$\frac{1}{2}$	1.3	1.4	1.5	1.6	1.8	2.0	2.2
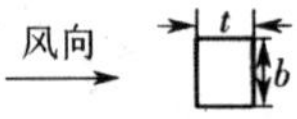	$\frac{2}{3}$	1.3	1.4	1.5	1.6	1.8	2.0	2.2
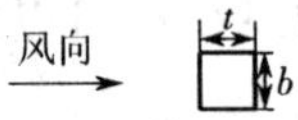	1	1.2	1.3	1.4	1.5	1.6	1.8	2.0
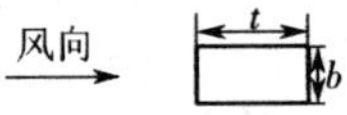	$\frac{3}{2}$	1.0	1.1	1.2	1.3	1.4	1.5	1.7
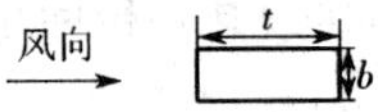	2	0.8	0.9	1.0	1.1	1.2	1.3	1.4
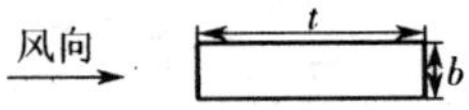	3	0.8	0.8	0.8	0.9	0.9	1.0	1.2
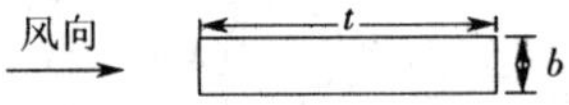	≥4	0.8	0.8	0.8	0.8	0.8	0.9	1.1
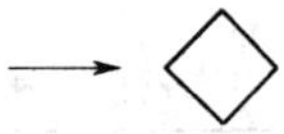 方形或八角形 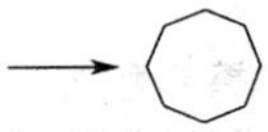		1.0	1.1	1.1	1.2	1.2	1.3	1.4
 十二边形		0.7	0.8	0.9	0.9	1.0	1.1	1.3
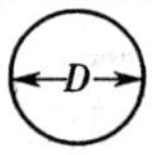 光滑表面的圆形，若 $DU_{10} \geq 6\ \mathrm{m^2/s}$		0.5	0.5	0.5	0.5	0.5	0.6	0.6
 ①光滑表面的圆形，若 $DU_{10} < 6\ \mathrm{m^2/s}$ ②有粗糙面或带凸起的圆形		0.7	0.7	0.8	0.8	0.9	1.0	1.2

当悬索桥主缆的中心间距为直径的4倍及以上时，宜独立考虑每根缆索的风荷载，单根主缆的阻力系数可取0.7；当主缆的中心间距不到直径的4倍时，可按一根主缆计算，其阻力系数宜取1.0；当悬索桥吊杆的中心距离为直径的4倍及以上时，每根吊杆的阻力系数可取0.7。

在顺桥向风荷载作用下斜拉索单位长度上的风荷载

$$F_{\mathrm{H}} = \frac{1}{2}\rho U_{\mathrm{g}}^2 C_{\mathrm{H}} D \sin^2\beta \tag{7-53}$$

式中 C_{H}——斜拉索的阻力系数，如果考虑顺桥向风荷载与活荷载组合取1.0，在设计基准风速下取0.8；

β——斜拉索的倾角；

D——斜拉索的直径。

7.4.4 风致静力失稳

风致静力失稳就是指结构在给定风速作用下，主梁发生弯曲和扭转，一方面改变了结构刚度,另一方面改变了静风荷载大小,并反过来增大了结构的变形,最终导致结构失稳。大跨度桥梁在静风荷载作用下的失稳模式因桥型不同而有所差异。对于缆索承重结构,如大跨度悬索桥或单索面斜拉桥,可能的失稳模式有扭转发散和侧向弯扭屈曲,前者升力矩是主因,后者阻力是主因。对于大跨度拱桥,其静风荷载主要是主拱结构上的阻力,且风荷载对主拱或者加劲梁的变形依赖性不强,因此可能失稳的模式表现为主拱的侧向屈曲失稳。

1. 静力扭转发散

在大风作用下的大跨度桥梁,主梁力学模型可以简化为弹性中心支撑在一个扭转弹簧上的薄桥面,如图7－26所示的由Scanlan提出的桥梁静力扭转发散的二维计算模型。在气动扭矩作用下将发生扭转变形。一方面,扭转变形使得风攻角增加,而气动扭矩系数一般是随着风攻角的增加而增加,这就意味着在风速不变的情况下,主梁的扭转变形将导致作用在其上的气动扭矩的增加,这反过来又将促使结构的扭转变形进一步增加。这种气动扭矩和扭转变形之间的相互反馈作用使结构的变形呈现出一种非线性的增加趋势。另一方面,扭转变形也会使得结构的抵抗力(恢复力)增加。当抵抗力随扭转变形增加的速度大于气动扭矩随扭转变形增加的速度时,结构的变形将达到一个稳定的状态。但当来流风速超过某一临界值时,随着扭转变形的增加,气动扭矩的增加速度超过了结构抵抗力增加速度,从而使得结构的扭转变形呈现发散状态,变形越来越大,最终导致结构破坏。

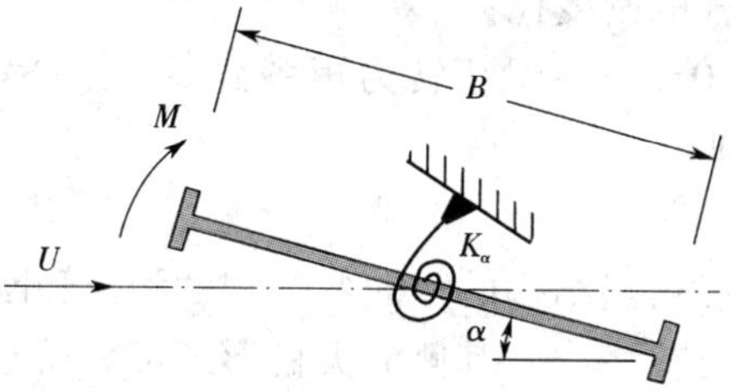

图7－26　静力扭转发散简化模型

二维模型的扭转振动方程为

$$M\ddot{\alpha}+c\dot{\alpha}+K_{\alpha}\alpha=\frac{1}{2}\rho U^{2}B^{2}C_{\mathrm{M}}(\alpha) \tag{7-54}$$

式中　M——扭转广义质量;

c——扭转阻尼;

K_{α}——结构的整体抗扭刚度;

ρ——空气密度;

U——风速;

B——参考宽度;

C_{M}——升力矩系数。

升力矩系数可以线性展开为

$$C_{\mathrm{M}}(\alpha)=C_{\mathrm{M0}}+C'_{\mathrm{M}}\alpha \tag{7-55}$$

代入式(7－54)得

$$M\ddot{\alpha}+c\dot{\alpha}+K_{\alpha}\alpha=\frac{1}{2}\rho U^{2}B^{2}(C_{\mathrm{M0}}+C'_{\mathrm{M}}\alpha) \tag{7-56}$$

将式(7－56)等号右边的线性项移至方程左边得

$$M\ddot{\alpha}+c\dot{\alpha}+\left(K_{\alpha}-\frac{1}{2}\rho U^{2}B^{2}C'_{\mathrm{M}}\right)\alpha=\frac{1}{2}\rho U^{2}B^{2}C_{\mathrm{M0}} \tag{7-57}$$

扭转发散的条件是式(7－56)中扭角 α 的解无穷大，即有效刚度等于0，于是有

$$K_{\alpha}-\frac{1}{2}\rho U^{2}B^{2}C'_{\mathrm{M}}=0 \tag{7-58}$$

这样可以得到扭转发散的临界风速

$$U_{\mathrm{td}}=\sqrt{\frac{2K_{\alpha}}{\rho B^{2}C'_{\mathrm{M}}}} \tag{7-59}$$

我国《公路桥梁抗风设计规范》规定悬索桥和斜拉桥的静力扭转发散临界风速按照下式计算：

$$U_{\mathrm{td}}=K_{\mathrm{td}}f_{\mathrm{t}}B \tag{7-60}$$

$$K_{\mathrm{td}}=\sqrt{\frac{\pi^{3}}{2}\cdot\mu\left(\frac{r}{b}\right)^{2}\cdot\frac{1}{C'_{\mathrm{M}}}};\quad \mu=\frac{m}{\pi\rho b^{2}};\quad b=\frac{B}{2};\quad \frac{r}{b}=\frac{1}{b}\sqrt{\frac{I_{\mathrm{m}}}{m}}$$

式中 m——单位桥长质量(kg/m)；

I_{m}——单位桥长质量惯性矩(kg·m^2/m)，$I_{\mathrm{m}}=mr^{2}$；

f_{t}——一般取一阶对称扭转频率(Hz)；

μ——桥面质量与空气的密度比；

C'_{M}——当风攻角 $\alpha=0°$时，主梁扭转力矩系数 C_{M}的斜率，可通过风洞试验或者数值模拟技术得到。

2. 悬索桥横向屈曲

悬索桥在静风载的作用下，当结构的竖向弯曲刚度和扭转刚度较小时，有可能发生类似梁的侧倾的静力失稳。对单跨悬索桥，其侧向失稳形态常为反对称形式，因此对于单跨的悬索桥，其横向屈曲的临界风速

$$U_{\mathrm{lb}}=K_{\mathrm{lb}}f_{\mathrm{t}}B \tag{7-61}$$

$$K_{\mathrm{lb}}=\sqrt{\frac{\pi^{3}\frac{B}{H}\mu\frac{r}{b}}{1.88C_{\mathrm{H}}\varepsilon\sqrt{4.54+\frac{C'_{\mathrm{L}}B_{\mathrm{c}}}{C_{\mathrm{H}}H}}}};\quad \mu=\frac{m}{\pi\rho b^{2}};\quad b=\frac{B}{2};\quad \frac{r}{b}=\frac{1}{b}\sqrt{\frac{I_{\mathrm{m}}}{m}};\quad \varepsilon=\frac{f_{\mathrm{t}}}{f_{\mathrm{b}}}$$

式中 H——悬索桥主梁高度(m)；

B_{c}——主缆中心距(m)；

f_{t}——一般取一阶对称扭转频率(Hz)；

f_{b}——一般取一阶对称竖向弯曲频率(Hz)；

ε——扭弯频率比；

C_{H}——主梁阻力系数；

C'_{L}——当风攻角 $\alpha=0°$时，主梁扭转力矩系数 C_{L}的斜率，可通过风洞试验或者数值模拟技术得到。

除了通过临界风速的经验公式来判断桥梁静力失稳之外，目前常用的另一种研究桥梁空气静力稳定性较为完善的方法是考虑结构的几何非线性及静力三分力随风攻角的变化，采用非线性有限元方法进行分析。该方法可以将横向屈曲和静力扭转发散一并考虑，已经应用在很多工程实例中。

7.5　风对桥梁的动力作用

风不仅会对大跨度缆索承重的桥梁结构产生静力作用，还会产生动力作用，引起结构振动，产生动力荷载，甚至引起破坏。结构的风致振动在很大程度上依赖于结构的外形、刚度、阻尼和质量特性。不同的外形将引起不同的风致动力荷载。结构刚度越小，柔性越大，则其风致振动响应就越大。

除了结构本身的特性外，结构的风致振动还与来风的特性有关，如来风的湍流尺度越大、湍流度越高，结构的随机风致响应就越大，当来风的风速脉动卓越频率与结构的固有频率接近时，将会产生很大的共振响应。

按照风致动力荷载性质，结构的风致振动可分为随机振动和确定性振动，根据荷载的成因又可分为强迫振动和自激振动，按振动的性质又可分为限幅振动和发散振动。

7.5.1　桥梁颤振与驰振

颤振是一种发散型的自激振动，也可理解为一种气动失稳现象，是最具破坏性的一种风致振动。由于处于风场中的振动结构和气流之间存在着剧烈的相互作用，即气弹效应，使结构和气流之间产生了能量交换。当风速超过某一值时，结构将不断地从气流中吸取能量来补充被结构阻尼所消耗的能量。当风速继续增加而超过一个临界值（即临界风速）时，结构以振动方式从气流中吸取的能量将大于被结构阻尼所消耗的能量，从而使结构的振动处于负阻尼的发散状态而发生颤振。颤振临界风速就是振动系统的总阻尼等于零时的风速。塔科马海峡大桥就是因为发生扭转颤振而坍塌的，因此颤振的研究是桥梁抗风设计中的一个重点。

桥梁结构的颤振涉及系统的弹性力、惯性力、阻尼力和自激空气动力的综合作用，是十分复杂的空气动力失稳问题。

1. 桥梁颤振分类

颤振按其振动形态可分为单自由度弯曲颤振（又称驰振）、单自由度扭转颤振（又称失速颤振）和弯扭耦合颤振（又称经典颤振）。

1）单自由度颤振

单自由度颤振主要发生在非流线型主梁截面结构的桥梁中。发生原因与流动的分离和旋涡脱落再附有直接的关系，随着风速的增加，气动阻尼将由正值变为负值，负阻尼超过结构阻尼后，结构将从气流中吸收能量产生颤振。驰振最先发现于结冰的电线，振动激发的波在两根电杆之间快速传递，犹如快马奔腾，振幅可达电线直径的10倍，因此称为驰振。失速颤振以扭转为主，颤振频率接近结构扭转的固有频率。就桥梁结构而言，塔柱、吊杆与拉索有可能出现驰振现象，较宽的桥面扭转效应显著，应保证颤振稳定性。

2）经典颤振

经典颤振主要发生在流线型主梁截面结构的桥梁中。发生原因是气流影响了不同自由度运动之间的振幅比及相位关系，使结构从气流中吸收能量所致。参与颤振的模态至少包含弯曲和扭转两个模态，颤振频率为弯曲和扭转的固有频率中间值，偏向扭转固有频率。

2. Scanlan 的桥梁颤振导数理论

作用在运动结构上的自激力与结构运动本身有关。由于气弹效应机理的复杂性，严格地讲自激力将是结构运动位移、速度和加速度以及频率等参数的非线性函数。但是由于颤振的巨大危害性使得在桥梁抗风设计中必须排除颤振发生的可能性,因此结构颤振性能的研究重点在于确定其临界风速,一般不需要了解颤振后的性能。为此在颤振研究中,结构的振动可被假设在小振幅范围内进行,自激力也就可以被简化为结构运动位移、速度和加速度的线性函数,而且在一般情况下,由于相对于结构的质量来说空气的质量非常小,因此加速度项对自激力的影响常被忽略。图 7-27 是二维桥梁截面运动及气动自激力示意图。

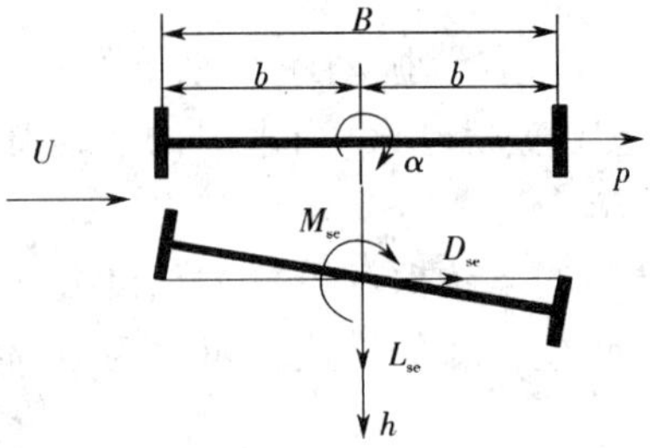

图 7-27 二维桥梁截面运动及气动自激力示意

目前在风工程的研究中,对于钝体截面最为常用的是 Scanlan 的气动导数表示的形式:

$$D_{se}=\frac{1}{2}\rho U^2 B\left[KP_1^*\frac{\dot{p}}{U}+KP_2^*\frac{B\dot{\alpha}}{U}+K^2P_3^*\alpha+K^2P_4^*\frac{p}{B}+KP_5^*\frac{\dot{h}}{U}+K^2P_6^*\frac{h}{B}\right] \tag{7-62a}$$

$$L_{se}=\frac{1}{2}\rho U^2 B\left[KH_1^*\frac{\dot{h}}{U}+KH_2^*\frac{B\dot{\alpha}}{U}+K^2H_3^*\alpha+K^2H_4^*\frac{h}{B}+KH_5^*\frac{\dot{p}}{U}+K^2H_6^*\frac{p}{B}\right] \tag{7-62b}$$

$$M_{se}=\frac{1}{2}\rho U^2 B^2\left[KA_1^*\frac{\dot{h}}{U}+KA_2^*\frac{B\dot{\alpha}}{U}+K^2A_3^*\alpha+K^2A_4^*\frac{h}{B}+KA_5^*\frac{\dot{p}}{U}+K^2A_6^*\frac{p}{B}\right] \tag{7-62c}$$

式中 D_{se}、L_{se}、M_{se}——作用在单位长度结构上的自激阻力、自激升力和自激扭矩;

h、p、α——主梁的竖向、横向和扭转位移;

H_i^*、P_i^*、A_i^*($i=1,2,3,4,5,6$)——无量纲参数;

K——折算频率,$K=B\omega/U$。

H_i^*、P_i^*、A_i^* 是随 K 值变化而变化的气动导数,Scanlan 称之为颤振导数,颤振导数代表了主梁的竖向、横向和扭转位移分别对自激力的贡献。颤振导数可以通过风洞试验或数值模拟计算获得,Scanlan 的模型能较好地反映实际桥梁的非定常空气动力特性,同时也能较好地反映桥梁的弯扭耦合效应,因此在桥梁工程界得到广泛的应用。

3. 颤振稳定性验算

1)颤振的检验风速

颤振的检验风速

$$[U_{cr}]=1.2\mu_f U_d \tag{7-63}$$

式中 U_d——设计基准风速(m/s);

μ_f——风速脉动修正系数,按照表 7-15 取值。

表 7－15　风速脉动修正系数 μ_f

地表类别 \ 跨径/m	100	200	300	400	500	650	800	1 000	1 200	>1 500
A	1.30	1.27	1.25	1.24	1.23	1.22	1.21	1.20	1.20	1.19
B	1.36	1.33	1.30	1.29	1.28	1.27	1.26	1.25	1.24	1.22
C	1.43	1.39	1.37	1.35	1.33	1.31	1.30	1.28	1.27	1.25
D	1.49	1.44	1.42	1.40	1.38	1.36	1.35	1.33	1.31	1.29

2）颤振验算的表达式

在风攻角 $-3°\leqslant\alpha\leqslant+3°$ 范围内，颤振临界风速 U_{cr} 应当满足：

$$U_{cr}\geqslant[U_{cr}] \tag{7-64}$$

3）颤振临界风速计算

在进行颤振分析时，先按颤振理论的公式计算出平板截面的基本颤振临界风速 U_{c0}，然后通过实际截面的节段模型风洞试验直接测出二维颤振的临界风速 U_c，两者之比即为截面形状的修正系数 η_s。如果要考虑 ±3°范围内风攻角对颤振的不利影响，也可以通过风洞试验直接测定风攻角效应的折减系数 η_α，最后经过修正的颤振临界风速

$$U_{cr}=\eta_s\eta_\alpha U_{c0} \tag{7-65}$$

$$U_{c0}=2.5\sqrt{\mu\frac{r}{b}}f_tB \tag{7-66}$$

式中　η_s——形状修正系数，按表 7－16 选取；

　　　η_α——风攻角效应折减系数，按表 7－16 选取。

表 7－16　形状修正系数 η_s 和风攻角效应折减系数 η_α

截面形式	形状修正系数 η_s			风攻角效应折减系数 η_α
	阻尼比			
	0.005	0.01	0.02	
平板	1	1	1	—
钝头形	0.50	0.55	0.60	0.80
带挑臂	0.65	0.70	0.75	0.70
带斜腹板	0.60	0.70	0.90	0.70
带风嘴	0.70	0.70	0.80	0.80
带分流板	0.80	0.80	0.80	0.80
开口板梁	0.55	0.40	0.50	0.85

对于跨径较小，即主跨跨径小于 300 m 时，并且截面较钝的桥梁，颤振临界风速 U_{cr} 按照下面两种情况分别计算。

当主梁截面宽高比 $B/H=4\sim8$ 时，

$$U_{cr}=5f_tB \tag{7-67}$$

当主梁截面宽高比 $B/H<4$ 时，

$$\left.\begin{aligned}U_{cr}&=5f_tB\\U_{cr}&=12f_tH\end{aligned}\right\}\text{取较小值} \tag{7-68}$$

4. **驰振稳定性验算**

结构是否可能发生驰振，主要取决于结构横截面的形状，可能发生驰振的结构称为驰振不稳定结构。

1）驰振的检验风速

为了综合反映风洞试验的误差、设计和施工中的可靠性以及结构的重要性等因素，我国《公路桥梁抗风设计规范》规定驰振检验风速为1.2倍的设计基准风速，即

$$[U_{cg}]=1.2U_d \tag{7-69}$$

2）驰振验算的表达式

由于驰振主要可能发生在截面较钝的钢桥和钢制桥塔中，因此对宽高比 $B/H<4$ 的钢主梁、斜拉桥和悬索桥的钢制桥塔，应当验算其自立状态下的驰振稳定性。驰振临界风速应当满足：

$$U_{cg}\geqslant[U_{cg}] \tag{7-70}$$

3）驰振临界风速计算

对于水平设置的等截面构件，可以根据驰振力系数 C'_L+C_D 来判断是否可能出现驰振，结构截面的驰振力系数一般由风洞试验得到。当 $C'_L+C_D\geqslant0$ 时会发生驰振，当 $C'_L+C_D<0$ 时可能出现驰振，典型截面的驰振力系数列入表7－17中。

表7－17　典型截面的驰振力系数

截面形状	驰振力系数	截面形状	驰振力系数
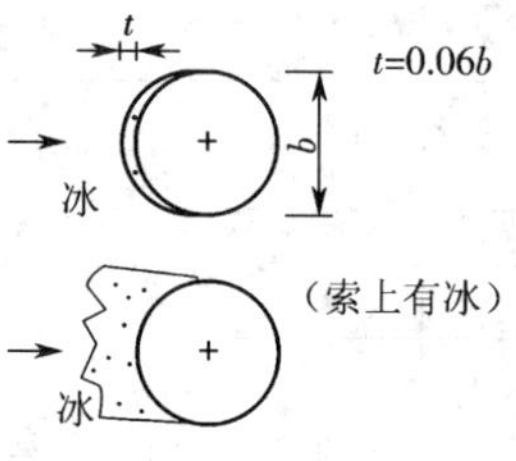	-1.0	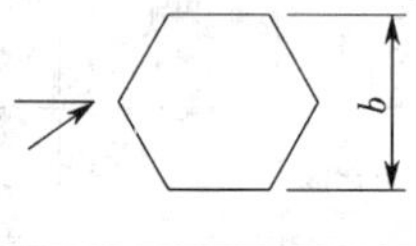	-1.0
		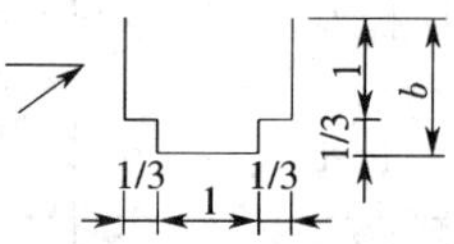	-4.0

续表

截面形状		驰振力系数	截面形状		驰振力系数
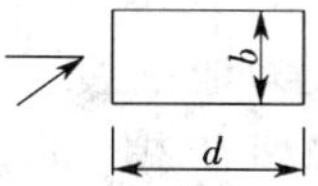	$\frac{d}{b}=2.0$	-2.0	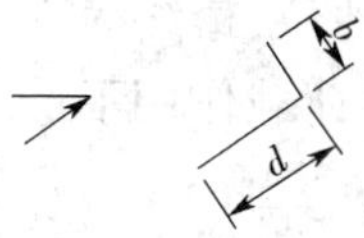	$\frac{d}{b}=2.0$	-0.7
	$\frac{d}{b}=1.5$	-1.7	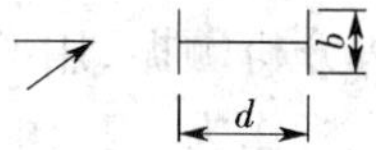	$\frac{d}{b}=2.7$	-5.0
	$\frac{d}{b}=1.0$	-1.2	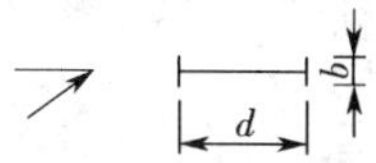	$\frac{d}{b}=5.0$	-7.0
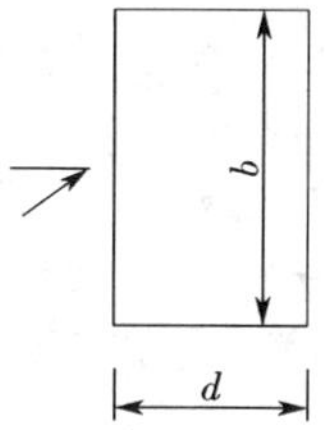	$\frac{d}{b}=\frac{2}{3}$	-1.0	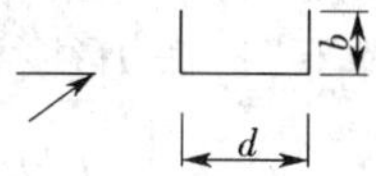	$\frac{d}{b}=3.0$	-7.5
	$\frac{d}{b}=\frac{1}{2}$	-0.7	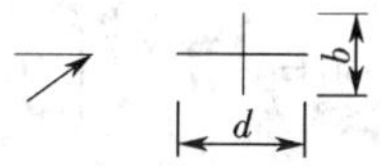	$\frac{d}{b}=3/4$	-3.2
	$\frac{d}{b}=\frac{1}{3}$	-0.4	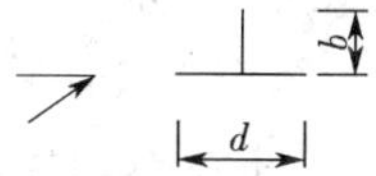	$\frac{d}{b}=2.0$	-1.0

驰振临界风速可用下式估算：

$$U_{cg}=-\frac{4m\omega_1\zeta_s}{\rho H}\cdot\frac{1}{C'_L+C_D} \tag{7-71}$$

式中　m——结构单位长度质量(kg/m)；

ω_1——结构一阶弯曲圆频率(rad/s)，$\omega_1=2\pi f_b$；

ζ_s——桥梁结构阻尼比，一般钢桥为 0.005，钢混结合梁桥为 0.01，混凝土桥为 0.02；

ρ——空气密度(kg/m^3)，取 1.225；

H——构件截面迎风宽度。

7.5.2　桥梁抖振

桥梁抖振是 20 世纪 50 年代 Scruton 在研究桥梁动力响应时提出的，用来描述尾流引起的强迫振动。目前，一般把湍流中脉动部分引起的结构强迫振动统称为抖振。抖振不像颤振那样具有发散的性质，而是一种限幅振动，一般不会引起灾难性的破坏。但是过大的抖振在施工期间可能危及施工人员和机械的安全，在成桥运营期间则会影响车辆和行人的舒适度，缩短部分构件的疲劳寿命，因此正确评估桥梁抖振响应是十分重要的。根据引起抖振的脉动风来源的不同可将抖振分为桥梁结构本身尾流引起的尾流抖振、其他结构尾流引起的抖振和大气湍流引起的抖振等，其中以大气湍流引起的抖振为主，也是研究的重点。

应当指出，颤振和抖振是有内在联系的。从桥梁风致振动的机理看，脉动风产生的抖振力(强迫力)和结构运动产生的自激力共同作用引起桥梁振动。风速较低时,抖振力在振动中占主控地位,这时的随机振动即称为抖振;当风速高到一定值后,自激力随结构的运动增大而不断增大,从而占主控地位,最终表现出一种发散的振动,即称为颤振。可见,颤振和抖振不过是桥梁结构在不同风荷载作用下产生的运动的不同表现形式而已,两者实际上并无本质区别。

桥梁结构在随机风荷载作用下的响应计算可分为频域法和时域法两大类。传统的频域分析用半逆法或状态空间法分析颤振,用谱分析法研究抖振。这种做法人为地割裂了颤振和抖振的内在联系。时域分析作为一种仿真的分析方法,只要合理地将静风荷载、抖振力、自激力同时考虑在内,就可以实现模拟桥梁结构从稳定的随机振动向发散的周期振动这一过渡过程。

1. Davenport 抖振力模型

作用在结构上的由自然风湍流引起的抖振力模型一般都是以准定常理论为基础,在小振幅和低湍流度的前提条件下,抖振力往往被表示为来流脉动风速的线性函数:

$$D_b(t)=\frac{1}{2}\rho U^2 B\left[2C_D\frac{u(t)}{U}+C'_D\frac{w(t)}{U}\right] \tag{7-72a}$$

$$L_b(t)=\frac{1}{2}\rho U^2 B\left[2C_L\frac{u(t)}{U}+(C'_L+C_D)\frac{w(t)}{U}\right] \tag{7-72b}$$

$$M_b(t)=\frac{1}{2}\rho U^2 B^2\left[2C_M\frac{u(t)}{U}+C'_M\frac{w(t)}{U}\right] \tag{7-72c}$$

式中 ρ——空气密度;

C_D、C_L、C_M——阻力、气动升力和气动力矩系数,可由风洞试验得到;

C'_D、C'_L、C'_M——阻力、气动升力和气动力矩系数对风攻角 α 的导数,可由风洞试验得到;

U——平均风速;

u、w——水平及垂直方向的脉动风速。

Davenport 抖振力模型的特点是将结构刚性化,忽略了结构与气流之间的相互影响以及特征湍流对结构抖振的影响。

2. 气动导纳函数

在准定常假定下,桥梁结构所受的抖振力具有两个特点:一是三分力特性与脉动风频率特性无关;二是沿桥宽度方向的风荷载是完全相关的。对于低频段的湍流,即湍流的尺度远大于桥面宽度时,准定常假定能比较准确地反映结构的受力情况,但对于高频率段的湍流,基于准定常假定的抖振力表达式可能与结构真实的受力状态会存在较大的差距,因此必须引入依赖脉动风频率特性的气动导纳函数来修正准定常抖振力模型以考虑抖振力的非定常特性。

对于桥梁截面,即使是理想的二维片条,由于来流中有水平和垂直两方向的脉动风,每一方向的脉动风都会影响阻力、升力与升力矩,因而理论上二维片条要考虑6个气动导纳,经气动导纳修正后的抖振力模型如下:

$$D_b(t)=\frac{1}{2}\rho U^2 B\left[2C_D\chi_D\frac{u(t)}{U}+C'_D\chi'_D\frac{w(t)}{U}\right] \tag{7-73a}$$

$$L_b(t)=\frac{1}{2}\rho U^2 B\left[2C_L\chi_L\frac{u(t)}{U}+(C'_L+C_D)\chi'_L\frac{w(t)}{U}\right] \tag{7-73b}$$

$$M_{b}(t)=\frac{1}{2}\rho U^{2}B^{2}\left[2C_{M}\chi_{M}\frac{u(t)}{U}+C'_{M}\chi'_{M}\frac{w(t)}{U}\right] \quad (7-73c)$$

式中　χ_{D}、χ'_{D}、χ_{L}、χ'_{L}、χ_{M}、χ'_{M}——气动导纳。

引入气动导纳后，关键的问题是如何求出气动导纳函数，桥梁截面为钝体截面，在来流作用下气流在迎风面存在分离，此时将基于势流理论的 Sears 函数用于钝体桥梁截面的气动导纳必定存在较大的偏差，而如何求解钝体桥梁截面的气动导纳至今没有成熟的理论与方法。

3. Scanlan 抖振力修正模型

Davenport 抖振力表达式的一个基本假定是刚性模型假定，即假定结构本身的振动不会影响风荷载，两者无反馈关系。实际上结构的振动与风场会形成一种耦合关系，即振动的结构会改变风场，风场的改变又反馈影响到结构本身所受的风荷载，典型的耦合振动有时会导致结构的动力失稳，结构与风场的耦合从形式上表现为结构的阻尼特性与刚度特性的改变。在桥梁结构的抖振响应分析中，通常采用 Scanlan 自激力表达式引入气动刚度与气动阻尼。在较低风速下，气动阻尼常常起到抑制结构振动的作用，即表现为气动正阻尼，此时如果忽略自激力的作用，往往会得到过于偏大的抖振响应计算结果。因此，在大跨度桥梁的抖振响应分析中，引入 Scanlan 自激力模型对 Davenport 抖振力表达式进行修正十分必要。修正后桥梁结构所受的阻力、升力以及升力矩可以表示为

$$D=D_{b}+D_{se} \quad (7-74a)$$

$$L=L_{b}+L_{se} \quad (7-74b)$$

$$M=M_{b}+M_{se} \quad (7-74c)$$

7.5.3　桥梁涡激振动

涡激振动是大跨度桥梁在低风速下很容易出现的一种风致振动现象，涡激振动带有自激性质，但振动的结构反过来会对涡脱形成某种反馈作用，使得涡振振幅受到限制，因此涡激共振是一种带有自激性质的风致限幅振动。尽管涡激振动不像颤振、驰振一样是发散的、毁灭性的振动，但由于是低风速下常容易发生的振动，且振动幅度之大足以影响行车安全，因而在施工或者成桥阶段避免涡激共振或限制其振幅在可接受的范围之内具有十分重要的意义。图7－28是丹麦大带东桥涡激共振时拍的照片，图中车辆是静止在桥面上的，左右两张照片分别是在同一位置不同时间拍摄的，从车辆在图中的位置变化可知其振幅之大。

图7－28　丹麦大带东桥涡激共振

钝体截面受到均匀流作用时,在截面背后会形成旋涡脱落,从而产生周期变化的涡激力。如果被绕流的物体是一个振动体系时,周期性的涡激力将引起结构的涡激振动,并且在旋涡脱落频率与结构的自振周期一致时发生涡激共振。

从涡激共振的表现形式看,它是一种带有自激性质的强迫振动。涡激共振主要有五个方面的特征:

(1)一种在较低风速下发生的有限振幅振动;

(2)只在某一风速区间内发生;

(3)最大振幅对阻尼有很大的依赖性;

(4)涡激响应对截面形状的微小变化很敏感;

(5)涡激振动可以激起弯曲振动,也可以激起扭转振动。

1. 涡激力解析表达式

在工程应用中,除了上述关于涡激共振的性质外,工程师们更关心涡振振幅的计算问题。解决涡振振幅的关键问题是确定涡激力的解析表达式,涡激力的经典解析表达式主要有以下几种。

1)简谐力模型

最初研究涡激振动时,发现涡振的振动现象和简谐力非常相似,就认为作用在结构上的涡激力具有简谐力一样的形式,于是提出了最初的简谐涡激力模型,这一模型假定涡激力是和升力系数成正比的简谐力。

$$m(\ddot{y}+2\zeta\omega_{\mathrm{n}}\dot{y}+\omega_{\mathrm{n}}^{2}y)=\frac{1}{2}\rho U^{2}BC_{\mathrm{L}}\sin(n_{\mathrm{s}}t+\phi) \tag{7-75}$$

式中 m——质量;

ρ——空气密度;

U——平均风速;

B——结构参考宽度;

ζ——阻尼比;

ω_{n}——结构振动频率;

C_{L}——升力系数;

n_{s}——旋涡脱落频率;

ϕ——初相位角。

简谐力模型假定涡激力是和升力系数成正比的简谐力,这一模型的主要缺点是不能正确反映涡振振幅随风速的变化关系。

2)升力振子模型

20 世纪 60 年代 Scruton 提出了升力振子模型,其基本形式如下:

$$m(\ddot{y}+2\zeta\omega_{\mathrm{n}}\dot{y}+\omega_{\mathrm{n}}^{2}y)=\frac{1}{2}\rho U^{2}BC_{\mathrm{L}}(t) \tag{7-76}$$

式中,升力系数是随时间变化的系数,它与结构振动速度假定有如下关系:

$$\ddot{C}_{\mathrm{L}}+a_{1}\dot{C}_{\mathrm{L}}+a_{2}\dot{C}_{\mathrm{L}}^{3}+a_{3}C_{\mathrm{L}}=a_{4}\dot{y} \tag{7-77}$$

式中 a_1、a_2、a_3、a_4——必须通过试验来识别确定的系数。

升力振子模型将升力系数考虑为随时间变化的函数,小振幅时阻尼小,大振幅时阻尼大。这一模型的主要缺点是模型参数的确定需要大量的试验,而升力系数随时间的变化规律需要通过测压试验的数据来仔细分析,而测压时结构阻尼特性的影响使其难以得到理想的试验数据。

3）经验线性模型

经验线性模型是 Simiu 与 Scanlan 于 1986 年提出的一种经验线性模型，这一模型假定一个线性机械振子给予气动激振力、气动阻尼以及气动刚度。

$$m(\ddot{y}+2\zeta\omega_n\dot{y}+\omega_n^2 y)=\frac{1}{2}\rho U^2 B\left[Y_1(K_1)\frac{\dot{y}}{U}+Y_2(K_1)\frac{y}{B}+\frac{1}{2}C_L(K_1)\sin(n_s t+\phi)\right] \tag{7-78}$$

式中　$K_1=B\omega_n/U$；

Y_1、Y_2、C_L、ϕ——待拟合的参数。

该模型通过线性函数来描述旋涡脱落这一非线性气动现象，带有一定的近似性。

4）经验非线性模型

经验非线性模型是由 Ehsan 和 Scanlan 于 1990 年在经验线性模型的基础上提出的，增加了一个非线性的气动阻尼项，把涡激力的描述引入到非线性的范围内。

$$m(\ddot{y}+2\zeta\omega_n\dot{y}+\omega_n^2 y)=\frac{1}{2}\rho U^2 B\left[Y_1\left(1-\varepsilon\frac{y^2}{B^2}\right)\frac{\dot{y}}{U}+Y_2\frac{y}{B}+\frac{1}{2}C_L(K_1)\sin(n_s t+\phi)\right] \tag{7-79}$$

2. 涡激共振估算

1）竖向涡激振动

Ⅰ. 涡激共振发生风速

实腹式桥梁截面的竖向涡激共振的发生风速 U_{cvh} 可以按下式计算：

$$U_{cvh}=1.0 f_b B \tag{7-80}$$

式中　f_b——竖向弯曲振动频率；

B——桥面全宽。

Ⅱ. 涡激共振振幅

实腹式桥梁截面的竖向涡激共振振幅

$$h_c=\frac{E_h E_{th}}{2\pi m_r \zeta_s}B \tag{7-81a}$$

$$m_r=\frac{m}{\rho B^2} \tag{7-81b}$$

$$E_h=0.065\beta_{ds}(B/H)^{-1} \tag{7-81c}$$

$$E_{th}=1-15\beta_t(B/H)^{1/2}I_u^2 \tag{7-81d}$$

$$I_u=\frac{1}{\ln\left(\frac{z}{z_0}\right)} \tag{7-81e}$$

式中　m——桥梁单位长度质量（kg/m），对于变截面桥梁可取 1/4 跨径处的平均值，对于斜拉桥应计入斜拉索质量的一半，对于悬索桥应计入主缆全部质量；

ζ_s——桥梁结构阻尼比；

β_{ds}——形状修正系数，对于宽度小于 1/4 有效高度或具有垂直腹板的钝体截面取 2，对六边形截面或宽度大于 1/4 有效高度或具有斜腹板的钝体截面取 1；

B——桥面宽度（m）；

H——桥面高度（m）；

β_t——系数，六边形截面取0，其他截面取1；

I_u——湍流强度；

z——桥面的基准高度(m)；

z_0——桥址处的地表粗糙高度(m)，按照表7-3取值。

Ⅲ. 涡激共振振幅验算

竖向涡激共振的允许振幅

$$[h_a]=\frac{0.04}{f_b} \tag{7-82}$$

竖向涡激共振的振幅应当满足：

$$h_a<[h_a] \tag{7-83}$$

2)扭转涡激振动

Ⅰ. 涡激共振发生风速

实腹式桥梁截面的扭转涡激共振的发生风速 $U_{cv\theta}$ 可以按下式计算：

$$U_{cv\theta}=1.33f_tB \tag{7-84}$$

式中 f_t——扭转振动频率。

Ⅱ. 涡激共振振幅

实腹式桥梁截面的扭转涡激共振振幅

$$\theta_c=\frac{E_\theta E_{t\theta}}{2\pi I_{pr}\zeta_s}B \tag{7-85a}$$

$$I_{pr}=\frac{I_p}{\rho B^4} \tag{7-85b}$$

$$E_\theta=17.16\beta_{ds}(B/H)^{-3} \tag{7-85c}$$

$$E_{t\theta}=1-20\beta_t(B/H)^{1/2}I_u^2 \tag{7-85d}$$

式中 I_p——桥梁单位长度质量惯性矩(kg·m^4/m)，对于变截面桥梁可取1/4跨径处的平均值，对于斜拉桥应计入斜拉索质量的一半，对于悬索桥应计入主缆全部质量。

Ⅲ. 涡激共振振幅验算

扭转涡激共振的允许振幅

$$[\theta_a]=\frac{4.56}{Bf_t} \tag{7-86}$$

扭转涡激共振的振幅应当满足：

$$\theta_a<[\theta_a] \tag{7-87}$$

7.5.4 桥梁拉索振动

桥梁拉索是将主梁结构的重量和所受的外来荷载传递到主塔塔柱上的重要构件，拉索一般由钢索和锚头组成，钢索主要承受拉力。由于拉索是圆截面的柔性结构，因此在风或风雨的作用下会发生参数共振和雨振的现象，其中雨振主要发生在斜拉桥的拉索上。拉索的大幅振动容易引起锚固端的疲劳，或者损坏拉索端部的腐蚀保护系统，缩短拉索的使用寿命，严重时甚至要紧急封闭交通，因此拉索振动已成为大跨径斜拉桥亟待解决的关键问题之一。

1. 参数共振

长期以来都认为桥梁拉索在低风速区发生的振动是涡激振动，但是计算表明，拉索产生涡激振动的临界风速一般在 0.5 ~ 2 m/s，在这样低的风速下产生的涡激力是不可能使拉索产生大振幅振动的。1982 年，Kovacs 用参数共振来解释拉索的振动。当桥梁结构振动时，会使拉索中的轴向力发生周期变化，当桥梁结构的总体频率与某一拉索的横向局部振动频率成倍数关系时，就会引发拉索大振幅的局部振动。参数共振是机械系统和弹性系统在随时间变化的载荷，特别是周期载荷作用下产生的响应，是一种自激振动。

由于斜拉桥拉索一端固接于桥塔，另一端固接于桥面，当斜拉桥以总体频率振动时，桥塔与桥面都会相应振动，这样斜拉索两端将产生周期性运动，进而引起拉索的振动。拉索的振动和作为支承点的桥塔和桥面的振动是相互牵制的。如果结构振动不发散，拉索的振动是一种限幅的参数振动，在共振区将发生较大振幅的振动。斜拉桥振动频率随风速增加而增加，这样将进一步引起拉索更大的主参数共振。

2. 风雨激振

风雨激振是在风雨共同作用下发生的拉索振动，是目前已知的拉索振动形式中最强烈的一种。这种振动会引起相邻斜拉索的碰撞，使其保护层破损。严重时会使斜拉索末端紧固件产生疲劳损伤，导致减振器损坏，从而危及桥梁的安全。

1984 年夏，在日本名古屋港正在施工的名港西(Meiko Nishi)斜拉桥上能经常观察到斜拉索风致振动，当下雨时斜拉索的振动加剧，振幅有时高达拉索直径的两倍多，甚至出现了动力失稳现象，这是首次观察到的斜拉索风雨激振现象。风雨激振与涡激振动不同，涡激振动在低风速下发生，频率高，振幅小；而风雨激振在高风速下发生，频率低，振幅大。

综合多座大桥的观测结果，实际拉索发生风雨激振的特点如下：

(1)大、中、小雨状态下皆可能发生拉索的风雨激振，发生大幅振动的风速一般为 8 ~ 18 m/s；

(2)长索发生风雨激振的可能性较大；

(3)风雨激振一般发生在外包裹为聚乙烯套管的具有光滑表面的拉索上，拉索直径一般为 110 ~ 200 mm；

(4)风雨激振与风向、风攻角有关，背风索面(索向风的来流方向倾倒)容易发生激振，因此常常出现一个索面振动、而另一个索面不振的现象；

(5)振动以拉索面内振动为主，但也伴随有面外的振动，因而振动轨迹呈椭圆形；

(6)风雨激振与桥址所处地形有关，平坦地面或大片水面上的斜拉桥易发生风雨激振，也就是说风的湍流度越低，越容易发生风雨激振。

目前，对斜拉索风雨激振的基本特征已有了一定的共识，但是对风雨激振形成的机理仍有争议。一种观点认为下雨时斜拉索表面上形成的上水路导致斜拉索作竖向和扭转二自由度运动，即雨振的二自由度驰振理论；另一种观点认为风雨激振是由于沿斜拉索轴向的二次流动引起的，而水路只是加剧了这种振动。上述观点都肯定了斜拉索雨振时与水路有联系。

7.6 风洞试验简介

风洞试验是结构风工程研究的主要手段，涉及风对结构的静力作用、风致振动响应和风振控制等。

7.6.1 边界层风洞

风洞是指在一个按一定要求设计的管道系统内，采用动力装置驱动可控制的气流，根据运动的相对性和相似性原理进行各种气动力试验的设备。边界层风洞是专门用于风工程试验的长试验段风洞，根据用途的不同可以分为建筑风洞、环境风洞、汽车专用风洞等，其中建筑风洞主要进行土木工程结构的抗风研究，如高层建筑、大型桥梁、输电线塔等结构的抗风研究。

边界层风洞属于常规的低速风洞，其基本形式有直流式和回流式两种。

1. 开口直流式风洞

开口直流式风洞一般由入口段、稳定段（含蜂窝器和阻尼网）、收缩段、试验段、动力段、扩散段和排气段组成，如图 7－29 所示。试验时，气流从进气口流入，通过蜂窝器使气流变得较为均匀，然后通过收缩段将气流速度提高，之后进入试验段，当气流通过试验段后经扩散段到达出气口，最后由出气口流出进入大气中。图 7－30 是一个典型的直流式低速风洞的实物图片。

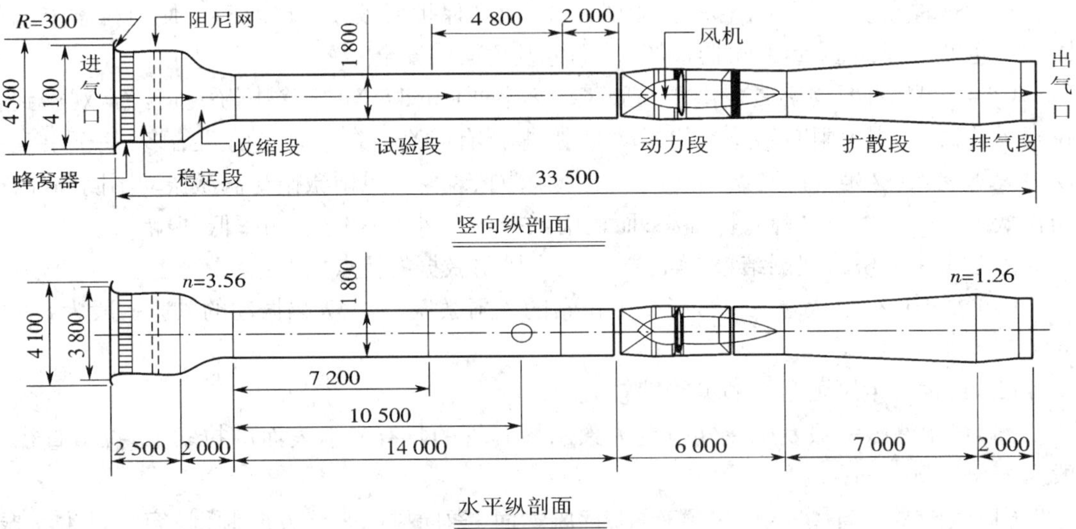

图 7－29 典型开口直流式风洞示意

图 7－30 开口直流式低速风洞

开口直流式风洞具有以下优点：

(1)建设费用相对较低；

(2)如需要进行大量的烟雾流迹显示试验或采用内燃机发动机,那么由于进气口和出气口直接通向大气,因此在清洁风洞方面没有特殊的要求。

开口直流式风洞的缺点如下：

(1)由于开口直流式风洞气流的回路实际上位于风洞外,即采取了一种“体外循环”的方式,因此当风洞位于室内,要求试验大厅具有足够大的空间,并在进气口加装一些阻尼网等附加设施,否则会影响风洞中的流场品质；

(2)开口直流式风洞的体外循环方式使得风洞内的流动容易受到外界高温和低温天气的影响；

(3)对于一个给定尺寸和风速的风洞,开口直流式风洞的能耗要比闭口回流式风洞高,因此不宜用于运转频繁的、使用率高的风洞；

(4)与闭口回流式风洞相比,开口直流式风洞的噪声要大得多,对于截面面积大于 6.5 m^2 的开口直流式风洞,其噪声将对环境造成影响,从而限制了其使用时间,并需要在降噪方面投入大量费用。

2. 闭口回流式风洞

图 7－31 是回流式风洞构造示意图,图 7－32 是其实物图片。这种风洞通过风扇系统的驱动,使气流连续地在风洞回路内流动。其特点是试验段气流品质容易控制,不会受到外界大气环境的影响,风洞运转时噪声对环境的影响小,并可以实现增压($P_0 > 1 \times 10^5$ Pa)运行,相应的风洞造价较高。

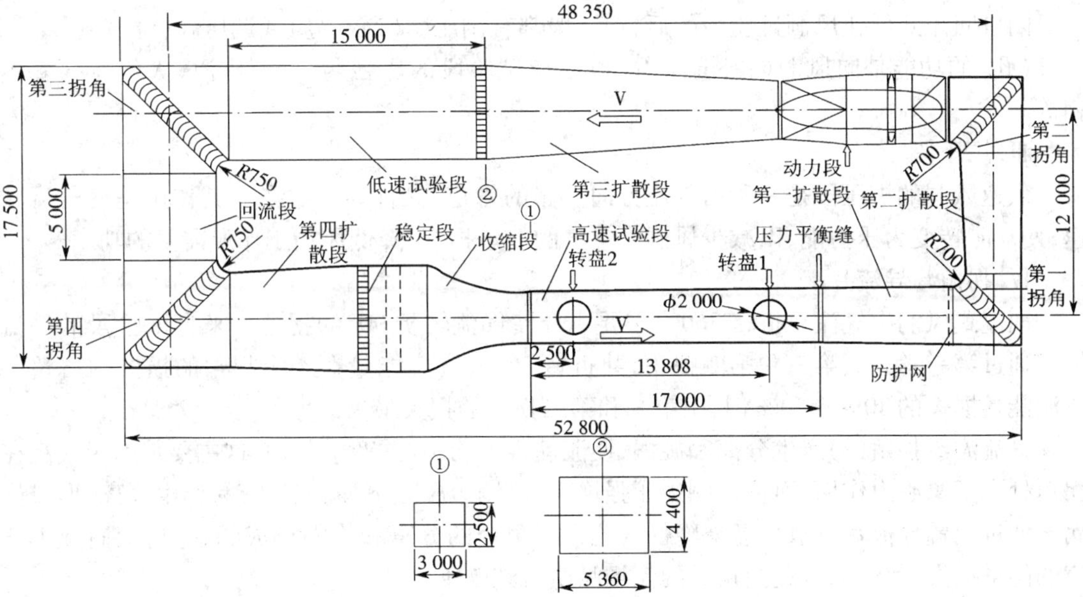

图 7－31　典型水平布置闭口回流式风洞示意

1)回流式风洞的构造

回流式风洞是应用比较广泛的一种风洞,下面分别介绍其各部件的功能。

图 7 – 32 闭口回流式风洞

Ⅰ. 试验段

试验段是风洞中模拟流场、进行模型空气动力试验的部件，是整个风洞的核心。为了模拟实际结构的流场，必须要求试验段具有一定的几何尺寸和气流速度。另外，还应保证试验段的气流稳定、速度大小和方向在空间分布均匀、原始湍流度低、静压梯度低以及噪声低等。回流式风洞的试验段长度一般应是横截面面积当量直径的 1.5 ~2.5 倍。

Ⅱ. 调压缝

闭口回流式低速风洞试验段的后方，一般都有调压缝（通气缝）或调压孔（通气孔）。调压缝（孔）的功能是向风洞内补充空气，以保持试验段的压强与风洞外环境大气压强基本相等。

Ⅲ. 扩压段

低速风洞的扩压段是一种沿气流方向扩张的管道，又称为扩散段。其作用是使气流减速，使动能转变为压力能，以减少风洞中空气的能量损失，降低风洞工作所需要的功率。

Ⅳ. 拐角与导流片

回流式风洞中气流要折转 360°，需要 4 个使气流转折 90°的拐角。来自试验段的气流依次通过第一、第二、第三和第四拐角，共折转 360°，气流能量在 4 个拐角的损失约占整个风洞能量损失的 30% ~50%，其中第一和第二拐角的损失最大。

气流流经拐角，易产生分离和旋涡，使流动很不均匀，并产生脉动，这主要是因为气流在拐角处由于离心力作用，而在外侧边压强增高、内侧边压强下降，气流容易产生分离，形成旋涡。通过设置导流片可以明显地降低气流在拐角处的分离和旋涡形成的趋势，从而减小气流的能量损失，使气流流过拐角后的流场品质得到改善。

Ⅴ. 稳定段、蜂窝器和整流网

稳定段是一段横截面相同的管道，其特点是横截面面积大、气流速度低，并有一定的长度。稳定段一般都装有整流装置，使来自上游的、紊乱的、不均匀的气流稳定下来，使旋涡衰减，使气流的速度和方向均匀性提高。

整流装置指蜂窝器和整流网。蜂窝器由许多方形或六角形小格子构成，形如蜂窝。蜂窝器对气流起导向作用,并可使大旋涡的尺度减小,气流的横向湍流度降低。整流网是直径较小的钢丝制成的小网眼金属网,可有一层或数层。整流网可以使大尺度的旋涡分割为小尺度的旋涡,而小尺度的旋涡可在整流网后面的稳定段内迅速衰减下来,从而使气流的湍流度特别是轴向湍流度明显减小。

Ⅵ.收缩段

一段顺滑过渡的收缩段曲线形管道,在低速风洞中位于稳定段与试验段之间,其主要功能是使来自稳定段的气流均匀地加速,并有助于试验段流场品质(气流均匀性、湍流度等)得到改善。收缩段的设计要保证气流的流向平直和稳定以及流速均匀。

Ⅶ.动力段

低速风洞的动力段,一般由动力段外壳、风扇、电机、整流罩、导向片和止旋片等构成。动力段的主要功能是向风洞内的气流补充能量,以保证气流以一定的速度运转。

2)回流式风洞的特点

闭口回流式风洞的优点如下:

(1)由于采用了闭口回流方式,因此风洞中的流场品质不受外界活动和天气条件的影响;

(2)与同等规模(试验段尺寸、风速)的开口直流式风洞相比,能耗要低得多,可用于风洞利用率较高的情况;

(3)噪声比开口直流式风洞低得多。

闭口回流式风洞的缺点如下:

(1)由于需要建造回流管道和拐角导流片,因此初始造价要比开口直流式风洞高得多;

(2)如果需要进行大量的烟雾流迹显示试验或使用内燃机发动机,那么必须有配套的能有效清洁风洞的方法;

(3)在长时间连续运转的情况下,内部会产生较高的温度,可能会对某些测试带来影响。

7.6.2　桥梁风洞试验相似准则

1.风洞流场模拟

由于大气边界层对大跨度桥梁的动态响应有重要的影响,为了使风洞模型试验的结果能够应用到大气边界层中的实物,因此应当在风洞中模拟大气边界层,使得风洞试验段中的流动和大气边界层的流动做到边界条件相似、几何相似、运动相似、动力及热力相似等。

1)边界条件相似

在大气边界层进行风洞模拟试验时,除了保证模型与原形的无量纲相似参数相等外,还要保证模拟试验时边界条件相似。边界条件相似的内容包括:

(1)来流的风速廓线、纵向压力梯度、湍流强度、湍流功率谱密度、湍流积分尺度、湍流相关函数和温度廓线等;

(2)地表面几何形状、地表面粗糙度和地表面温度分布;

(3)来流要有足够的行程,使湍流边界层达到充分发展的平衡状态。

显然,在风洞中要完全满足上述边界条件是很困难的,也是不必要的。对具体研究对象要分析哪些边界条件是必须模拟的,哪些边界条件是可以放宽的,从而部分地或近似地模拟大气边界层流动。一般来说,在大气边界层进行动力模拟时,主要对速度边界层进行模拟,保证风速廓线和湍流结构相似。

2)几何相似

几何相似除了要求模型与原形按一定缩尺比满足几何相似外,还要求来流的湍流尺度也按同一几何缩尺比缩小,即边界层模拟的几何缩尺比要与桥梁结构模拟的几何缩尺比一致。对于风载和风振问题,需要考虑的主要是湍流的积分尺度。

几何缩尺比一般通过综合考虑风洞的尺寸、结构的尺寸、风洞堵塞度的要求(最好不超过5%)以及模型制作精度和难度等因素来确定模型。

在模型和原形的湍流强度一致的情况下,湍流积分尺度 L_a^r 的相似关系应满足:

$$\frac{L_{a,\mathrm{m}}^r}{L_{a,\mathrm{p}}^r}=\frac{L_\mathrm{m}}{L_\mathrm{p}}=\lambda_\mathrm{L} \tag{7-88}$$

$$a=u,v,w;r=x,y,z$$

式中 L——特征尺度;

m、p——模型和原形的缩写下标。

在模型和原形的湍流强度不相等的情况下,湍流积分尺度 L_a^r 的相似关系应满足:

$$\frac{L_{a,\mathrm{m}}^r(\sigma_\mathrm{u}/v_\mathrm{k})_\mathrm{m}}{L_{a,\mathrm{p}}^r(\sigma_\mathrm{u}/v_\mathrm{k})_\mathrm{p}}=\frac{L_\mathrm{m}}{L_\mathrm{p}}=\lambda_\mathrm{L} \tag{7-89}$$

式中 σ_u——纵向脉动风速的均方差;

v_k——科尔莫格洛夫(Kolmogorov)速度尺度(m/s)。

$$v_\mathrm{k}=(\nu\varepsilon)^{1/4}$$

式中 ν——空气的运动黏性系数,$\nu=\mu/\rho$;

ε——空气的耗散系数,代表湍流惯性子区中的旋涡平均尺度。

当模型和原形的湍流功率谱相似时,则上述几何相似均可满足。

3)运动相似

运动相似对湍流特性的模拟主要有三个方面的要求:

(1)模型流场中各点的气流速度和原形流场中相应点的气流速度之比均应等于统一的风速缩尺比;

(2)模型流场中的无量纲的湍流强度的分布应和原形流场中的一致;

(3)模型和原形流场中的湍流频率成分相似。

风速缩尺比一般是根据风洞可能达到的最高风速、实际需要考虑的自然风速以及结构所能承受的最大风速的估计值等因素确定。

4)动力相似

湍流特性的模拟原则上还要求湍流雷诺数相似。

2. 风洞模型模拟

桥梁风洞模型一般可分为刚性模型和弹性模型。刚性模型又可分为刚性静力支承和弹性悬挂支承两种,刚性静力支承一般用于定常空气动力试验和抖振力试验;弹性悬挂支承一般用于非定常空气动力试验。弹性模型用于气动弹性试验。

1)刚性模型模拟

采用刚性静力支承的刚性模型只要满足与实桥的几何外形相似条件即可。采用弹性悬挂支承的刚性模型除了满足几何外形相似条件外,还要满足下列相似条件。

Ⅰ.质量相似

$$\left(\frac{I_{\mathrm{m}}}{\rho b^4}\right)_{\mathrm{m}}=\left(\frac{I_{\mathrm{m}}}{\rho b^4}\right)_{\mathrm{p}} \tag{7-90}$$

$$\left(\frac{m}{\rho B^2}\right)_{\mathrm{m}}=\left(\frac{m}{\rho B^2}\right)_{\mathrm{p}} \tag{7-91}$$

式中　I_{m}——桥梁截面质量惯性矩；

b——桥梁宽度；

m——桥梁截面单位长度质量；

ρ——空气密度。

Ⅱ.折算频率相似

$$\left(\frac{f_{\mathrm{t}}b}{U}\right)_{\mathrm{m}}=\left(\frac{f_{\mathrm{t}}b}{U}\right)_{\mathrm{p}} \tag{7-92}$$

$$\left(\frac{f_{\mathrm{b}}b}{U}\right)_{\mathrm{m}}=\left(\frac{f_{\mathrm{b}}b}{U}\right)_{\mathrm{p}} \tag{7-93}$$

式中　f——频率；

t、b——扭转和竖弯的缩写下标。

Ⅲ.阻尼相似

$$\zeta_{\mathrm{m}}=\zeta_{\mathrm{p}} \tag{7-94}$$

式中　ζ——某一模态下的临界阻尼比。

模型和原形的临界阻尼比在理论上应该相等，但实际上风洞试验时原形的阻尼参数无法知道，通常在试验时模拟的阻尼偏小，这样使试验结果偏保守，但有利于安全。

2）弹性模型模拟

弹性模型除满足几何外形相似、质量相似、折算频率和阻尼相似外，还要满足下列相似条件。

Ⅰ.刚度相似

$$\left(\frac{EA}{\rho U^2 b^2}\right)_{\mathrm{m}}=\left(\frac{EA}{\rho U^2 b^2}\right)_{\mathrm{p}} \tag{7-95}$$

$$\left(\frac{EI}{\rho U^2 b^4}\right)_{\mathrm{m}}=\left(\frac{EI}{\rho U^2 b^4}\right)_{\mathrm{p}} \tag{7-96}$$

$$\left(\frac{GJ}{\rho U^2 b^4}\right)_{\mathrm{m}}=\left(\frac{GJ}{\rho U^2 b^4}\right)_{\mathrm{p}} \tag{7-97}$$

$$\left(\frac{GJ_{\mathrm{w}}}{\rho U^2 b^6}\right)_{\mathrm{m}}=\left(\frac{GJ_{\mathrm{w}}}{\rho U^2 b^6}\right)_{\mathrm{p}} \tag{7-98}$$

式中　E——材料的弹性模量；

A——桥梁截面面积；

EI、GJ——抗弯和抗扭刚度；

GJ_{w}——桥梁截面的约束扭转惯性矩。

Ⅱ.重力相似

$$\left(\frac{gb}{U^2}\right)_{\mathrm{m}}=\left(\frac{gb}{U^2}\right)_{\mathrm{p}} \tag{7-99}$$

Ⅲ. 雷诺数相似

$$\left(\frac{bU}{\nu}\right)_{m}=\left(\frac{bU}{\nu}\right)_{p} \tag{7-100}$$

式中 ν——运动黏性系数。

桥梁模型风洞试验时，一般不能全部满足上述相似条件，因此要根据具体试验项目和试验对象进行放宽，放宽的原则如下。

(1)在悬索桥或斜拉桥全桥弹性模型试验时，必须满足重力相似条件，其他可视情况予以放宽或忽略。

(2)桥梁模型风洞试验时，一般不能做到雷诺数相似，对大多数具有钝体截面的桥梁结构，可以忽略雷诺数的影响；但是具有圆形或流线型主梁截面的桥梁结构及拉索等构件，则应考虑雷诺数的影响。

(3)当桥梁部分结构或构件对结构某种振动形式的贡献可以忽略时，也可适当放宽其相应的质量相似和刚度相似条件。

(4)阻尼相似是十分困难的，因为在桥梁模型设计时还不知道原形的阻尼参数，因此一般按小于桥梁设计的阻尼参数值来模拟，即在风洞试验时，模拟的阻尼偏小，使试验结果偏保守。

7.6.3 模型试验

风洞试验按模型可分为刚体模型试验和气弹模型试验，而刚体模型又可分为节段模型、整体模型和局部模型等。刚体模型的支承又有采用固定或天平方式的静力支承、采用弹簧或强迫振动方式的动力支承，主要用途有测力、测压、气动参数测试、风致振动测试、绕流形态观测、风特性和风环境测试、通风排气性能测试等。

1. 节段模型试验

桥梁结构一般为柔长结构，在一个方向上有较大的尺度，而在其他两个方向则相对尺度较小。风对桥梁结构的作用近似满足片条理论，可通过节段模型试验来研究桥梁结构的风致振动响应。

通过桥梁节段模型试验，可以测得桥梁截面的三分力系数、气动导数等气动参数；同时也可对桥梁结构进行二自由度的颤振临界风速试验实测和涡激振动响应。

在大跨度桥梁结构初步设计阶段一般都要通过节段模型试验来进行气动选型和检验其气动性能，因此桥梁结构节段模型试验是十分重要的桥梁结构模型试验，也是应用最为广泛的风洞试验。

节段模型试验根据其测试响应的不同可以分为测力试验和测振试验；根据节段模型试验悬挂方式的不同可以分为刚性悬挂节段模型试验、强迫振动节段模型试验和弹性悬挂节段模型试验。

1)刚性悬挂节段模型试验

刚性悬挂节段模型试验可以用来测定桥梁结构的主梁、桥塔等截面在平均静气动力作用下的阻力、升力和扭转力矩及其随风攻角的变化，结果以三分力系数表示，测定主梁、桥塔等截面在平均风作用下的表面压力分布。

刚性悬挂节段模型试验是将节段模型采用刚性杆直接固定在风洞内，将固定杆与力传感器或天平相连，以测得桥梁截面在风作用下的阻力、升力和扭转力矩。悬挂装置具有风攻角变化的功能。图7－33是刚性悬挂节段模型试验图。

图7－33 刚性悬挂节段模型试验

2）强迫振动节段模型试验

目前，强迫振动法主要用于测定颤振导数。从测试原理看，强迫振动法直接测定颤振自激力，再直接推算颤振导数；而自由振动法是由频率、阻尼比随风速的变化间接推算颤振导数，不能直接测定颤振自激力。因此，强迫振动法可以直接研究颤振自激力本身的特性。此外，强迫振动法还具有试验稳定、数据重复性好、可测量的折减风速范围宽、交叉项导数与对角项导数具有同等精度等一系列优点。强迫振动法的共同特点是需要有一套悬挂并驱动节段模型在风洞内作简谐振动的机械装置。

3）弹性悬挂节段模型试验

弹性悬挂节段模型试验主要用来测定桥梁结构的非定常气动力特性（气动导数、气动导纳）以及在非定常气动力作用下的稳定性和振动响应（颤振和涡激共振）。测定桥梁结构主梁截面在非定常气动力作用下的表面压力分布状态，分析不同时刻的主梁截面压力分布变化情况。

弹性悬挂节段模型试验是通过弹簧和支承装置将刚性节段模型悬挂在风洞内，并使其能产生竖向平动及绕节段模型截面重心转动的二自由度运动。支承装置应具有改变模型风攻角和约束任一自由度的机构，并可根据需要设置附加阻尼装置，用于改变弹性悬挂系统的阻尼。图7－34是同济大学进行的斜风颤振节段模型试验图。

4）拉索风雨激振节段模型试验

斜拉桥斜拉索风雨激振节段模型试验的目的是探索风雨激振发生的机理，并研究防止风雨激振的措施。试验时模型一般采用与实桥拉索相同的节段模型，保证单位长度的质量相同和拉索外表面的材料相同，模型安装时采用弹性悬挂支承，并可分别调整模型的倾角 α 和来流侧偏角 β。模型和支承的固有频率通过选择不同的弹性悬挂支承的弹簧常数使其控制在斜拉索可能发生风雨激振时的0.4～3.0 Hz范围内。

风雨激振试验时，斜拉索上的水路模拟有两种方法：一种是在斜拉索模型上用硅胶涂在模型表面，形成固定的水路，硅胶固化后具有一定的弹性；另一种是用降雨的方法模拟水路，分别用细水管在模型上端浇水或在模型上方直接喷水的方法形成流动的水路。图7－35是

图 7-34　同济大学斜风颤振节段模型试验

在同济大学风洞实验室进行的拉索风雨激振试验，该试验首次成功重现了拉索的风雨激振现象。

图 7-35　同济大学拉索风雨激振试验

2. 全桥气动弹性模型试验

桥梁全桥气动弹性模型试验包括全桥完成状态和施工状态下的颤振试验、抖振试验。试验分别在均匀流场和湍流流场下进行。

1) 全桥模型设计制作

通常，全桥弹性模型的主梁、桥塔和桥墩可以用钢或铝合金制成的芯梁和矩形截面芯板来提供刚度，用其他材料模拟外形，并模拟气动受力情况，主梁沿桥跨方向外形的模拟是分段的，这是为了避免外形材料对刚度的影响。

全桥模型试验时拉索的数量可以适当减小，计算表明这样的简化不会影响结构动力特性的相似。拉索可用高强度钢丝制成，并用均布的铅块来弥补其质量的不足。斜拉桥斜拉索模型和悬索桥主缆的拉伸刚度由连于桥塔端部的附加弹簧进行调整。另外，还要按一定的透风率模拟人行道栏杆和中央隔离护栏，栏杆用有机玻璃制成，隔离护栏用层板制成。

2）全桥模型模态试验

全桥模型风洞试验前要对模型模态进行地面测量，以验证模型是否满足动力相似准则。考虑到全桥模型是柔性结构，阻尼小，因此可以采用锤击法进行激励。试验时，采用加速度传感器在桥面轴线上布点测量竖向弯曲信号，在桥面边缘点测量扭转信号。与此同时，还采用贴接在芯梁上的应变片观察弯曲和扭转信号，所有信号由动态分析仪器进行处理。图 7－36是湖南大学全桥气弹模型风洞试验图。

图 7－36　湖南大学全桥气弹模型风洞试验

3）全桥气动弹性模型颤振试验

Ⅰ. 均匀流场

在均匀流场下，全桥气动弹性模型颤振试验的主要目的是测量桥梁营运状态下的颤振特性，可通过改变试验风速得到颤振临界风速。图 7－37 是悬索桥全桥模型在同济大学风洞试验段中进行颤振试验的情况。

图 7－37　悬索桥全桥模型颤振试验

一般来说，全桥气动弹性模型风洞试验时，风速范围为 2～20 m/s，风速间隔 1 m/s，模型侧偏角 $\beta=0^\circ\sim30^\circ$，风攻角一般为 0°，当考虑桥址处的地形影响时，则可选择在风攻角为 $-3^\circ\sim+3^\circ$的范围内进行试验。试验时，用风标或热线风速仪测量桥梁模型区的来流风速，用粘贴在主梁上的应变电桥，测量竖向弯曲、横向弯曲和扭转振动信号；同时在主梁跨中及 1/4 跨处安置加速度传感器和位移传感器，分别测量模型加速度和位移信号；上述信号处理后可用于对桥梁的颤振特性进行评估。

Ⅱ.湍流流场

湍流会改变颤振临界风速，对桥梁的安全性有一定的影响。试验时，要在风洞中模拟湍流流场，试验内容和测量方法同均匀流场下全桥模型颤振试验。

4）施工状态下桥梁模型颤振试验

大跨度桥梁在施工状态下，其抗风稳定性是最差的。因此，必须在风洞中进行模拟施工状态下的全桥模型颤振试验。

一般施工状态下全桥气动弹性模型试验是在成桥状态全桥模型试验后进行的。施工状态和成桥状态模型的主要区别是：

（1）主梁质量和质量惯性矩按一期恒载计算；

（2）主梁各梁段间为临时连接，扭转刚度较成桥状态略为降低，竖弯刚度近似为零，降低的程度取决于临时连接的构造及安装质量，模型设计时，可以偏于安全地将主梁竖弯刚度取为成桥状态的1%，将主梁的扭转刚度取为成桥状态的50%；

（3）桥面上无栏杆和隔离护栏等设施。

在施工状态下，桥梁模型颤振试验和成桥状态下试验方法基本相同。风洞试验前，要对各个施工状态下的模型进行地面模态试验，测量模型的竖弯和扭转频率。由于在施工状态下当来流与桥梁主梁正交时，其稳定性最差，因此一般施工状态试验均在侧偏角 $\beta=0°$ 下进行。除了在均匀流场中进行试验外，还要在湍流流场中进行试验。

5）全桥及施工状态模型抖振试验

在模拟的湍流流场中，全桥或施工状态模型抖振试验的目的是测量其抖振响应随风速变化的特性，由此评估桥梁结构的疲劳损伤和舒适性。试验最大风速一般低于颤振临界风速，试验时位移响应的测量通过安装在跨中、1/4 跨及其他位置上的加速度传感器和位移传感器获得，试验结果以响应均方根值和响应谱形式给出。图 7－38 是中国空气动力发展与研究中心承担的坝陵河悬索桥施工状态模型抖振试验图。

图 7－38 坝陵河悬索桥施工状态模型抖振试验

参 考 文 献

[1]范立础,卓卫东.桥梁延性抗震设计[M].北京:人民交通出版社,2001.

[2]范立础,李建中,王君杰.高架桥梁抗震设计[M].北京:人民交通出版社,2001.

[3]范立础,王志强.桥梁减隔震设计[M].北京:人民交通出版社,2001.

[4]重庆交通科研设计院.JTG/T B02-01—2008 公路桥梁抗震设计细则[S].北京:人民交通出版社,2008.

[5]叶爱军,管仲国.桥梁抗震[M].2版.北京:人民交通出版社,2011.

[6]沈聚敏,周锡元,高小旺,等.抗震工程学[M].北京:中国建筑工业出版社,2000.

[7]李国强,李杰,苏小卒.建筑结构抗震设计[M].北京:中国建筑工业出版社,2002.

[8]吕西林,周德源,李思明,等.建筑结构抗震设计理论与实例[M].上海:同济大学出版社,2002.

[9]谢旭.桥梁结构地震响应分析与抗震设计[M].北京:人民交通出版社,2006.

[10]王克海.桥梁抗震研究[M].北京:中国铁道出版社,2007.

[11]柳春光.桥梁结构地震响应与抗震性能分析[M].北京:中国建筑工业出版社,2009.

[12]谢礼立,马玉宏.现代抗震设计理论的发展过程[J].国际地震动态,2003(10):1-8.

[13]邹昀,吕西林.基于结构性能的抗震设计理论与方法[J].工业建筑,2006,36(9):1-5.

[14]韩强.隔震桥梁结构试验及地震反应分析方法研究[D].北京:北京工业大学,2006.

[15]蒋建军.桥梁几种典型减隔震装置的减震效果比较与研究[D].上海:同济大学,2005.

[16]祝英杰,谷伟.结构抗震设计[M].北京:北京大学出版社,2009.

[17]同济大学土木工程防灾国家重点实验室.汶川地震震害[M].上海:同济大学出版社,2008.

[18]埃米尔·希缪,罗伯特·H.斯坎.风对结构的作用——风工程导论[M].刘尚培,项海帆,谢霁明,译.上海:同济大学出版社,1992.

[19]陈政清.桥梁风工程[M].北京:人民交通出版社,2005.

[20]克莱斯·迪尔比耶,斯文·奥勒·汉森.结构风荷载作用[M].薛素铎,李雄彦,译.北京:中国建筑工业出版社,2006.

[21]贺德馨.风工程与工业空气动力学[M].北京:国防工业出版社,2006.

[22]朱乐东.结构抗风试验(讲义).同济大学土木工程防灾国家重点实验室,2007.

[23]吴瑾,夏逸鸣,张丽芳.土木工程结构抗风设计[M].北京:科学出版社,2007.

[24]项海帆,等.现代桥梁抗风理论与实践[M].北京:人民交通出版社,2005.

[25]张相庭.结构风工程:理论·规范·实践[M].北京:中国建筑工业出版社,2006.

[26]中交公路规划设计院.JTG/T D60-01-2004 公路桥梁抗风设计规范[S].北京:人民交通出版社,2004.

[27]黄本才,汪从军.结构抗风分析原理及应用[M].2版.上海:同济大学出版社,2008.

[28]刘美兰.midas Civil在桥梁结构分析中的应用(一)[M].北京:人民交通出版社,2012.

[29]WEN-HUEI PHILLIP YEN, GENDA CHEN, IAN BUCKLE, et al. Post-earthquake reconnaissance report on transportation infrastructure: Impact of the February 27, 2010, Offshore Maule earthquake in Chile. U.S. Department of Transportation & Federal Highway Administration, 2011.